名师名校名校长

凝聚名师共识
回应名师关怀
打造名师品牌
培育名师群体

　　　　　顾明远题

名师名校名校长书系

初中化学
实验创新的探索与实践

杨晓琳 / 著

东北师范大学出版社

长春

图书在版编目（CIP）数据

初中化学实验创新的探索与实践 / 杨晓琳著. — 长春：东北师范大学出版社，2019.5
ISBN 978-7-5681-5772-8

Ⅰ.①初… Ⅱ.①杨… Ⅲ.①化学实验—教学研究—初中 Ⅳ.①G633.82

中国版本图书馆CIP数据核字（2019）第086813号

□策划创意：刘　鹏
□责任编辑：张芙蓉　刘贝贝　□封面设计：姜　龙
□责任校对：刘彦妮　张小娅　□责任印制：张允豪

东北师范大学出版社出版发行
长春净月经济开发区金宝街 118 号（邮政编码：130117）
电话：0431-84568033
网址：http://www.nenup.com
北京言之凿文化发展有限公司设计部制版
廊坊市金朗印刷有限公司印装
廊坊市广阳区廊万路 18 号（邮编：065000）
2022年6月第1版　2022年6月第1次印刷
幅面尺寸：170mm×240mm　印张：17.5　字数：320千

定价：45.00元

教书育人，立德树人

（代序）

深圳市杨晓琳名师工作室，在有20多年一线教学经验的杨晓琳老师带领下，不断地拓展着教学的深度以及宽度：从1人到30人，从建立区级名师工作室到建立市级名师工作室，从课堂内到课堂外，从校园内到学校外，从引领深圳市教研到辐射其他省市教研，从立足国内研究到放眼国际视野，从初中化学实验研究到实验创新拓展与创新教学，从搭建教师交流平台到顺应课改潮流，从指导青年教师教学实践到引领骨干教师专业发展。

杨晓琳老师的团队执着地追求"上下求索"的教研精神——上，是指有向传统实验研究挑战的自主创新意识和理论突破使命；下，是指能深深扎根于初中化学实验创新研究与一线化学教师群体紧密结合在一起。

目前，新课改已进入了深水区，如何培养出具有创新精神、实践能力、社会责任感的人才已成为当今基础教育改革的核心问题。2014年，教育部颁发"立德树人"的文件，将核心素养体系置于深化课程改革、落实立德树人目标的基础地位，这意味着提升人才培养质量的关键是发展学生的核心素养。因而，最大限度地利用实验教学是化学教学较为成功的教学手段之一，也是培养学生建立实验设计思想的媒介。基于创新思维与实验能力培养的教学实践，也是推进化学教育改革，落实立德树人，着力培养学生化学核心素养的重要途径。

"化难为易多实践，学以致用勇创新"是杨晓琳名师工作室的宗旨。工作室以化学实验教与学方式的转变为基础，以工作室全体成员的教学实践和不断改进为依托，以促进教学思维转变、提升为方向，对初中化学教学方式改革的方法进行专题研究，以教学实践过程中发现的问题为主要研究对象，探索成熟的化学课、实验探究课的参考课，不断提升本工作室的初中化学教学的影响力以及对全区乃至全市的辐射功能。

二十年磨一剑，深圳市杨晓琳名师工作室以初中化学实验研究为抓手，先后成功申报了2017年广东省教育科研规划课题、2018年深圳市教育规划重点课题；工作室成员在国、省、市、区级实验创新比赛中获奖多达七八十项，工作室成员向国培、省培、市区级教学研讨活动输送的公开课、示范课和优质课多达五六十次。

在杨晓琳老师牵头下，工作室的最新成果——《初中化学实验创新的探索与实践》几经审校，即将付梓，全国初中化学教师，各地初三课堂教学即将受益。

在杨晓琳老师最新著作出版之际，我非常荣幸能够研读杨老师团队的心血结晶，与工作室老师共议初中化学实验创新教学问题，并对该书进行介绍和评析。

这套书的编写主要体现出以下7个方面的特点：

（1）化学实验形式多样，思维实验更具特色。

（2）编写课例新颖翔实，问题情境设置精心。

（3）实验材料简单易得，实验方法生动有趣。

（4）教育理念科学先进，核心素养蕴含其中。

（5）现代化学发展迅速，课例内容关注前沿。

（6）学科视角广泛全面，教学实践源于团队。

（7）课例编写众志成城，集体智慧跃然纸上。

本书汇集杨晓琳名师结合团队多年的初中化学教学实践和实验教学研究经历，针对初三化学实验教学实践中遇到的一些困惑，研究初中化学实验创新设计、课堂实验教学的策略，从理论到实践，在实践中不断提炼，形成研究特色，提炼可循的规律，在教的方式上转变思想，教会学生研究性的学习方式，研究如何改进初中化学实验教学，进而提高课堂成效，落实立德树人的教学目标，构建优质的初中化学课堂教学方式。

　　本书的出版既体现了杨晓琳名师工作室编写团队群策群力的成果和教育教学智慧，又体现了对教材实验的创新和拓展。本书的实验案例和教学课例具有互补性、新颖性、前瞻性，着力于提升学生的化学核心素养，能为众多初中化学教师提供教学参考和研究思路，是初中化学新入职教师和有志向于初中化学实验创新实践教师群体的必备读物。

钱扬义

2018年7月于大学城华南师范大学

　　（钱扬义教授，博士，博士研究生导师，华南师范大学化学教学与资源研究所所长，教育部中学化学课程标准研制组核心成员，教育部"国培计划"首席专家）

深化课程改革、启智立德树人

（自序）

学然后知不足，教然后知困。——《礼记·学记》

2011年，深圳市教育局开始创建深圳市名师工作室，极大地促进了深圳市教师的专业发展。为了给致力于教育事业发展的教师搭建更广阔的发展平台，2015年12月4日，深圳市教育局颁发了《深圳市基础教育系统2015年"教师队伍建设年"实施方案》（深教〔2015〕107号）、《关于做好第二批深圳市中小学名师工作室建设工作的通知》（深教〔2015〕294号）。2014年9月是深圳市结束10年初中科学教学，开始物理、化学、生物、地理分科的第一年，为顺应初中化学教师专业化体制改革，深圳市教育局批准成立了一批名师工作室。2016年1月，作为深圳市唯一的一个初中化学名师工作室，深圳市杨晓琳名师工作室正式挂牌成立。

"化难为易多实践，学以致用勇创新"是我们工作室的宗旨。工作室以初中化学实验设计为特色，扎根课堂、创新实验，推出一系列具有示范作用的实验探究课，巧妙运用实验探究活动带领学生逐一突破知识重点、难点，提高课堂的有效性，在探究学习中培养学生新的化学观，促进学生的自我发展。

十年树木，百年树人。习近平总书记关于新时代的中国教育发表了一系列重要论述：要深化教育改革，推进素质教育，创新教育方法，提高人才培养质量，努力形成有利于创新人才成长的育人环境；秉持科技是第一生产力、人才是第一资源的理念，兼收并蓄，吸取国际先进经验，推进教育改革，提高教育质量，培养更多、更高素质的人才；选择当老师就选择了责任，就要尽到教书育人、立德树人的责任；优秀的老师应该是"经师"和"人师"的统一，既要精于"授业""解惑"，更要以"传道"为责任和使命。习近平总书记的重要论述对基础教育领域的教与学都有深刻的指导意义。

教育部于2014年颁发文件《教育部关于全面深化课程改革落实立德树人根本任务的意见》，该文件将核心素养体系置于深化课程改革、落实立德树人目标的基础地位，这意味着提升人才培养质量的关键是发展学生的核心素养。

化学实验是化学的灵魂。基于实验的教与学是化学学科的特色和激发学生学习兴趣的主要源泉，更是培养学生核心素养和创新能力的重要方法和手段。化学实验模拟人类认识事物的实践过程，符合人类认识客观事物的自然规律，因而最大限度地利用实验教学是化学教学较为成功的教学手段之一，也是培养学生建立实验设计思想的媒介。基于创新思维与实验能力培养的实验教学是推进化学教育改革的核心，也是启智立德树人、培养学生化学核心素养的重要途径。

著名特级教师余映潮先生指出："实践就是上课，就是进入课堂教学，在课堂教学的实践中提升教学理念，发现教学规律，获得教学经验，增长教学才干。"我从2006年开始，一直坚持化学实验课堂的多种活动设计，如课堂5分钟小实验、探究实验、学生分组实验、家庭小实验、小组合作学习等教学形式，通过这样的设计，学生可以多维度地参与实验。通过"做中学"，学生的动手、表达、合作、创新等能力与学科素养都在同步提高。在深圳市名师工作室研究人员所在的20多所学校，初中化学实验创新和课堂设计的研究有了更广阔的平台和发展空间。

经过十几年的课堂实践研究，研究人员主要从"实验探究的小组合作学习""三重表征模式下的实验教学""信息技术与化学教学融合的实践""初中化学八个基本实验提升学生实验能力"4个专题展开研究，开发并形成近40篇经典的课例。这些优秀的化学实验探究参考课例是以学生的科学探究为落脚点，力求在化学实验创新教学中找到一些新的思路和见解，使我们的研究成果为新课程的改革"搭路架桥"，给各位同行提供参考和借鉴。本书能出版非常感谢钱扬义教授、张玉彬主任、徐连佳校长等专家的指导，周育妹、林建芬、陈粉心、华微、陈伟、刘瑞春、韩静、赵碧燕、叶龙娟、陈莉、钟梦婷、杨东升、蔡丽兰、李昳懿、肖慧莘、张玺、周文荣、叶冰、王曼等工作室老师们的辛勤付出。

　　"纸上得来终觉浅，绝知此事要躬行。"希望本书能帮助新任化学教师快速成长，借鉴参考课例有效组织化学实验教学；能激起思维火花，成为有经验教师的得力助手。我们期待有更多的化学教师开发出一系列优质的实验探究课例。我们是学习的共同体，坚守在课堂教研的一线。

　　恳请读者对本书提出宝贵意见，不胜感激！

杨晓琳
2018年7月11日

目录
CONTENTS

第一章

初中化学实验创新教学的构建

第二章

实验课教学创新研究

第三章

基于实验探究的小组合作学习研究与案例

第四章

三重表征模式下的实验教学研究与案例

第五章

信息技术与化学教学融合的实践探索

第六章

初中化学八个基本实验提升学生实验能力

附　录

第 一 章

初中化学实验创新教学的构建

第一节　新课标对实验教学的要求

2012年1月，《义务教育化学课程标准（2011版）》（以下简称新课标）正式颁布，并于2012年秋季开始执行。新课标在课程性质、课程基本理念、课程标准、课程内容、实施建议等方面都做了不同程度的修改与完善。其中，新课标特别强调学生能力的培养，强化了实验要求。

化学是一门以实验为基础的自然学科。化学学习离不开实验，实验可以激发学生质疑，明确要解决的问题；实验可以帮助学生形成化学概念，理解和巩固化学知识，让学生获得化学事实，验证化学假说，证明化学理论；实验可以使学生获得比较熟练的化学实验技能，综合运用所学的化学知识，培养学生自主探究的能力，可以使学生掌握科学的方法，培养学生实事求是、严肃认真的科学态度。在实验过程中学生积极地动脑动手，体验科学家探究科学的过程和方法，体会获得探究的乐趣和成功的喜悦。

在化学的教学中，实验主要包括两大类：一类是教师演示实验，另一类是学生分组实验，个别对化学兴趣浓厚的学生可能还会在家中进行家庭实验。这些实验，不但可以让学生掌握相关的化学知识，培养他们各方面的能力，更主要的是能激发他们学习化学的兴趣。如果能最大限度地挖掘这些实验的功能，那么，学生的化学学习将会发生质的变化。化学实验是化学学习的工具，化学教师应尽可能地在课堂中和课堂外将实验的功能充分发挥出来，更好地让实验为学生服务，帮助学生更加直观、更加形象地去理解相对抽象的化学知识，帮助学生不断提高自己发现问题、解决问题的能力，培养学生实事求是的科学态度，提高学生的思维创新能力。

第二节　实验创新与实验教学

实验创新与实验教学主要是通过实验研究对象的未知性质，了解它具有怎样的组成，有哪些属性和变化特征以及与其他对象或现象的联系。探究实验能够帮助学生获取基础知识和基本技能，能够激发学生探索奥秘的欲望和兴趣，能够发挥学生的积极性、主动性。在探究实验过程中学生始终处于不断探索的情境中，主动实验，认真操作，仔细观察，积极思维，充分发挥学生的潜能，培养学生的创新精神，发展学生的创新能力，从而造就敢于创新、善于创新、勤于创新的高素质人才。有些实验按照课本设计的探究内容大多是停留在掌握知识层面上，缺乏与生活、生产和社会的联系，学生在实验中不能真正地感受和体验探究的乐趣，觉得没有必要去探究，实验做起来乏味，导致学生解决实际问题的能力较低，创新精神和实践能力的培养受到抑制。这就需要教师进一步研究化学实验在教学中的重要功能：首先应用教材提供的实验资源，改变教与学的方式，然后结合自己的教学经验有意识的、有目的地研究如何改进实验、创新实验。新课程标准对实验倡导的总方向是：化学实验既是学生学习化学的重要内容，也是学生学习化学的重要方式。在化学教学中，通过实验不仅可以使学生获得化学知识，学会实验技能，更重要的是通过实验创设生动的学习情境，达到启迪学生的思维，培养学生科学态度和科学方法的目的。以往的教学比较重视前两个方面，甚至将化学实验教学片面理解为实验操作训练，过分强调操作技能的程序化和规范化，这影响了实验教学功能的全面发挥。课程标准对实验技能的要求不再过分强调机械僵化的操作规范，而是强调学生具备基本的化学实验技能是学习化学和进行探究活动的基础和保证，使具体操作服务于实验探究活动。通过以化学实验为主的多种探究活动，学生体验科学研究的过程，激发学习化学的兴趣，强化科学探究的意识，促进学习方式的转变，培养学生的创新精神和实践能力。

新课标把化学实验看作学生积极主动获取知识和解决化学问题的实践活动，看作学生经历和体验科学探究的活动，把化学实验与学生的发展和终身需要有机结合起来，把激发化学学习兴趣，增进对科学的情感与化学实验有机结合起来。化学实验创新特点有以下几点：

（1）化学实验的趣味化。

（2）化学实验的生活化。

（3）化学实验的微型化。①节省实验经费；②操作安全、污染小；③节省实验时间（微型实验同常规实验相比，具有仪器简单、用剂量少、反应速率快、现象明显的特点），提高课堂教学的质量和效率；④激发学生化学学习的兴趣，微型仪器来源广泛，可以做到人手一套。教师只要积极引导，就能实现人人动手的目标。

（4）化学实验的清洁化，即绿色化。绿色化学的理念是化学课程与教学改革的重要指导思想，绿色化学的核心是从源头上消除化学实验对环境的污染，为此需从绿色化学的角度研究化学实验。

第三节　理论基础

一、国际上系统提出科学素养教育

从20世纪80年代开始，国际上就系统提出了科学素养等科学教学观。科学教学观是以重视科学本质、科学教育和科学学习为特征的现代科学教育思想理论。美国、英国、加拿大等国家都把科学教学作为科学课程改革的重点，作为化学学习的核心主题或在"研究与实验"及"技能"主题中均以科学教学为重点内容，这充分说明科学教学对发展学生科学素养具有不可替代的作用。因此，国际化学教育的发展给我国化学课程改革提供了重要启示。

二、国内对课程教育开展了一系列的基础研究

重建课堂教学价值观，实现知识与道德、教书与育人、教学与教育的整合。从单纯三维目标达成提升到核心素养落实，从"知识核心"走向"素养核心"，从向学生传授知识、培养能力走向改变学生思维，从基于知识的课堂转向基于关系的课堂。2000年，教育部正式成立课程标准研究组，进行的基础研究包括以下几个方面：一是对化学学科发展进行研究，二是对学生发展的研究，三是对社会发展需求的调查研究。现在使用的2011版《义务教育初中化学课程标准》（以下简称《标准》）在5个一级主题中设立了"科学教学"主题，在其他主题中都设立了"教学活动"。其中清晰地突出了化学课程三个方面的功能：课程的启蒙性和基础性、化学实验对学生科学教学能力的影响、化学学习对学生情感态度价值观的影响。《标准》所倡导的新理念采用以教学为核心的多样化教学方式。《标准》对应的化学教科书对科学教学的内容与呈现形式进行了精心的组织与整合，以体现课标的要求。化学实验的总数增多，对实验要求增强。

三、化学实验是进行科学教学的重要方式

化学特别是基础教育阶段的化学仍然是一门以实验为基础的科学，挖掘和

开发化学实验在化学教学性学习中的功能，对于进一步激发学生的学习兴趣、转变学生的学习方式，形成终身学习的意识和能力具有重要的意义。在实验中学习化学无疑是较为有效而又较为重要的化学学习方法之一。即使在由经验化学向理论化学发展的今天，化学实验仍然是化学学科发展的最现实、最生动、最有效的物质载体。

四、化学实验的功能和研究性学习的特征决定了化学实验是科学教学的重要途径

学好化学离不开科学教学；有效的科学教学有利于学生良好学习习惯的培养，特别是科学教学常以现实问题作为学习的载体，学生的思维能力在解决问题的过程中不断得到发展，并可以引导学生在实践中学会交流，学会合作，培养学生关注现实、关注人类发展的意识和责任感，使学生养成勇于探索的科学精神。课程内容的很多章节可以从实验入手，在实验教学过程中会涉及很多能力的培养和提升，尤其是提取、利用信息的能力会得到不断的提升。

第四节　研究述评

一、国外化学实验教学现状

从美国教育家杜威1909年提出在学校教育中要采用科学教学的方法，倡导学生在真实的活动中进行科学教学到现在已有一个世纪之久，人们对于科学教学的追求在这一百多年间从未停止过。在美国，中学里有一半的化学课程时间是进行化学实验。每周化学课程安排不少于7节，而其中3～4节就是实验课。在20世纪60年代以前，一些学校一学期的实验课只有5～10次，而20世纪60年代以后，每学期有30～40次实验课。美国化学实验室的条件很好，并且利用率很高。

二、我国化学实验教学现状

在国际科学教育改革热潮的影响下，我国教育工作者对传统的教学方式进行了反思，促进了教育思想、教育观念的转变。2010年，中共中央、国务院印发了《国家中长期教育改革和发展规划纲要（2010—2020年）》（以下简称

《规划纲要》），明确提出与时俱进，推进课程改革的任务要求。实验教学位于《标准》课程内容中的首位，着重强调了实验教学的作用："初中化学课程中的实验教学，是学生积极主动地获取化学知识、认识和解决化学问题的重要实践活动，是一种重要有效的学习方式，在教学中创设以实验为主的科学教学活动，有助于激发学生对科学的兴趣，激励学生积极研究化学变化，让学生有更多的机会主动体验科学教学的过程。"以此为契机，我国的教育工作者以"研究性学习"和"教学性学习"为核心，促进学生开展教学学习是本次课程改革的主旋律。新一轮的义务教育课程改革强调转变学生的学习方式，提倡以科学教学等多元化的学习方式作为课程改革突破口，并从课程目标、教学内容、教学方式、教学手段、教学评价等方面促进学生学习方式的转变和全面发展。从我国基础教育改革的现状来看，也迫切需要研究相关"教学性学习"的问题。

《规划纲要》所体现的基本理念是对人的培养，要求把重点放在提高学生的社会责任感、创新精神和实践能力上。我国近30年生活条件和学习环境都发生了巨大变化，教学可用的手段和材料也发生了很大变化。现阶段的中学教育屡遭诟病，单纯追求分数和升学率，学生的社会责任感、创新精神和实践能力较薄弱，落后于时代的发展和需求，正是到了变革提升的时刻。

新课程理念下的初中化学实验教学要让学生通过科学的教学，积极主动获取化学知识，用实验现象来说明、解析和解决化学问题。学生根据实验探究过程发现的实验现象，通过对比、演绎、归纳等手段，产生新的问题，走向深度学习；或依据探究目的优化实验方案或改进实验的设想，走向深度学习；或尊重事实和数据，不迷信权威，在质疑和批判中提出问题，走向深度学习；等等。现在教改的呼声、实践、理论都有很多，本研究意在将有效的方法落在实处并加以推广，通过教师的教学实践，推动教育理念的转变。

第 二 章

实验课教学
创新研究

第一节　实验教学研究的现状与不足

　　初中化学实验是初中化学教学的重要组成部分，在化学教学中有着举足轻重的地位。化学实验不仅可以培养学生的观察能力、动手操作能力，还可以培养学生的思维能力、分析问题和解决问题的能力，有助于对学生进行科学方法教育，培养学生实事求是、严肃认真的学习态度和严谨务实的作风，培养学生的合作精神，在历年中考中是重要的考核内容。深圳市教育局在2012年7月发布了对原综合课程进行分科教学的命令后，2016年开始对理化生进行实验操作考试，所以，有关化学实验教学和研究必须引起广大师生的高度重视。

　　那么目前来看，初中化学实验教学研究的现状是什么样呢？下面我们从深圳和全国范围内的一些调查数据来看看目前的教学研究实情。

一、深圳市初中化学师生眼中的实验教学现状

（一）数据来源

　　本数据来源于2017年深圳市教育科学研究院教研员吴运来教授主持的广东省课题"基于教、学、评一体化初中理科教学标准研究"中的部分调查数据。

（二）调查对象情况

　　调查对象覆盖深圳市、区、街道各级公、民办学校的初、高中师生。其中初中教师共有405名，初中学生共有4504名。调查采取不记名投票方式。调查结果见下表。

新课改视角下中学化学教师教学现状调查表

1. 您任教的学段　（单选题）

选　项	小　计	比　例
A. 高中	228	36.02%
B. 初中	405	63.98%
本题有效填写人次	633	

新课改视角下中学生学习化学现状调查

1. 你的年级 （单选题）

选 项	小 计	比 例	
A. 初三	4133		66.77%
B. 高一	1496		24.17%
C. 高二	517		8.35%
D. 高三	44		0.71%
本题有效填写人次	6190		

（三）调查结果与分析

调查结果节选了与实验教学有关的问题讨论。

1. 教师角度

17. 我在课堂上能运用演示实验、探究实验、讲练结合等多元教学方法 （单选题）

选 项	小 计	比 例	
A. 非常符合	202		31.91%
B. 符合	349		55.13%
C. 一般	77		12.16%
D. 不符合	3		0.47%
E. 非常不符合	2		0.32%
本题有效填写人次	633		

45. 我认为实验操作考查有利于促进学校完善化学教育资源，提升学生的探究创新能力（单选题）

选 项	小 计	比 例	
A. 非常符合	221		34.91%
B. 符合	346		54.66%
C. 一般	55		8.69%
D. 不符合	5		0.79%
E. 非常不符合	6		0.95%
本题有效填写人次	633		

48. 您认为实施教、学、评一致性的化学课改的主要困难和问题是（请选3个）（多选题）

选　项	小　计	比　例	
A. 化学课程知识体系不完整	199		31.44%
B. 教材内容深度和广度难把握	322		50.87%
C. 探究性实验教学难开展	513		81.04%
D. 中考化学每年难易变化大	87		13.74%
E. 教辅材料不配套	129		20.38%
F. 新课改理念的培训不到位	236		37.28%
G. 教、学、评一致性的培训滞后	325		51.34%
H. 命题的质量与水平较低	88		13.9%
本题有效填写人次	633		

55. 您觉得学生对中学化学的期待是（请选3个）　（多选题）

选　项	小　计	比　例	
A. 降低化学测试的难度	203		32.07%
B. 了解化学学科的前沿发展情况	306		48.34%
C. 增加学生实验，增加课堂趣味性	513		81.04%
D. 学校创设个性化发展的化学研究条件	310		48.97%
E. 参加更多的课外科学探究活动	335		52.92%
F. 化学课堂更加开放、民主，探究氛围更浓	232		36.65%
本题有效填写人次	633		

2. 学生角度

9. 你认为实验操作能力　（单选题）

选　项	小　计	比　例	
A. 很重要，自己喜欢动手操作并且能力较强	2580		41.68%
B. 重要，但自己训练不够，能力不强	2453		39.63%
C. 重要，自己实验操作能力尚可，但不喜欢表现	744		12.02%
D. 不重要，考试主要是笔试	413		6.67%
本题有效填写人次	6190		

16. 你的化学老师如何处理教材上的演示实验 （单选题）

选　项	小　计	比　例	
A. 十分重视，在课堂现场演示每一个实验	2547		41.15%
B. 经常使用视频或录像替代	1140		18.42%
C. 现场演示为主，视频或录像为辅	1974		31.89%
D. 一般都不演示，讲解实验，通过练习强化	529		8.55%
本题有效填写人次	6190		

18. 你参与化学动手实验课的情况 （单选题）

选　项	小　计	比　例	
A. 经常参与，学校开足实验课	2049		33.1%
B. 很少上实验课	3355		54.2%
C. 每个小组有4人或4人以上，很少有动手的机会	498		8.05%
D. 看同学做实验，自己不想动手	288		4.65%
本题有效填写人次	6190		

34. 你认为实验操作考查作为学生表现性评价方式，应列入中考（高考）化学必考项目（单选题）

选　项	小　计	比　例	
A. 非常符合	1904		30.76%
B. 符合	1781		28.77%
C. 一般	1556		25.14%
D. 不符合	439		7.09%
E. 非常不符合	510		8.24%
本题有效填写人次	6190		

36. 你喜欢哪种化学活动 （单选题）

选　项	小　计	比　例	
A. 笔试型化学竞赛	1326		21.42%
B. 实验技能等操作类竞赛	2593		41.89%
C. 化学辅导提高班	589		9.52%
D. 学校的化学兴趣小组或社团	1682		27.17%
本题有效填写人次	6190		

43. 你对中学化学还期待　（多选题）

选　项	小　计	比　例
A. 降低化学测试的难度	3268	52.79%
B. 了解化学学科的前沿发展情况	2267	36.62%
C. 增加学生实验，增加课堂趣味性	4750	76.74%
D. 学校创设个性化发展的化学研究条件	2640	42.65%
E. 参加更多的课外科学探究活动	3073	49.64%
F. 化学课堂更加开放、民主，探究氛围更浓	2572	41.55%
本题有效填写人次	6190	

3. 数据分析

从调查结果来看，深圳市的大部分师生都认为实验在化学课教与学中有着非常重要且不可替代的作用；大部分的化学老师都能在课堂中熟练运用演示实验、探究实验、学生分组实验的教学方法；师生们一致觉得学生的实验开展不多，学校创设个性化发展的课内外探究活动研究条件有待提高。另外，到目前为止，教师们普遍认为探究性实验教学开展难度大，因此，深圳市化学实验教学的创新性研究等高端教研活动仍处于初步探索阶段。

二、全国化学实验教学创新研究的现状

（一）调查选择的视角

教育教学论文是教师教学经验和教学研究成果在写作上的表现，是教师将平时教学中的一些经验或研究进行总结，并综合运用理论知识进行分析和讨论的结晶。教师在各种杂志上发表的论文基本被收录在中国知网上。中国知网，始建于1999年6月，是世界上全文信息规模最大的"CNKI数字图书馆"，通过产业化运作，为全社会知识资源高效共享提供了最丰富的知识信息资源和最有效的知识传播与数字化学习平台。因此，知网上教师论文的"量"和"质"也体现了目前学科教学研究的最新状况。本书希望从调查统计化学学科中教师论文的发表情况的角度来窥视全国化学实验教学创新的现状，以期为广大初中化学教师的教学改进提供依据。

（二）数据统计

调查的数据来源于中国知网文献检索，关键词为"初中化学实验教学"，共搜索文献825篇，发表年限从1952年至2018年，从知网上提供的可视化视图中选取了每年发表的论文数量、趋势图及关键词分布图作为研究的数据，如图2-1-1、图2-1-2所示。

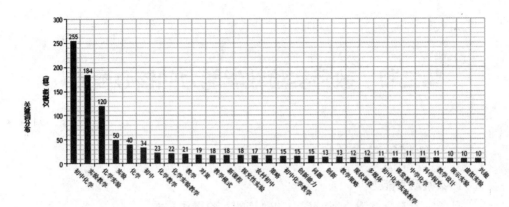

图2-1-1　论文数量趋势图

ⓘ **数据来源：** 文献总数：825 篇；检索条件：(主题=初中化学实验教学 或者 题名=初中化学实验教学) (模糊匹配),专辑导航：全部; 数据库：文献 跨库检索

总体趋势分析

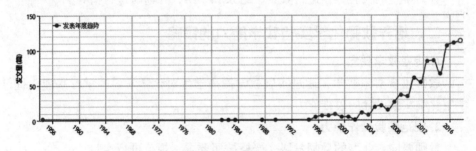

图2-1-2　关键词分布图

从发表论文数量趋势的统计数据来看，从2004年起教师发表论文的速度呈井喷式上升。这也说明了教师对教研工作的总结越来越重视。

另外，从论文中关键词的分布来看，实验教学中的创新性研究的论文篇数比较少。笔者又下载了这825篇论文中最近5年来发表的论文，共计220篇左右，然后逐个翻阅发现初中化学教学实验创新存在很大的不足：

（1）实验教学作用及地位研究得多，化学实验教学实践研究得少。

（2）关于实验中常见问题研究得多，关于实验教学方式研究得少。

（3）以教科书为中心研究得多，以实验课题的形式研究得少。

（4）对具体实验改进研究得多，对实验教学系统性研究得少。

第二节　教师实验教学能力的核心要素

一、教师化学实验教学的核心要素

1. 实验动手能力
具备实验安全意识、环保意识和熟练的实验操作技能。

2. 实验设计能力
能够引导学生根据实验目标改进实验，设计微型实验，设计手持实验，设计课外探究性实验。

3. 实验指导能力
针对学生的实验操作进行观察、记录和小结，并适时进行指导。

二、培养教师化学实验教学能力的策略

1. 转变教学观念
教师重视实验教学，通过实验教学提高学生对化学学科的学习兴趣，提升学生化学实验设计的思维能力。

2. 规范实验操作能力
教师要向专业型的教师发展，严格按照要求，规范进行实验。

3. 提高实验创新能力
教师要对教材中的实验进行研究，针对不足之处进行整合和创新。

4. 配备装置
学校配备完善的实验药品、实验仪器设备及专业的实验人员。

5. 建设化学实验交流平台
建设一个教师进行实验交流的平台，可加强他们对化学原理的学习和理解，从而使他们对实验结果的分析讨论更加专业、全面。

三、化学实验教学教材推荐

化学实验教学教材推荐见表2-2-1。

表2-2-1　化学实验教学教材推荐

教材著者	教材名称及出版社
肖常磊、钱扬义	《中学化学实验教学论》化学工业出版社
郑长龙	《化学实验教学论》高等教育出版社
文庆城	《化学实验教学研究》科学出版社
李广洲、陆真	《化学教学论实验》科学出版社
蔡亚萍	《中学化学实验教学设计与教学论》浙江教育出版社
苗深花、韩庆奎	《化学实验教学论》科学出版社
王祖浩、王程杰	《中学化学创新实验》广西教育出版社
王后雄	《中学化学实验教学研究》北京大学出版社
段玉峰	《化学基础实验》《化学测量实验》《综合训练与设计》科学出版社

第三节　实验教学的策略、方法

一、制订明确的实验教学目标

化学实验教学力图使每一个学生都具备适应现代生活及未来社会所必需的化学知识、技能、方法和态度，具备适应未来生存和发展所必备的科学素养。要在有限的时间内达到这三个维度的教学目标，作为课堂教学的主导者，在教学的不同阶段、对不同类型的实验应适当调整、合理安排，突显主要教学目标，突破重难点，使课堂教学更有效。

（一）不同类型的实验制订不同的教学目标

1. 演示实验规范操作，启迪思维

课堂教学中教师的演示实验起着重要的示范作用，对学生进行实验的态度、观察实验的方法和分析实验的思路起到潜移默化的引导作用。

2. 探究实验培养能力，体验化学魅力

教学中要立足教材，在课堂上进行富有成效的探究活动并根据学情有针对性地进行实验创新。例如，教师可提出教学实验的问题，然后指导学生小组合作设计初步方案，在课堂上进行分组实验，交流介绍设计实验的原理、方法、步骤，由学生评定优劣，共同探讨实验成败的原因。

（二）不同时期的实验有不同的教学目标

1. 学期初利用实验做好化学入门教学

刚接触化学这门新课时，学生在观察化学实验现象和分析变化的本质时，往往不得要领。因此，教师在初三化学起始阶段就要充分利用实验，培养学生灵活的思维能力和实事求是的科学态度，尽量避免"死记硬背"的学习方式，以实事求是的科学态度和精神来学习化学。

2. 学期中利用实验保持学生学习兴趣

以人教版教材为例，学生在开始学习化学时兴趣较浓，在学习第二章"空气"时兴趣达到最高点，从第三章"物质构成的奥秘"时兴趣开始回落。学生这种学习化学的兴趣的变化与教材中实验的安排以及初中学生的年龄特征都有关系。化学实验教学在学期初，很容易激发学生的学习兴趣，但很多时候我们也会意识到这种兴趣会慢慢变淡直至学生感觉习以为常。因此，作为化学教师，我们在进行课堂实验演示的时候，要在忠于教材的基础上动点心思，让学生经常发现些意想不到的小花样。

3. 复习阶段利用实验强化知识，"保鲜"课堂

复习阶段，学生对学习容易产生厌倦心态和紧张心理，教师要把握好学生的心态，寓教于乐，实验既要是学生喜闻乐见的，又要能激发学生的学习兴趣、进取心和自信心，使他们感受到复习时的乐趣。新课的教学通常是以教师的演示实验或者学生的分组实验方式完成的。中考前综合复习中的一种方法是将化学实验系统地梳理，并在课堂上再一次探究，可大大地提高化学复习课的效果。除此之外，也可以通过实验录像、视频或者模拟化学实验软件，将重要的实验快速而完整地再现。

二、改善实验教学的环境

教学环境是由学校内部各种物质的、物理的要素所构成的一种有形的"硬环境"和由各种精神的、管理的要素所构成的一种无形的"软环境"组成的，它们是学校教学活动赖以进行的基础，在化学教学中主要包括教学设备、教学组织形式等。

（一）合理使用各种教学设备

随着现代教育技术的发展，电化教学设备成为教学信息的第三载体，各种特殊功能的教学设备在学校教学中有了广泛的使用，提高了信息传递的效果。

例如，化学实验教学中，有些教师演示实验可适当使用摄像头、实物投影仪、同屏技术来投射实验过程，使教室中每个学生都能观察到实验过程。对于爆炸、毒性较大且不易控制的一些危险实验，微观物质结构及其运动的实验，借助多媒体设备有利于学生对微观世界的理解，有利于培养学生的空间想象能力。

（二）适当调整教学组织形式

根据学生的需要，采取弹性化、多样化和多功能设计，为学生学习提供融班集体教学、小组教学和个别教学为一体的班级教学组织环境。

（三）加强化学实验与实际生活的联系

完成化学实验，仅使用实验室中的材料，或是完全按课本内容操作，学生未必能认识到化学在生活中的重要性，往往很难达到预期的教学效果。我们可以多从生活中取材，如在学习二氧化碳与水的作用时，用"雪碧"作为二氧化碳气体的来源，学习酸碱指示剂时，紫甘蓝、黑枸杞等都可以作为自制指示剂的原料等。

三、选择合适的教学方式

（一）教学方式的含义和类型

教学方式是指教师为促进学生顺利而有效地开展学习活动、完成学习任务而采取的各种教学行为。教学方式是由一系列教学行为组成的。

按照教师输出信息的途径，可以将教学方式分为语言的方式和演示的方式。语言的方式是指教师用教学语言向学生传达化学教学内容；演示的方式是指教师用实物、模型、标本等向学生传达化学教学内容。按照决定教学方式的教学思想，可以将教学方式分为注入式教学、启发式教学和探究式教学。按照教师组织学生完成学习任务的活动方式，可以将教学方式分为组织实验活动的方式、组织调查活动的方式和组织交流活动的方式。

（二）教学方式的选择

每种教学方式都有自身的优势和长处，也都有一定的适用范围和不足，所以教学方式的选择实际上还蕴含着各种教学方式之间的相互配合和补充，以期发挥出单一教学方式所没有的整体效果。

1. 实验教学要为三维目标服务

三维目标是一切教学活动的出发点和最终归宿。因此，所选择的教学方式应有助于全面地落实三维目标。从理论上讲，化学实验既具有认识论功能，又具有方法论功能，还蕴含着丰富的辩证唯物主义观点，所以通过化学实验教学是可以落实三维目标的。

2. 实验教学要以学生为主体

教学方式应充分发挥学生的积极性、主动性和创造性，尽可能提高学生的参与程度。教师一定要在深入了解学生原有知识储备和能力发展水平的基础上，把握好问题的难度和层次，以旧引新，逐步深入，才能达到理想的教学效果。

第四节　实验创新的有效性评价

实验创新的有效性评价如图2-4-1所示。

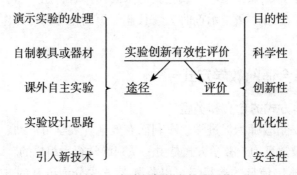

图2-4-1　实验创新的有效性评价

《义务教育化学课程标准》指出，实验是初中化学教学的重要组成部分，实验教学是落实化学课程目标，提高学生化学学科素养的重要途径。中学化学教师对教材中的一些实验进行改进和创新，已取得了明显成效，对发挥化学实验的教学功能，合理开发实验教学的课程资源，发挥了巨大的作用。实验创新是否有效，可以从实验的设计、器材、操作、效果等多个要素、多个角度来分析，也可以从某个创新点来局部分析，最为关键的是该创新实验是否能更好地达到实验的目的。通过实验创新，教师可以更好地培养学生的实验能力、创新能力、比较判断能力，提高学生的化学学科素养和教师的专业水平，使化学教学获得最大的效益。

一、有效实验创新的途径

1. 对教材上的演示实验进行加工处理

根据教材上的演示实验所展示的细节，教师可以挖掘其教育价值，使实验的细节趋向完美，或者根据实验的丰富性，细化实验，即简化实验。后者可以使实验探究变得简单，使知识呈现变得清晰。不过，这种处理建立在教师对教材分析解读基础上，需要教师具备很强的驾驭教材的能力。无论是使实验细节趋向完美，还是简化实验，都优化了实验本身，有利于学生在实验探究过程中对相关化学信息的获取和提炼。因此，对教材的演示实验进行加工处理，仍然是一种值得尝试的实验创新途径。

2. 自制教具或实验器材

实验创新还有一个重要方向，就是自制教具或实验器材。自制的教具或实验器材应满足以下三个原则：一是自制教具或实验器材应遵循科学性原则，装置合理、稳固、简洁。二是自制教具或实验器材的取材可从两个方面考虑，要么为化学实验室常见或生活中易得的，要么在材料中引进新技术，但都应能更好地展示化学实验的现象，更能反映化学实验所要探究的问题的本质。三是使用自制的教具或实验器材能更好地展示该化学实验，操作更方便，实验现象更加明显，能有效拓展课堂教学。

3. 教材提供的课外小实验和学生用自制实验器材进行的自主实验

实验创新还可以充分利用教材提供的课外实验和家庭小实验，指导学生利用化学实验室或生活中常见物品参与实验，自主完成实验探究。学生能从实验器材到实验过程有意识地进行实验创新，在此过程中，学生体验到了实验探究的乐趣与成就感，培养了学习自信心与创新精神。

4. 从学生的需要出发去设计实验

从化学实验的教学功能来看，实验创新最终是为了满足学生的求知需要，培养学生解决化学问题的能力。因此，面对化学课堂出现的教学问题，教师可以从学生的需要出发去设计实验。以化学反应中加入药品的顺序不同会产生不同的化学现象为例，教师可以根据教学情况加以简单设计。这种创新虽然没有引入新颖的实验仪器和技术，可能仅仅是加入试剂的顺序不同，但用实验事实呈现知识的方式远比教师口头强调给学生留下的印象深刻得多。所以，教师需要通过实验的探究功能培养学生的化学学科素养。

5. 利用新技术进行实验创新

实验创新的新颖性，可以从新技术的引入着手，如手持技术、数字化传感器的引入对化学实验的量化分析起着重要的作用；互动式VR的引入不仅可以在化学的微观教学中大展雄风，对于一些存在污染、有毒有害的实验操作也可以合理模拟。教师可以充分利用信息技术和移动终端，拓展实验教学的时间和空间。

二、有效实验创新的评价

通过研究各实验创新比赛评价方案，我们发现，实验创新的有效性可以从以下五个方面进行评价：

1. 目的性

目的性是实验创新的关键。实验创新所蕴含的功能，应能准确、清晰、简明地表达出该实验设计的目的。

2. 科学性

科学性是实验创新的原则。实验创新应遵循原理正确、装置合理、过程流畅三大特点，体现设计者的理性思维之美。

3. 创新性

创新性是实验创新的灵魂。实验创新部分的设计思路、功能、方法、材料、装置应新颖，有特色，是原创。

4. 优化性

优化性是实验创新的根本目的。采用实验创新后，操作应更简便，实验现象应更直观、更明显。同时，该实验创新具有可重复性，在中学化学教学中可以推广使用。

5. 安全性

安全性是实验创新的动力和底线。针对初中化学中出现的污染大的、有毒有害的实验的改进和创新，主要指方案更环保，以及对实验可能出现的危险和环境污染的应对措施。

第 三 章

基于实验探究的小组合作
学习研究与案例

第一节　小组合作学习概述

一、小组合作学习

小组合作学习是指教师在教学中运用小组的形式，让学生在小组中互相合作，发挥群体的积极功能，提高个体的学习动力和合作能力，达到共同的学习目标。小组合作学习方式能使学生从单纯地接受学习向多元化学习方式转变，培养学生主动参与、积极探索、合作与交流的学习能力。我们在化学实验教学过程中，将学生分成若干个实验小组（一般为2～4人），同组学生就实验记录结果进行比较与讨论，查找实验中产生问题的原因，改进实验操作。

二、小组合作学习研究概况

当代合作学习理论的开创者——美国明尼苏达大学约翰逊教授认为，合作学习指的是"在教学中采用小组的方式以使学生之间能协同努力，充分发挥自身及同伴的学习优势"。小组合作学习模式以异质小组为基本形式，以小组目标达成为标准，以小组成员相互启发、相互依赖的合作性活动为主体，以小组总体成绩作为评价和奖励依据。

加拿大、德国、澳大利亚、日本等50多个国家和地区的中小学课堂教学广泛采用小组互助学习模式，小组合作学习被人们誉为"近几十年来最重要和最成功的教学改革"。我国于20世纪80年代末90年代初陆续开始了这方面的研究。

三、小组合作学习实践现状

由于教师缺乏对合作学习精神实质的正确把握，很多时候只是表面化、形式化地理解其意义，化学课堂中小组合作学习的实效性没有得到彰显。具体来说，问题主要表现为：

（1）合作频率过多。新课程要求转变教与学的方式，一部分教师为了实践新理念，整堂课都是合作学习，无论什么教学内容都采用合作学习的教学模式。其实，并不是所有的学习内容都适合用小组合作的学习方式，使用不当反而降低课堂效率。

（2）合作前学生缺乏独立思考的时间。由于合作性学习需要的时间较多，部分教师希望尽快进入合作学习，赶鸭子上架，学生被动地进行合作学习。这种没有目的的学习是无意义的，应先给学生独立思考的时间，再进行小组合作学习。

（3）学优生在小组中处于主导地位，承担了主要责任，其他学生失去了锻炼机会。

（4）教师处于学生小组活动的边缘，部分教师对于合作学习活动的认知出现偏差，认为合作学习就是将课堂全权交给学生。教师还是要在课堂中巡视，发现问题，及时纠正问题。

（5）缺少对合作学习的有效评价。因为没有有效的评价机制，学生的活动结果得不到肯定，其兴趣就会日益消退，甚至出现消极对待的状态。

四、小组合作学习教学模式的进一步探索

（一）小组合作学习的组成要素

约翰逊教授还认为，任何一种形式的合作学习方法，有五个要素是不可缺少的。

1. 积极地相互依赖

要求学生知道他们不仅要为自己的学习负责，而且要为其所在小组的其他同伴的学习负责。小组成员之间是沉浮与共、休戚相关的关系。

2. 面对面的促进性作用

要求学生进行面对面的交流，组内学生相互促进彼此的学习，以达到实验成功和学习的目的。

3. 个人责任

要求每个学生都必须承担一定的学习任务，并完成所分配的任务，确保分工明确，责任到人。

4. 社交技能

要求教师必须教会学生一些社会交往技能，以进行高质量的合作。

5. 小组自评

要求小组定期评价共同活动的情况，检讨小组活动情况和功能发挥程度。

（二）小组合作学习的模型

小组合作学习的研究已经经历了很多年，笔者认为将其普及，应建立起一个模型供教学者使用，蔡香兰提出的小组学习教学模式和教学流程可供借鉴（见图3-1-1、图3-1-2）。

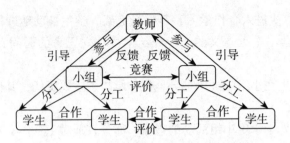

图3-1-1　初中化学小组合作学习教学模式

图3-1-2　初中化学小组合作学习教学流程

1. 小组合作学习实践的注意事项

（1）灵活多样的分组方式。可以2～5人，分组形式多样，确保组内人人承担责任。

（2）形式多样的实验探究。设计的实验应该让每个学生都能够参与。

（3）恰如其分的即时评价。通过小组计分的形式，激发学生的学习热情。

（4）学案辅助。学案就像地图，让学生有目的地进行探究，不会迷失方向。

（5）分工明确。组内可以安排辅导员、检查员、记录员、提问者、材料管理员、总结者等角色，让每位学生都能够有事做。

2. 小组合作学习的实践案例（杨晓琳老师课例《水的净化》）

小组合作学习的实践案例流程如图3-1-3所示。

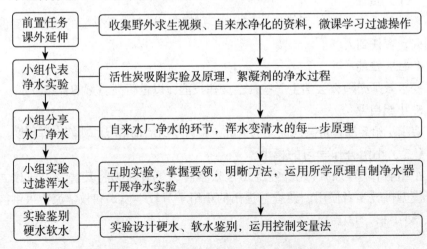

图3-1-3　小组合作学习的实践案例流程

第二节　自主合作学习实践案例

水的净化

深圳市福田区莲花中学　杨晓琳

一、实验选题

活性炭吸附实验教材安排在第六单元的课题1，将滴有红墨水的半瓶水放入木炭或活性炭，振荡后观察现象。但水的净化中也涉及活性炭的吸附，故将后面学习活性炭的吸附性实验前移至此，帮助学生理解活性炭的吸附作用，通过实验增强感性认知。

二、实验设计

（一）初始方案

如图3-2-1所示，实验时振荡后，水由红色变为澄清需要时间较长，效果不好，后来改用过滤，能清楚看到红墨水的红色褪去，但时间也较长，而且学生还会误认为是滤纸将红色吸附，故两种实验方案都不理想。

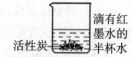

图3-2-1　活性炭吸附实验（人教版教材）

（二）改进方案

改进后的实验装置如图3-2-2所示，将红墨水缓缓倒入U形管中，经过活性炭的吸附，从另一端出来的水变成无色透明的，实验现象非常明显，且时间短，易操作。

图3-2-2　活性炭吸附实验（改进实验）

三、教学设计

（一）教学设计理念

水的净化是生活中常见的现象，很多家庭都有净水器。通过课前预习、查阅资料，让学生们对水净化的原理有深入的理解，熟悉常见混合物分离的方法，小组讨论的形式比较适合这个课题。学生课前通过微课学习过滤操作，带着问题去理解课堂上每个关键点的原理，建立化学实验规范操作的意识。生活中的硬水给生活带来不便，这是化学与生活紧密联系的好素材。本课题可以延伸到野外生存如何获取饮用水，学以致用能提高学生学习的兴趣。

（二）教学内容分析

本课题围绕水的净化问题，将吸附、沉淀、过滤和蒸馏等净化水的方法有序地串起来，前半部分介绍含不溶性杂质水的净化方法，后半部分以硬水软化为例介绍含溶解性杂质水的净化方法。其中过滤是初中化学重要的实验操作技能。

（三）学情分析

根据生活经验，学生知道天然水是混合物，水中有不溶性杂质和可溶性杂质。对饮用水有一定了解，知道生活用水来自自来水厂，但不了解自来水的具体生产过程；对于软水、硬水不是很清楚。在实验操作技能方面，学生目前掌握了一些简单的化学基本操作技能，但不清楚过滤的具体操作方法和注意事项，对化学探究学习方法的了解也只是处于启蒙阶段。

（四）教学目标

（1）知道纯水与天然水、硬水与软水的区别；了解吸附、沉淀、过滤等净化水的方法。

（2）通过实验了解过滤操作，软水、硬水的鉴别方法；理解硬水软化的方法和现实意义。

（3）感受化学对改善个人生活的积极作用，学习善于合作、勤于思考、敢于实践的精神，增强饮水卫生和珍惜水资源的意识。

（五）教学重难点

教学重点：过滤的实验操作，净化水的实验设计。

教学难点：化学实验中遇到问题的解决能力。

（六）教学方法

小组展示、讨论、合作交流、总结归纳、实验探索。

（七）实验准备

烧杯、药匙、漏斗、滤纸、玻璃棒、带铁圈的铁架台、试管、滴瓶、浑浊水、硬水、蒸馏水、明矾、肥皂水。

（八）教学过程

教学环节	教师活动	学生活动	设计意图
导入新课	视频播放贝尔·格里尔斯野外生存净水过程	学生课前搜集整理的视频资料，让学生体会净水的生活知识很有实用性	增强学生的参与感，激发学生学习的热情，将生活知识带入化学课堂

续 表

教学环节	教师活动	学生活动	设计意图
学生小实验展示	改进U形管，做净水器	让学生体验活性炭净水过程	直观感受到红墨水变成无色，增强可视性
学生活动一：浑浊水+明矾	鼓励学生通过实验，体会明矾净水的过程	实验操作	对比实验，培养观察、表达现象的能力
学生活动二：总结自来水厂净化过程	组织学生组内讨论课前总结内容，引导从化学的角度理解净水过程	小组讨论总结、展示	拓展知识面，理解净水的过程原理
学生总结、展示	从浑水变为清水的每一步骤的原理	总结出常用分离混合物的方法：沉淀、过滤和吸附	从现象到本质，学习提炼方法的能力
学生活动三：过滤操作	和学生共同分析实验原理，引导学生理解实验的关键点	学生实验、交流，互助实验操作，及时改正错误	课前通过微课学习了过滤，课堂上直接做实验，体会操作中可能遇到的问题
展示自制净水器净水	指导净水过程中遇到的问题	小组合作，展示交流	延伸化学知识到课外，紧密结合化学与生活的关系
学生活动四：硬水和软水检验	介绍硬水和软水的区别	观察实验现象，记录实验报告	实验设计思想的建立——控制变量法
课堂小结课后活动	引导学生结合本节课的内容总结要点	构建知识网络	归纳总结与水有关的知识

续表

教学环节	教师活动	学生活动	设计意图
板书设计			

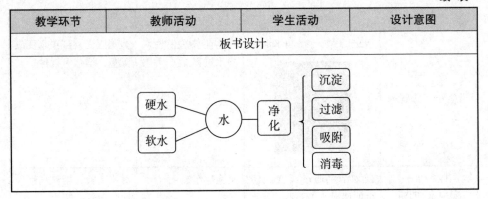

二氧化碳制取的研究

深圳市福田区莲花中学南校区　肖慧莘

一、实验选题

O_2、CO_2、H_2三种气体的实验室制取是初中化学学习的重点，而CO_2气体的制取占据重要地位，它是培养学生在实验室中制取某种气体时，药品的选择、装置的设计、实验的方法等思路的最佳素材。同时，学生对CO_2气体的性质和CO_2气体制取实验有着浓厚的兴趣。上好此节课对学生今后学习化合物知识、化学基本实验及实验探究都有深远的影响，对培养学生良好的思维能力奠定了基础。

二、实验设计

（一）初始方案

按照课本中的教学直接给出实验室制取CO_2常用的药品是大理石和稀盐酸。根据列表比较，分析制取CO_2和O_2的发生装置和收集装置各有什么不同，提供装置让学生选择设计制取CO_2的装置。

（二）改进方案

为了让学生充分感受用化学方法制取气体的思路，在设计CO_2制取气体装置前，增加了实验室制取CO_2的药品探究的环节。这一活动环节主要是让学生通过头脑风暴回忆能产生CO_2气体的反应，探究这些反应是否适合用于实验室制取CO_2气体。让学生进一步感受化学研究的过程，体会"化学从生活到实验，从实验再到生活"的过程。

教师为学生提供碳酸钙粉末、碳酸钠粉末和大理石，以及稀盐酸溶液（见图3-2-3），让学生进行对比实验，观察现象。但是，在实际的教学过程中，发现这样的对比实验存在着以下一些不足之处：

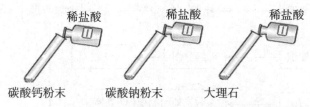

图3-2-3　制取二氧化碳药品选择的实验（人教版教材）

（1）学生操作起来麻烦，且不易观察反应产生气泡的快慢。

（2）在倾倒药品时，学生很难控制好量，容易浪费实验药品。

为了克服以上不足，笔者在实际教学中进一步改进了操作：

（1）用小试管和气球组装仪器。

（2）3支小试管事先装好等量的稀盐酸，小气球事先装好适量的固体药品。

（3）实验中通过观察气球的胀大情况比较反应速率。

（三）效果图

制取二氧化碳的实验如图3-2-4所示。

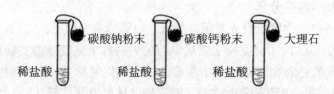

图3-2-4　制取二氧化碳的实验（改进实验）

实验优点：

（1）学生操作简单方便，避免药品浪费。

（2）实验装置简单，仪器易得。

三、教学设计

（一）教学设计理念

本课题的教学主要采用知识回顾和思维导图梳理归纳、对比实验探究多种手段，回顾制取O_2的方法，运用思维导图构建实验室气体制备的思路框架，明晰CO_2制取的思路；通过对反应药品及实验装置的探究活动，帮助学生了解实验室制取CO_2的反应原理和制取装置。最后，通过引导学生运用思维导图（见图3-2-5）归纳实验室制取CO_2的知识，使学生对实验室制取气体装置的认识从模仿到简单地自主选择，从而让学生知道实验室制取气体的一般思路，也为后面拓展学习如何设计控制反应的发生与停止的气体制取装置做好铺垫。

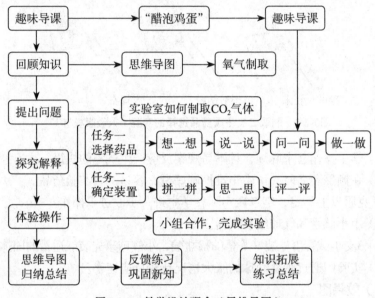

图3-2-5　教学设计理念（思维导图）

（二）教学内容分析

本节课的教学内容选自人教版九年级上册第六单元课题2《二氧化碳制取的研究》，是学习O_2的实验室制法之后学习的另一种常见气体的实验室制法，是学习CO_2性质的必要知识储备。本节课的学习可以使学生掌握实验室制取气体的设计思路，进一步培养学生掌握实验室制气体的方法。学生已初步了解实验室制取O_2的思路，本节课的学习是对知识的深化和迁移，提高了学生的实验探究及基本操作能力，使学生形成了完整的知识体系。

（三）学情分析

学生在第二单元学习了O_2的三种实验室制备方法，对实验室制备气体具有一些简单认识，已有了初步设计实验室制取CO_2的知识与技能。一方面，初三学生刚接触化学，对化学尤其是化学实验充满浓厚的兴趣；另一方面，学生的动手实验能力和分析能力较弱，自主实验探究能力不强，素质参差不齐，抽象思维的能力较弱。因此，在探究制备药品和制取装置的过程中，教师应尽量从贴近学生的日常事务出发，充分利用图片、实物及趣味实验等教学手段，激发学生的学习积极性。

（四）教学目标

（1）通过实验探究制取CO_2气体的药品，掌握实验室制取CO_2气体的反应原理。

（2）通过实验活动，学会正确选择制取CO_2气体的发生装置和收集装置。

（3）感受科学实验的魅力，激发学习化学的兴趣，学会合作与交流。

（五）教学重难点

教学重点：实验室制取CO_2的原理、装置设计及制取方法。

教学难点：实验室制取CO_2装置的设计思路。

（六）教学方法

任务驱动法、分组实验法、讨论合作法和比较归纳法。

（七）实验准备

试管、药匙、镊子、烧杯、集气瓶、长颈漏斗、导管、火柴、澄清石灰水、碳酸钠粉末、大理石、稀盐酸。

（八）教学过程

教学环节	教师活动	学生活动	设计意图
导入新课	指导学生表演：趣味实验——醋泡鸡蛋。运用同屏技术播放实验过程视频	观看	激发学生学习兴趣
温故知新	提出问题：实验室如何制备CO_2气体？在实验室制取O_2时都考虑了哪些方面的问题？	课前回顾练习，在教师引导下通过思维导图梳理实验室制取气体的思路框架	通过思维导图为厘清CO_2制取的研究思路奠定基础
选择药品	任务一：实验室制取CO_2气体应该选择什么药品？ 【想一想】学习过的反应中哪些可以生成CO_2气体？ 【说一说】这些方法适合用于实验室制取CO_2吗？为什么？（指导学生思维方法：从反应条件的难易和是否便于操作的角度进行筛选。） 【问一问】有没有常温下就能生成CO_2的反应？联系导课趣味实验：醋泡鸡蛋。 发现碳酸盐与稀盐酸反应都可以生成CO_2。 【做一做】为了便于收集，要挑选适合的理想药品，引导学生用所给药品探究制取CO_2的最佳药品。教师巡回指导，同屏展示	思考 学生自主在小黑板上书写化学方程式 小组讨论、交流 小组合作完成实验，观察实验现象，并认真记录在表格上 汇报交流	通过讨论交流、资料阅读使学生了解能反应产生CO_2气体的物质有许多；通过探究反应速率的对比实验，帮助学生领悟，确定CO_2制备原理时应考虑的因素。同时培养学生的理解、分析等能力

教学环节	教师活动	学生活动	设计意图
确定装置	任务二：实验室制备CO_2应该选择什么装置？ 引导学生依据反应物的状态、反应条件以及CO_2气体的性质等信息来选择制备CO_2气体的装置。 【拼一拼】各小组分发印有实验室仪器图案的卡片，鼓励学生用图片自由组装制取CO_2气体的装置。 【思一思】（启发设问）：1.如果要制取较多的CO_2，可以将试管换成什么仪器？2.假设实验过程中要添加药品，用单孔塞方便吗？要添加什么仪器？3.为了节约药品使反应即开即停，应如何改进装置？ 【评一评】展示成果，引导思考，师生互动点评	讨论分析，完成学案上的表格。根据表格分析，小组合作，在小黑板拼图设计制取CO_2的装置。小组展示、互相评价	综合前面的"确定因素"和表格中的信息确定制取气体的装置。通过小黑板拼图活动，鼓励学生设计多种制取CO_2的装置。设计有梯度的启发式问题，为学生进行实验装置的组装打下基础，使学生进一步熟悉本实验操作及原理
实验操作	任务三：实验室制备CO_2的操作步骤是什么？ 【提出问题】如何检验CO_2？如何验满？ 【巡视指导】小组合作制取一瓶CO_2，注意实验操作规范 同屏技术展示小组实验，纠错	学生思考、交流小组合作，完成实验	引导学生思细节、思步骤、思位置，三思而后行，为小组合作制备CO_2打好基础
总结归纳	引导学生仿照实验室制取O_2的思路，用思维导图的形式归纳实验室制取CO_2气体的知识	总结，归纳	帮助学生对知识进行整理，系统化
反馈练习	要求学生限时完成练习	完成练习	帮助学生巩固知识
拓展延伸	化学在生活中无处不在，如果想在家中制取CO_2气体，可用哪些家庭用品代替实验药品和仪器呢？	学生课后思考完成	联系生活实际，进行课后延伸，让学生感悟到化学无处不在

续 表

教学环节	教师活动	学生活动	设计意图
	板书设计（用贴纸）		

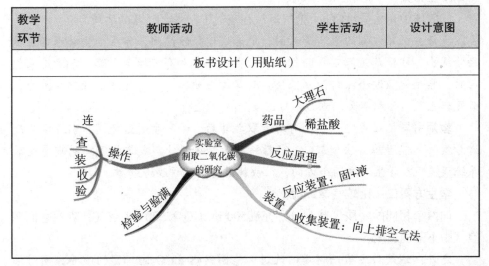

二氧化碳的性质（第1课时）

深圳市翠园中学东晓校区　华 薇

一、实验选题

在教学实践过程中，笔者发现学生在适当引导的情况下，能对教材提供 CO_2 性质的验证实验提出自己的观点，对教材实验进行合理化改进与思考。

二、实验设计

（一）初始方案

教材上通过向阶梯蜡烛倾倒 CO_2 的实验，验证了 CO_2 "密度比空气大，不能燃烧也不支持燃烧"的性质。

（二）改进方案

教材对于 CO_2 的物理性质——"密度比空气大"，并没有单独的验证方案。尽管可以用" CO_2 能用向上排空气法收集"的实际证据来反证此问题，但在对课本验证实验进行充分分析的前提下，利用开放性问题，发散学生的思维，笔者对学生适当引导后发现，他们能设计出更多新的验证方案。以下是笔者在教学实践中总结出的方案，以供探讨。

学生方案一：比较气球1.0版

向气球中充入适量CO_2，把气球放在空气中，观察气球的运动方向。

点评：初始方案的思路是对的，笔者通过合理设问，学生很快就根据生活经验提出，即使是充满空气的气球，放在空气中也有可能会下落。笔者追问原因时，学生能经过小组讨论，很快找到其物理原因：由于气球本身存在重力，若气球充气后体积不大，重力不可忽略。

教师引导：在肯定方案一有其可取之处后，进一步通过提问，引导学生改进方案一。能否想办法使装CO_2容器的质量忽略不计，或者把气球的重量变成系统误差呢？学生从这两个方向，很快就设计出多种改进方案。

学生方案二：比较气球2.0版

向两个相同的轻质气球中分别充满500 mLCO_2和500 mL空气，观察它们在空气中下落的速度。

点评：这是对方案一材质的改进，意图忽略装CO_2的容器的质量，同时注意了控制变量，胜在较为严谨，具有一定的可行性。

学生方案三：比较气球3.0版

用托盘天平称量两个质量、体积一样的气球，分别充满CO_2和空气，比较其质量大小。

点评：本方案注意了控制变量，同时意图将气球的质量变成系统误差，但在实际操作中，气球太大时难以称量，气球太小时称的质量差别不明显，且气球容易滚动滑落。

学生方案四：比较气球4.0版

在等臂天平的两端系两个相同质量的轻质气球，分别向其中充入等体积空气和CO_2，观察等臂天平的倾斜程度。

点评：本方案意图将气球的质量纳入系统误差中，但在比较过程中由于气球的浮力作用，比较效果不是太好。

教师引导：当我们选用气球作为实验容器时，无论是减轻气球自身质量还是将气球质量纳入系统误差，效果似乎都不太理想，可否换一种容器呢？

学生方案五：直接称量法

托盘天平上放置两个相同质量的200 mL烧杯，待天平平衡后，向其中一只烧杯中缓缓注入CO_2气体，观察天平指针的摆动情况。

点评：此法在理论上是可行的，但在实验中还是缺乏实证支持。即使将烧杯换成更大容积的，似乎也难以出现期待的效果。应该是烧杯的质量太大，干扰了气体质量的测量。效果如图3-2-6、图3-2-7所示。

图3-2-6　称量法俯视图（倾倒时）　　　图3-2-7　称量法侧视图（倾倒时）

学生方案六：纸盒平衡法

在等臂天平的两端，分别挂两个相同质量的轻质容器（如轻质纸盒），待平衡后，向其中一容器中缓缓注入CO_2气体，观察等臂天平倾斜方向。

点评：此法在理论上亦是可行的，但在实验中，灵敏度似乎并不好，实验结果如图3-2-8所示。

学生方案七：吹泡泡法

分别用收集10 mLCO_2和10 mL空气的针筒，蘸取泡泡水，做出两个一样大的泡泡，比较在空气中的下落速度。

点评：此方案是对方案二的进一步优化，把气球改为泡泡水，材质更轻，胜在材质，同时注意了控制变量。不过，泡泡水易破，难以持续观察现象。

方案八：吹泡泡2.0版

同方案七，仅对泡泡水配方改进。

点评：改进方案七中泡泡水的配方，向泡泡水中加入糖，这样泡泡就不易破，以便延长观察时间，效果如图3-2-9所示。

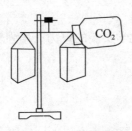 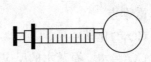

图3-2-8　纸盒平衡法　　　　图3-2-9　吹泡泡2.0版

三、教学设计

（一）教学设计理念

本课例基于学生已有部分气体性质验证实验的经验，结合教材设计的实验，提升学生从生活经验、实验现象中获取化学信息的能力，并利用恰当的问题推进实验改进方案，培养学生的创新思维，以及化学学科核心素养。

（二）教学内容分析

本课题主要介绍CO_2的性质，与学生的日常生活实际联系紧密，贴近生活。同时，教材中设计了3个实验来验证CO_2的性质：密度比空气大，不支持燃烧，能溶于水，与水发生化学反应。然后联系学生已有的知识，解释CO_2能使澄清石灰水变浑浊的原因。教学内容的特点是实验多，联系生活和实际的内容也多，因此在教学中应当多联系生活实际，既使学生接受起来更自然，也便于学生从它们的性质去了解用途。同时，教学中应充分发挥化学实验的重要作用，并采用实验探究的方法激发学生的学习兴趣，提升学生的化学学科素养。

（三）学情分析

CO_2是初中化学中继O_2之后的又一重要气体，该气体与日常生活联系非常紧密。学生在前面"空气"的学习中就对CO_2有所接触，但对CO_2的性质与用途没有科学的认识。由于学生在O_2的学习中已形成了一定的学习方法，教材中关于CO_2的知识，学生通过预习可基本掌握，然而学生有时看问题易停留于表面，缺乏深思的习惯，反而容易形成一些错误的知识背景。所以教师在学法指导上，应引导学生多用研究的眼光观察实验，改进实验，同时注重培养学生的发散思维，让学生学会运用对比实验研究某一变量。

（四）教学目标

（1）通过了解CO_2常见的物理性质和化学性质，体会化学与生活密不可分的关系，关注社会和人类的生存环境。

（2）学会运用对比实验研究变量的方法，学会通过化学实验获取化学事实的能力。

（3）通过尝试质疑与改进实验，感受化学实验的魅力，增强学生学习化学的自信心。

（五）教学重难点

教学重点：CO_2的化学性质。

教学难点：CO_2与水、石灰水的反应原理。

（六）教学方法

启发法、实验法、讨论法。

（七）实验准备

CO_2气体（装于塑料软瓶）、带导管橡皮塞、蒸馏水、紫色石蕊溶液、蓝色石蕊试纸。

（八）教学过程

教学环节	教师活动	学生活动	设计意图
1.情境导入	【引入】（1）展示图片：本班在九年级上册的第一次学生分组实验"吹水"的照片，提示学生根据现象得出结论。 （2）实验视频：课外兴趣小组的实验"清水？牛奶？变变变！"，提示学生注意观察液体的变化，并思考实验过程中所涉及气体的相关性质	观看，思考	通过对已有学习经验的回顾，激发学生对当前学习情境的兴趣，并为后续CO_2的化学性质的学习做铺垫
2.导入新课	【提问】刚才的图片和视频中都涉及一种常见的气体——CO_2。你能说说CO_2气体有哪些性质吗？ 【板书】CO_2的性质	回答： （1）能与澄清石灰水反应。 （2）密度比空气大。 （3）无色无味	检验学生对旧知识的掌握程度
3.实验设计	你能说出哪些事实或者设计实验证明CO_2的密度比空气大吗？小组内交流，把你们的想法用图形的方式表达出来，并画在学案上	小组讨论，确定相关事实例证，或制订初步实验方案	考查学生对旧知识的掌握程度，以及实验的设计能力
4.展示、交流、评价	同屏展示学生的设计方案，引导学生组间交流与评价	交流与评价： （1）CO_2一般用向上排空气法收集。 （2）CO_2气球实验。 （3）天平两端的CO_2与空气实验	引导学生进行多角度思考，以及学生间的积极评价
5.练一练	播放动画：意大利的"屠狗洞"。 【提问】小狗为什么死了？	回答： （1）CO_2的密度比空气大。 （2）CO_2不能供给呼吸	拓宽学生视野，联系实际，使学生感受生活中的化学
6.演示实验	CO_2不仅不能供给呼吸，同时不能燃烧，也不支持燃烧，我们一起来做阶梯蜡烛的熄灭实验。 小结并板书：CO_2的物理性质与化学性质	观看、思考，小结： 从这个实验中，我们得到CO_2的两类性质。 （1）物理性质：密度比空气大。 （2）化学性质：不能燃烧也不支持燃烧	引导学生通过实验来探究物质性质的思路

初中化学
实验创新的探索与实践

续 表

教学环节	教师活动	学生活动	设计意图
7.思考与交流	【设问】实验室收集CO_2为什么一般不选用排水法呢？ 【追问】能溶、易溶还是极易溶呢？让我们一起看看这个视频吧！ 播放CO_2溶于水的视频，并提示学生寻找该实验的可改进之处。 【追问】如何改进？你有什么好办法？在你的学案上画出你的实验装置改进图，并在小组内讨论一下吧	思考，回答： CO_2溶于水。 观看。 回答： 打开瓶塞倒水时，容易导致CO_2逸出	用问题来引导学生的思维方向，诱导其批判性思维的发生
8.展示与评价	同屏展示学生的装置图，并让其简述设计意图。 小结并板书： CO_2能溶于水，1体积水大约能溶解1体积CO_2	提出改进方案： （1）将软塑料瓶中的CO_2气体换成一小块干冰，其他操作不变。 （2）在瓶盖上开一个小孔，组装上分液漏斗或大针筒，向瓶内加水。 （3）用两个一样大的针筒，分别装满水和CO_2气体后，将其用软管连接起来，相互挤压	引导学生对原有实验方案进行改进，培养其创新思维
9.实验探究	【设问】CO_2溶于水后有没有发生反应呢？你能根据提供的信息和实验用品，设计一个或几个实验，验证你的猜想吗？ 【实验探究】设计一个或几个实验证明二氧化碳与水的反应。 提出问题：二氧化碳能与水反应吗？ 信息给予： （1）酸能使紫色石蕊溶液变红。 （2）二氧化碳属于氧化物，不是酸。 （3）酸溶液能使蓝色石蕊试纸变为红色。	组内讨论方案，实验验证，讨论并评价方案的合理性。 实验方案列举： （1）直接将CO_2气体通入紫色的石蕊溶液（不合理，无对比） （2）分别将干燥和湿润的蓝色石蕊溶纸各一张先后投入CO_2气体中（合理，有对比）	培养学生的观察能力和实验能力，培养其思维的逻辑性和严密性

38

教学环节	教师活动	学生活动	设计意图
9. 实验探究	实验用品：二氧化碳气体（装于塑料软瓶）、带导管的橡皮塞、蒸馏水、紫色石蕊溶液、蓝色石蕊试纸。 实验方案 / 现象 / 结论 同屏展示学生的实验过程及结果。 小结并板书：CO_2和水反应生成的酸能使石蕊溶液变成红色		
10. 小结	请在学案上归纳出CO_2的性质，有化学方程式的请一一对应写在相应的化学性质后面。同屏展示学生的学案	小结，交流	培养学生的归纳能力
11. 作业	（1）完成学案后的自我检测。 （2）你知道趣味实验中"牛奶"变"清水"的原因吗？自然界中也存在这种现象，你知道吗？你能写出该变化的化学方程式吗？后来的清水又变成牛奶是什么原因呢？试着在学案上写出来吧。 （3）CO_2和水反应生成的碳酸稳定吗？有哪些例子可以证明你的观点？试着列举一下	完成学案上的题目	培养学生解决实际问题的能力

板书设计

物理性质
1. 密度比空气大
2. 能溶于水
3. 无色无味

CO_2

化学性质
1. $CO_2 + Ca(OH)_2 = CaCO_3 \downarrow + H_2O$
2. $CO_2 + H_2O = H_2CO_3$
3. 不供给呼吸

燃烧与灭火（第1课时）

深圳市福田区翰林实验学校　陈粉心

一、实验选题

课题选自人教版九年级化学上册第七单元课题1《燃烧与灭火》。《三国演义》中的"赤壁之战"，曹操率百万水师乘船横渡长江，声势浩大，却被周瑜的火攻和孔明"借"来的东风弄得大败而逃。本节课以赤壁之战为背景，探究燃烧的三个条件，分析并解决赤壁之战的问题。另外，又对教材中实验的问题进行了改进。

二、实验设计

（一）初始方案

初始方案如图3-2-10所示。

图3-2-10　探究燃烧的条件（人教版·教材）

（二）改进方案

人教版教材中《探究燃烧的条件》的实验中存在一些不足之处：

（1）红磷燃烧产生大量的白烟，白烟为可吸入颗粒物，有强腐蚀性。本实验应在通风橱或者抽风设备中进行，但是普通的教室不具备这样的实验条件。

（2）给水下的白磷通入氧气可以提前收集好，或者一边制取一边将O_2通入水中。这样操作烦琐、耗时长。

为了弥补以上不足，在教学中，笔者对该实验进行了改进：

（1）将白磷和红磷放在大试管内，并用系着气球的胶塞塞住，形成一个密闭的体系。

（2）完成探究"燃烧需要温度达到着火点"的实验后，用一个大集气瓶罩住水下的白磷，达到提供氧气的作用。

（三）效果图

探究燃烧条件的实验如图3-2-11所示。

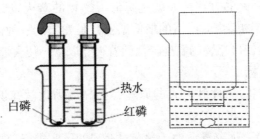

白磷　　　　　　热水
　　　　　　　　红磷

图3-2-11　探究燃烧的条件（改进图）

实验创新之处：

（1）在试管内完成探究"燃烧需要温度达到着火点"的实验，既能让学生观察到白磷燃烧的现象，又能减少白磷燃烧对空气的污染。

（2）将空集气瓶倒扣在水中的白磷上，白磷迅速燃烧，不需要制备氧气，操作简单，现象明显。

三、教学设计

（一）教学设计理念

本节课采用"项目式学习"方式，以"火烧赤壁"这一个故事为背景，学生先学习"燃烧的条件"的化学知识，再利用化学知识解决"火烧赤壁"的问题，接着，思考如何给"赤壁灭火"，提出了许多方案，最后将方案归纳，总结出灭火的原理。

（二）教学内容分析

燃烧是生活中常见的现象。本课题以几幅有关燃烧的图画引入，体现远古时代燃烧在生活和生产中的应用和燃烧在现代生活和科技发展中的应用，说明了燃烧与人类社会的密切关系。课题内容的呈现从燃烧的实验探究和现象分析入手，通过实验、观察现象、分析得出结论的方法探讨燃烧的条件以及灭火的原理。从燃烧的条件归纳灭火的原理，使学生认识到，对生活现象的解释以及日常生活中所使用的方法都是有科学依据的，均来源于科学知识。

（三）学情分析

学生在日常生活中早已接触了燃烧现象，也听到过一些火灾的相关情况，在学习氧气时又观察了木炭、硫、红磷、铁丝、蜡烛等物质的燃烧。学生的脑海里对燃烧的定义有了模糊的印象，很多生活经验也能够帮助学生了解燃烧是有条件的，只不过他们没有形成比较系统、规范的概念和方法而已。学生通过实验探究和教师的演示实验，加上教师的引导，不难完成对燃烧条件和灭火原理的理解与归纳。

学生在学习本节内容时，可能会出现该问题：对着火点的概念理解不够。有的学生认为，灭火的方法之一就是降低可燃物的着火点，这种说法是不对的。着火点是可燃物燃烧时所需的最低温度，是物质的一种性质。我们日常生活中用水灭火，是使可燃物的温度降低到着火点以下，使火熄灭。

（四）教学目标

（1）认识燃烧的条件和灭火的原理，提高运用化学知识解决实际问题的能力。

（2）通过实验、探究等活动，学习对获得的事实进行分析得出结论的科学方法。

（五）教学重难点

教学重点：燃烧的条件和灭火的原理。

教学难点：由燃烧的条件推理得出灭火的原理和方法。

（六）教学方法

实验探究法、讨论法。

（七）教学准备

试管、气球、镊子、酒精灯、火柴、烧杯、红磷、白磷、蜡烛、水、碳酸钠、稀盐酸。

（八）教学过程

教学环节		教师活动	学生活动	教学意图
新课导入		【抛出问题】火在生活中的用途	回答	激发兴趣，建立化学与生活的联系
新课讲授	燃烧的定义	【展示】图片：硫、木炭、铁丝在氧气中燃烧。	【回答】学生回忆三种物质在氧气中燃烧的现象。	培养学生的分析、归纳能力。教师引导学生从燃烧的现象（发光、发热）和有无新物质生成两个方面讨论燃烧的特征，并让学生概括归纳自己的意见，最后形成燃烧的概念
		【提问】请你说出硫、木炭、铁丝在氧气中燃烧的现象。	【回答】都有氧气参加、都会发光、放热，都是化合反应。	
		【提问】从反应物、反应现象中找出三个反应的共同点。	【回答】氧化反应。	
		【追问】初中阶段，我们把与氧气发生的反应，称为什么反应？	【回答】燃烧是可燃物与氧气发生的一种发光、放热的剧烈的氧化反应	
		【提问】请你根据这些共同特征，描述一下什么叫燃烧		

续　表

教学环节		教师活动	学生活动	教学意图
新课讲授	燃烧的条件	【过渡】燃烧在生活中可以提供能量，在战场上可以成为一种武器。 1.探究物质燃烧的条件 （1）提出问题：燃烧需要具备什么条件？ （2）小组讨论：①为什么周瑜的战船上装了很多的干稻草？②为什么需要等待东风？③为什么用干稻草而不用木炭？哪一个更容易燃烧？ 2.着火点 【讲解】着火点：燃烧所需要的最低温度。 【提问】通过表格中的数据，你可以获取哪些信息？ 3.燃烧条件的关系 【过渡】通过以上的学习，我们知道燃烧需要的条件有以上三点，那么这三个条件的关系是什么？满足其一就能燃烧还是三个条件要同时满足才能燃烧？ 【演示】 （1）分别将白磷和红磷装在2支大试管中，并将试管放入烧开的热水中，观察实验现象。 （2）在烧杯中放一小块白磷。 【任务】请同学们分析实验现象背后潜藏的化学原因	【回答】 说明燃烧需要可燃物。 说明燃烧需要氧气。 说明燃烧需要温度达到可燃物的着火点。 【回答】 不同物质的着火点一般不同。 着火点是可燃物燃烧时所需的最低温度，是可燃物本身的固有属性。 （学生只能答出第一点） 【现象】 试管中的白磷燃烧而红磷不燃烧。 烧杯中的白磷不燃烧。 【讨论、填写】通过填写学案，知道燃烧需要同时具备三个条件	通过小组成员之间相互帮助、相互交流使学生学会分享、学会合作、学会创新，感受合作带来的成功与喜悦。 引导学生进行环保实验设计，培养学生的创新精神和环保意识。 培养学生的科学探究能力和严谨的思维方式，使学生了解对比实验在科学探究中的重要性
	灭火的原理	【过渡】火烧赤壁，曹操选择了逃跑，假如你是曹操，你该如何灭火？请同学们尝试用尽可能多的方法熄灭燃烧的蜡烛。 【学生实验】请同学们尝试用尽可能多的方法熄灭燃烧的蜡烛，并记录。	学生分组实验，小组内相互交流得出灭火的方法。 【回答】 （1）用嘴吹灭蜡烛：降低温度至可燃物的着火点以下。	培养学生主动探究和设计实验的能力

教学环节	教师活动	学生活动	教学意图
新课讲授	灭火的原理	【仪器和药品】酒精灯、火柴、蜡烛、水、烧杯、碳酸钠、稀盐酸等。 【资料卡片】碳酸钠和稀盐酸反应可以产生二氧化碳。 【提问】你还有其他的实验方案吗？ 【总结】灭火原理：破坏燃烧的条件之一，即可灭火。 【讨论】假如你是曹操，利用当时的条件，你将如何灭火？利用的是什么原理？	（2）把烧杯罩在蜡烛的上方：隔绝空气或氧气。 （3）用湿抹布盖灭：隔绝空气或氧气。 （4）用剪刀将蜡烛芯剪掉：将可燃物隔离。 （5）用Na_2CO_3与稀HCl反应产生的二氧化碳隔绝氧气。 （6）喷水浇灭：降低温度至可燃物的着火点以下。 灭火的原理： （1）隔离可燃物。 （2）隔绝氧气（或空气）。 （3）降低温度到着火点以下。 【回答】扔掉稻草、浇水	以历史事件为背景，提高学生的兴趣
	拓展与应用	1. 灭火器 【过渡】如果今天发生火灾，我们一般用的是灭火器，我们来认识几种灭火器。 【播放】视频：介绍灭火器。 2. 自制灭火器 【演示】自制灭火器，演示灭火	学生观看	建立化学与生活的联系。 培养学生的创新能力

板书设计
燃烧与灭火 一、燃烧 二、燃烧的条件 三、灭火的方法 ——破坏燃烧任一条件

金属的化学性质（第1课时）

深圳市福田区外国语学校　钟梦婷

一、实验选题

本课所涉及的化学实验比较简单，主要是在试管中完成的，正因如此，很多教师为了节省课堂时间，认为这样简单的实验演示一下就行了，没有意识到在试管中演示实验由于座位的问题很多学生看不清，同时也不利于培养学生对化学学习的兴趣。为了解决这一问题，本课设计了学生分组实验，不仅很好地解决了这些问题，而且更有助于学生理解本节课的重难点——金属的活动性顺序，达到了很好的教学效果。

二、实验设计

（一）初始方案

（1）金属铝与氧气的反应：直接通过出示图片与文字来介绍，不仅没有吸引学生的注意力，而且也很难让学生理解，教学效果很差。

（2）金属与酸的反应：教师演示部分金属与酸的反应，学生通过观看教师演示，了解金属与酸反应的现象，知道不同的金属与酸反应的剧烈程度不同。

（二）改进方案

（1）金属铝与氧气反应：采用实物（旧铝饭盒与铝片）进行对比展示，让学生对比观察两个实物的光泽度与颜色，从而认识氧化铝的存在，知道铝在常温下就能与氧气反应。

（2）金属与酸反应：把教师演示实验改成小组合作实验（见图3-2-12），不仅可以让学生近距离地观察金属与酸反应的现象，还可以提高学生的实验操作能力，增强学生学习化学的兴趣。

（三）实验仪器图

金属与酸反应的实验仪器如图3-2-12所示。

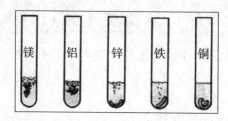

图3-2-12　学生小组开展金属与酸反应的实验

三、教学设计

（一）教学设计理念

教学设计理念如图3-2-13所示。

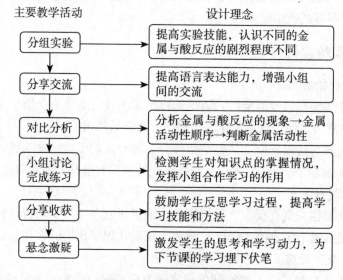

图3-2-13　教学设计理念图

（二）教学内容分析

本课题是人教版九年级化学下册第八单元课题2的内容。具体内容主要有常见金属与氧气的化合反应、与酸的置换反应、与盐的置换反应、金属的化学活动性顺序和置换反应的定义。本节课在学生原有知识的基础上对金属的化学性质进行较为深入、系统的学习，丰富学生元素和化合物知识体系。它侧重于介绍金属与氧气的反应、金属与酸的反应，对部分金属活动性顺序的理解和能利用金属活动性顺序解释一些与日常生活有关的化学问题。学生在获得知识的同时，解决实际问题的能力也得到提高，体现了"化学来源于生活，服务于生活"这一主题。同时本课题的学习也为酸、碱、盐的知识的学习奠定了基础。

（三）学情分析

学生在前面学习了铁丝、镁与氧气反应的实验，基于学生已有的知识基础，对金属在氧气中的反应这一性质采用"实验事实—归纳"的方法，重点说明不同金属与氧气反应的难易和剧烈程度不同，也从一定意义上说明金属活泼程度。本课题的重点是学生通过分组实验掌握金属活动性顺序的比较方法，学生在教师的引导下，自主进行实验。

（四）教学目标

（1）知道镁、铁、铝、铜等常见金属与氧气的反应；初步认识常见金属与稀盐酸、稀硫酸的反应；通过实验和对比，掌握判断金属活动性顺序的方法。

（2）初步学会运用比较、分类、归纳、概括等方法对获取的信息进行加工，逐步形成良好的学习方法和习惯。

（3）感受科学探究对知识建构的重要意义，激发学生的求知欲和探究精神。

（五）教学重难点

教学重点：认识金属的化学性质，学会金属活动性顺序的比较。

教学难点：金属活动性顺序的比较方法。

（六）教学方法

问题引导法、分组实验法、对比分析法。

（七）教学准备

（1）学生分组实验：试管、镊子、铁丝、镁条、锌粒、铜片、稀盐酸、稀硫酸、试管架。

（2）教师演示实验：多媒体课件、稀盐酸、试管、镊子、铁片、烧杯、铝片、铝饭盒。

（八）教学过程

教学环节	教师活动	学生活动	设计意图
导入新课	展示图片，提出为什么发现的文物里，金银器具总是比铁器保存得完整、完好？由问题情境导入新课	学生思考，猜想与金属的化学性质有关	吸引学生的注意力，提高学生的兴趣，激发学生的求知欲
温故旧知	布置任务，完成学案中的课前复习。对学生的回答进行点评	完成学案中的课前复习，展示分享答案	联系以前学过的旧知识，做好知识的回归和铺垫

续　表

教学环节	教师活动	学生活动	设计意图
讲授新知	讲授铝在常温下能与氧气反应。 提出问题：铝制品有油污能否用钢刷清洗？ 对学生的回答进行点评和引导。 提出问题：是否所有的金属都能与氧气反应？	理解常温下铝能与氧气反应。 阅读、思考教师提出的问题，并回答。 知道不是所有的金属都能与氧气反应	联系生活，提高学生运用所学知识解释生活现象的能力。通过一连串的问题，培养学生的思考能力、对比归纳能力和运用知识解决问题的能力
动手实验	提出问题：金属除了能与氧气反应外，还能与什么反应？ 布置任务：分组进行金属与酸反应的实验。 巡视指导学生完成实验	根据预习，说出金属能与酸反应。动手实验，认识金属与酸的反应。记录实验现象，分析比较不同金属与酸反应的剧烈程度	培养学生的动手操作能力，让学生进行合作交流，提高学生学习化学的兴趣
交流展示	鼓励学生说出自己组的实验过程、实验现象及得出的实验结论。对学生的回答进行点评	展示交流，分享自己的实验过程、实验现象及得出的实验结论	从操作到表达，培养学生的表达能力，增强小组间的合作交流
分析小结	引导学生分析不同的金属与酸反应的剧烈程度，从而对比得出金属的活动性强弱。 提出问题：能否通过金属与氧气的反应来比较金属活动性？	思考、分析不同的金属跟酸反应的剧烈程度，对比得出金属的活动性强弱。认识金属与酸反应的剧烈程度是判断金属活动性强弱的方法。思考、分析，得出结论	通过引导分析，提高学生的对比分析能力和归纳总结的能力
课堂练习	多媒体展示练习，鼓励学生积极思考、讨论、回答，并对学生的回答进行点评	小组讨论，完成练习。展示交流，说出看法	通过练习，巩固学生对于金属活动性顺序比较的方法，突出教学重点
分享收获	引导学生结合本节课的内容总结重点； 鼓励学生分享这节课的收获	整理本节课的重点内容； 分享本节课的收获	由学生自我评价本节课的收获，这样鼓励了学生反思自己的学习过程，有助于提高学生的学习技能和方法

续 表

教学环节	教师活动	学生活动	设计意图
悬念激疑	提出问题：除今天所学，是否还有其他方法判断金属的活动性强弱？ 设下悬念，激励学生做好预习	思考、猜想，迫不及待从书中寻找答案	设下悬念，为下节课的学习埋下伏笔，激起学生提前预习的动力，为下节课的教学做铺垫

板书设计

金属 → 化学性质

与O_2反应：

① $2Mg+O_2 \xrightarrow{\text{点燃}} 2MgO$

② $6Fe+2O_2 \xrightarrow{\text{点燃}} 2Fe_3O_4$

③ $2Cu+O_2 \xrightarrow{\triangle} 2CuO$

④ $4Al+3O_2 == 2Al_2O_3$

与酸反应：

① $Mg+2HCl == MgCl_2+H_2\uparrow$

② $Zn+2HCl == ZnCl_2+H_2\uparrow$

③ $Fe+2HCl == FeCl_2+H_2\uparrow$

④ $Mg+H_2SO_4 == MgSO_4+H_2\uparrow$

⑤ $Zn+H_2SO_4 == ZnSO_4+H_2\uparrow$

⑥ $Fe+H_2SO_4 == FeSO_4+H_2\uparrow$

溶液的形成（第1课时）

深圳市福田区侨香外国语学校 陈 莉

一、实验选题

在溶液概念的教学中，以往的教学是通过学生自行配置蔗糖溶液，观察蔗糖溶液的特点而得出溶液概念，该实验过于单一，不具有普遍性。为了让溶液的概念更生活化、具体化，本课选用了学生们最爱喝的冰红茶作为实验对象，学生可以通过观察、品尝、过滤、搅拌、蒸发结晶等操作多角度理解溶液的形成过程，从而加深对溶液概念的理解。

二、实验设计

（一）初始方案

在认识溶液概念的过程中，引导学生通过配制溶液，对硫酸铜溶液、蔗糖溶液、食盐溶液的特点进行分析，总结溶液的特点，最后得出结论。弊端是过于传统和教条，按照书上的例子进行实验，不够生动，不够生活化。

（二）改进方案

为了改变传统的概念教学，离开实验室走进生活，选用学生常见的冰红茶等饮品，让学生分组讨论，可以通过观察、品尝、过滤、搅拌、蒸发结晶等等操作理解溶液的形成过程，把常规的实验改编成开放性实验（见图3-2-14—图3-2-16），小组合作得出溶液特点。学生的回答百花齐放，又紧扣化学的主题，学生既获得了知识又培养了能力，收获了较好的效果。

图3-2-14　饮品　　　　　图3-2-15　过滤实验　　　　图3-2-16　蒸发结晶实验

三、教学设计

（一）教学设计理念

课堂教学要突出学生的主体地位，学生能进行自主学习，首先教师应掌握学生的思维特点，对其学习能力进行预估，在教学过程中除了要有效组织学习还要注重学法的指导、学习能力的培养和完善。教学中设计指向性明确的学习任务，通过问题线索，引发学生的认知冲突，为其创造学习阶梯，提示学生思考、实验、合作探究、分析材料信息，帮助学生提高学习能力，使学生在实验的过程中体会自主、合作、创新的精神价值和意义。教学设计理念如图3-2-17所示。

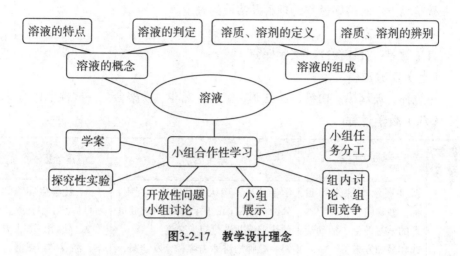

图3-2-17 教学设计理念

（二）教材分析

本课时主要学习关于溶液的一些初步知识，其中涉及溶解过程，包括溶液的形成，溶质、溶剂和溶液的概念，溶解过程中的吸热和发热现象等。这一课题主要是使学生从宏观上认识溶液的特点，从微观上认识溶液是溶质以分子或离子形式分散到溶剂中形成的均一稳定体系。在此基础上建立一个有关溶液的较为科学的概念，为后面的教学做好准备。

（三）学情分析

教学对象是一个有80名学生的大班，学生没有小组合作的经历，教师与学生素未谋面，在这样的环境下，教师要思考如何组织学生，设计教学，尝试进行教与学方式的转变，学生能否解读学习的信息，顺利完成教师布置的任务，完成学习目标，并且在完成学习之余，能否收获学习的乐趣，知悉化学学科的价值与意义。

学生对溶液的元认知、经验性的判断干扰较多，不容易得出科学完整的溶液的概念，需要教师思考如何设计体验性的活动，在诸多的前概念间搭建桥梁和阶梯，帮助学生体验、甄别有效的前概念，建立新的完整的溶液的概念。

（四）教学目标

（1）理解溶液的概念、知道溶液的组成。

（2）了解溶液在生活、生产和科学研究中的广泛用途。

（3）能通过实验，观察记录、分析归纳事物的特点与规律。

（4）建立正确的世界观、物质观，在合作学习中感受化学学习的乐趣。

（五）教学重难点

教学重点：建立溶液概念并认识溶液、溶质、溶剂三者的关系。

教学难点：对溶解过程的理解及溶液的判定。

（六）教学方法

自主学习、合作探究、实验探究。

（七）实验准备

小烧杯、玻璃棒、白糖、冰红茶、试管、漏斗、铁架台、一次性纸杯

（八）教学过程

教学环节	教师活动	学生活动	设计意图
课堂热身	课件展示本课学习目标，教师向学生介绍本课的学习任务（活动形式和激励方案）	学生分组，确认小组成员。利用1分钟自由交谈的时间，小组内成员预热感情并进行初步交流。 领会教师的讲话内容，分发学案，做好自主学习和合作学习的准备	（1）让学生明确学习目标和学习任务。 （2）给出激励方案，激发学习热情。 （3）给出时间让小组成员间达成默契，为合作学习做准备
活动一：探究溶液概念	实验9-2蔗糖去哪儿了？（合作学习环节） 【课件展示】实验注意事项及指导操作的标语。 【教师指导】教师巡视各小组完成情况，适当给出有针对性的指导。由小组合作讨论解决学案上的问题。 【教师验收】提问学案上的问题，小组回答，组间互评。 【课件展示】溶液形成过程的微观图像，体现化学概念的三重表征。 【小结】溶液的概念	【学生实验】在20 mL水中加入一匙蔗糖，用玻璃棒搅拌。 学生分组实验，观察溶液的形成过程及特点，小组讨论，合作完成并填写学案上的问题： 问题1：为什么蔗糖固体会消失？ 问题2：糖水中各部分的甜度、浓度、性质是否相同？ 问题3：静置一段时间后，蔗糖与水分离了吗？这说明了什么？ 问题4：此时的液体是纯净物还是混合物？ 根据上述问题，请你给溶液下定义并找出定义中的关键词。 学生讨论总结：蔗糖溶于水以分子形式均匀地分散在水中，形成均一、稳定的混合物	（1）体验性探究，学生对溶液的宏观特点建立初步认识，对溶液的微观认识有初步探讨。 （2）认知由宏观向微观过渡，从微观角度认识溶液形成的实质。 （3）课件展示溶液形成过程的微观图像，帮助学生建立微观模型，有效体现化学概念的三重表征

教学环节	教师活动	学生活动	设计意图
活动二：辨识溶液	【课件展示】实验注意事项及指导操作的标语。 【学法指导】反复强调学生应该通过自己的思考，用自己的语言提出质疑和讨论，可以查阅资料，但不要生搬书本上的话，除非真的理解书上的含义。 教师巡视指导，及时发现优秀的实验设计，并向全班同学展示，提供借鉴。 【教师验收】教师对学生的设计方案提出意见并组织讨论。进一步引导学生用自己的语言阐释均一性和稳定性的含义。 强调溶液的核心概念：均一性、稳定性、混合物	【小组活动】冰红茶是溶液吗？你打算从哪些方面入手？你的结论是什么？（设计开放性实验）小组动手合作，讨论。 （合作学习环节）学生在前一个实验的基础上，分组设计实验验证冰红茶是否是溶液。 学生根据已有生活经验，设计了各种不同的实验方法，如盛两杯来自同一瓶冰红茶的液体，分别品尝它们的味道，或者将冰红茶倒入两支洁净试管静止一段时间，对比它们的颜色和状态。还有学生直接分析冰红茶上的饮品成分标签，发现溶液是混合物，溶解了多种溶质。 学生讨论归纳得出：冰红茶是溶液，各部分甜度相同，颜色均匀，成分稳定，符合溶液的概念	（1）提供生活样例，进一步建构溶液概念，让学生在已有的前概念中，甄别有效信息，从宏观、微观两个维度，真正理解均一性和稳定性的含义，并了解溶液是混合物，能区分和鉴别溶液。 （2）学法指导中，要求学生用自己的语言从宏观、微观两个维度阐释均一性和稳定性，避免生搬硬套
活动三：溶液的性质	结合以上活动，思考完成以下问题。 【教师提问】 问题1：什么是均一性？（宏观、微观，尝试从其中一方面用自己的语言去解释） 问题2：什么是稳定性？ 问题3：水是溶液吗？	【学生回答】液体各部分的性质（密度、质量分数、性质等）都相同。微观上，各种微粒均匀分布。 【学生回答】外界条件不变，组成成分不发生改变。 【学生回答】不是，溶液应该是混合物，水是纯净物。 学生进一步理解溶液的核心概念，达成学习目标	教师小结溶液概念的核心部分：均一性、稳定性、混合物。学生进一步理解溶液的核心概念，达成学习目标

教学环节	教师活动	学生活动	设计意图
活动四：溶液的组成	教师布置自学任务。 【课件展示】指导阅读的标语及要求完成学案中的题目。 【教师验收】教师点评小组汇报内容。 【教师介绍】水是最常见的溶剂，但并不能溶解所有的物质，例如油不能溶于水，但能溶于酒精和汽油，所以酒精和汽油也是常见的溶剂。 【小结】溶液、溶质、溶剂的概念。溶质可以为固体、液体、气体。一般情况下，水是溶剂	【学生自学】学生已对溶液的概念有了清晰认识，教师通过对学生的思维特点及学习能力的预估，判定这部分内容学生可以通过查阅课本及学案里的阅读资料，自主完成学习。然后，通过学案中的题目考查学生自学情况。 【学生讨论】继续完成学案中设置的6个问题，清除对溶液的一些片面理解，使学生对溶液的认识更全面，更科学。 小组讨论完成学案的问题。 问题1：在实验室里，你还看到过哪些溶液？ 学生：$CuSO_4$溶液、H_2O_2溶液。 问题2：溶液一定是无色的吗？ 学生：不一定，硫酸铜溶液是蓝色溶液，冰红茶是有颜色的。 问题3：溶液只能有一种溶质吗？举一个例子说明。 学生：拿起冰红茶的饮品成分标签，指出可以有多种溶质。 问题4：溶质一定是固体吗？ 学生：可乐里溶有二氧化碳，水里可以养鱼说明溶解了氧气。 问题5：只有水可以做溶剂吗？ 学生：碘酒是碘的酒精溶液。 问题6：A. 溶液的质量等于溶质质量加溶剂质量。B. 溶液体积等于溶质体积加溶剂体积。A，B正确吗？为什么？ 学生：A正确，B错误。因为分子间有间隔。 【生活应用】当油渍滴到你的衣服上时，你将怎么办？ 【学生回答】用汽油或者酒精清洗油渍	（1）教师通过对学生思维特点及学习能力的预估，设置了学生独立思考完成的环节，留给学生独立思考、安静阅读的时间，教师完全放手，课件展示学法指导性标语，指导学生阅读材料，找出关键词句。学案设置了一些检测题目，考查学生自学情况。 （2）学案中为学生设置了6个问题，分别是学生认识溶液时，诸多的前概念与新概念间产生的认知冲突，教师通过问题形式拿出来让学生思考，搭建桥梁、创造学习阶梯，清除学生认知中错误的前概念，使学生顺利建构新概念，对溶液的认识更全面，更科学

续 表

教学环节	教师活动	学生活动	设计意图
活动五：溶质与溶剂	溶质与溶剂的确定（自主学习环节）。 【课件展示】阅读指导的标语。 【教师验收】教师点评学生汇报结果。 【小结】举例总结易错、易混淆的溶液成分判定，如75%的酒精溶液，水是溶剂	【学生自主学习】学生自主阅读学案的材料1和2，掌握三种情况的溶液中，溶质、溶剂的判定方法。了解溶液的读法。 学生完成学案上常见溶液的成分判定： （1）硫酸铜溶液。 （2）澄清石灰水。 （3）碘酒。 （4）生理盐水。 （5）体积分数为75%的酒精溶液	学生通过阅读、查找，获取材料信息，完成常见溶液成分的判定，提高获取信息，处理信息的能力，从而提高自主学习能力
课堂小结	小结本课知识要点，完成学习目标 点评课堂表现，表扬课上表现优异的小组。		

板书设计

溶液
- 溶液的形成
- 溶液的组成
- 影响固体溶质溶解能力的因素
- 溶液在生活中的一些应用

常见的酸和碱（第3课时）

——酸的化学性质

深圳大学师范学院附属坂田学校　蔡丽兰

一、课例选题

本节课选自人教版九年级下册第十单元课题1《常见的酸和碱》。其中实验的创新与改进是通过笔者查阅资料后自主思考而设计的，并落实于教学实践中。

二、实验设计

（一）初始方案

教材中《酸的化学性质》的这节课主要学习酸的3个化学性质（通性），包括酸和指示剂的反应、酸和金属的反应、酸和金属氧化物的反应。其中，前两个性质都是前面学习过的内容，新的知识点只有酸与金属氧化物的反应。似乎没有哪个方面可以推陈出新，所以，在设计这节课时，笔者考虑是要直接按照课本的内容按部就班讲呢，还是要将酸和碱、酸和盐的反应整合进来，将酸的5个通性系统进行学习。对此，笔者主动请教了自己师父——深圳市名师工作室杨晓琳老师，她让笔者更深入理解新教材的思维，要遵循学生的认知规律来设计。新教材将酸的化学性质的知识点分开来学习，其实是为了分散难点，让学生掌握起来更容易。于是，笔者沿用这个思想设计了这节课。

（二）改进方案

教学设计按照教材内容学习了酸的3个通性。但在实验设计中做了以下几个改进：

（1）生活实验趣味化。增加"自制酸碱指示剂"的生活小实验，并设计小魔术"花色调酒表演"作为本节课的导课环节，增强趣味性。

（2）学生实验微型化。在分组实验中，使用到的药品仪器的量较多，利用"井穴板"代替"试管"完成实验，在一定程度上节约了药品，体现了实验的微型化，绿色化。

（3）习题与实验相融合。将习题转化为实验，让学生发散思维，设计实验区分稀盐酸和氯化钠溶液，并亲自验证，使知识点更生动活泼地呈现出来。

三、教学设计

（一）教学设计理念

本节课力求体现新课程标准中提出的"把培养学生学习化学的兴趣、提高科学素养放在首要的位置"的精神内涵和化学学科特点。在进行教学时，充分考虑如何让所有学生都能动手动脑，保证他们有足够的思维空间。其中，整节课紧扣"知识线"和"生活线"，让学生体会化学学有所用，将"趣味实验""验证实验"和"探究实验"贯穿整节课，并渗透学科思想，体现化学学科特点。这部分的学习对激发学生化学学习的兴趣，掌握科学的学习方法，形成一定的技能和能力都将产生很大的影响，甚至关系到今后学生对化学的学习。

（二）教学内容分析

本节课是中学化学的重要知识和考点。学生在第八单元《金属和金属材料》中已学习了酸能与活泼金属发生反应，在本单元前两个课时，学生也已经学习了用酸碱指示剂检验酸溶液和碱溶液的方法，初步了解了常见的酸的物理性质及其用途，而酸与金属氧化物的反应是新的知识点。

本节课主要通过实验探究活动进行学习，在实验中概括总结出稀盐酸和稀硫酸的化学共性。这样的设计目的是使学生能积极参与学习，能根据学过的知识主动探究新知，从而对这部分内容有更深入的认识，也对后续学习中的"碱的化学性质""盐的化学性质"以及今后高中阶段物质性质的学习研究具有重要的指导作用。

（三）学情分析

在此之前的学习中，学生对盐酸、硫酸的物理性质和用途有所了解；懂得用酸碱指示剂来区分酸、碱溶液；知道活泼金属能与稀盐酸、稀硫酸反应生成氢气；知道稀盐酸与大理石或石灰石反应生成二氧化碳，但这些已有知识是零散的。

初中阶段大部分学生对化学实验充满兴趣，喜欢亲身体验化学知识形成的过程，但部分学生实际操作能力，协作能力还较弱。

因此，本节课教师应尽量让学生通过分类和比较的方法，在零散的知识中提取共性，在实验探究中总结规律。

（四）教学目标

（1）认识酸的化学性质（通性），使学生逐步掌握使用从个别到一般的方法去认识事物规律。

（2）初步学会运用比较、分类、归纳概括等方法。

（3）通过实验探究和对实验现象的分析，体验实验探究的基本过程，培养初步的科学探究能力；通过实验探究，获得成功的喜悦并对化学学习产生持续兴趣。

（五）教学重难点

教学重点：酸的化学性质。

教学难点：用微观粒子解释酸的化学性质的本质。

（六）教学方法

合作讨论、实验探究。

（七）教学准备

准备以下实验用品：

（1）教师部分：稀盐酸、稀硫酸、氯化钠溶液、酚酞试液、紫色石蕊试剂、紫甘蓝提取液、试管、试管架、红酒杯。

（2）学生部分：金属（镁、锌、铁、铜）、稀盐酸、稀硫酸、生锈铁钉、镊子、烧杯、试管、井穴板。

（八）教学过程

教学环节	教师活动	学生活动	设计意图
魔术激趣	表演调酒魔术，巧设悬念：调酒背后的秘密	观看、思考、猜想	趣味实验，活跃气氛，激趣导学
新课导入	【新课导入】本周我们学习重要的单元——《酸和碱》，并认识常见的酸。那什么物质是酸，我们该如何定义它呢？ 【图片展示】 【点拨】酸在水溶液中都能解离出相同结构的H^+，而结构决定性质，因此酸有许多相同的性质	学生思考、回答	从酸的定义入手，让学生从微观层面认识物质，并由结构决定性质，揭示酸的许多相似的化学性质
环节一 慧眼识酸	【提出问题】开动脑筋，看谁的方法最多： 实验桌上有未贴标签（A、B溶液）的稀HCl和$NaCl$溶液，你能通过设计实验，验证后给它们贴上标签吗？ 方法很多，现在我们要选用一种操作简便，现象明显的方案进行区分，你认为哪种方案最佳？ 【提出问题】实验盒中有两种指示剂紫色石蕊试液和酚酞试液，你选择哪个？请一位同学上台完成实验	学生回忆所学知识，思考、讨论、提出实验方案： （1）利用酸碱指示剂。 （2）看能否跟金属反应。 （3）看能否除铁锈。 ………… 学生讨论，认为方案1最佳。 学生思考，给出回答：由于酸溶液不能使酚酞试剂变色，故只能选择石蕊试液。 学生代表上台演示实验	抛出问题，帮助学生回忆原有知识，充分利用学生的知识储备学习新课

教学环节	教师活动	学生活动	设计意图
环节一 慧眼识酸	【课堂小结】酸与指示剂作用。 酸能使紫色石蕊溶液变红，不能使无色酚酞变色。 【学以致用】利用酸的这一性质可以检验酸的存在	学生小结、分享、记录	及时总结
	【生活延伸】若是家里没有石蕊试液，我们还可以自制酸碱指示剂来检验。阐述调酒魔术背后的秘密。 展示自制指示剂——紫甘蓝浸出液 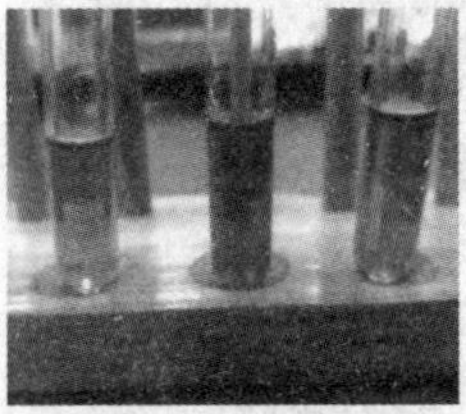	学生观察	与调酒魔术前后呼应，将知识延伸到生活中，用所学知识解决生活中的问题，培养兴趣
环节二 猜猜它是谁	【创设情境】4个金属王国的"潜水运动员"（镁、锌、铁、铜）要比赛潜水（稀盐酸或稀硫酸）时间，下图是它们比赛过程时的表现，请分组实验并完成表格中的内容。  教师提供实验器材，引导学生进行探究，边巡视边指导	学生动手进行分组实验，完成实验表格。 【学生实验】 （1）在点滴板（或井穴板）上分别放入镁、锌、铁、铜4种金属，然后分别滴入稀盐酸（或稀硫酸），观察现象。 （2）请学生根据实验现象，并结合上图，在表格上写出A，B，C，D 4名"运动员名字"（金属的化学式）和潜水时的变化（反应的化学方程式）	任务驱动，让学生在实验中获得成功的喜悦，培养科学探究的精神。 通过小组交流，促进合作互助
	【思考】 （1）实验中，镁、锌、铁能与酸反应而铜不行，你可以得出什么规律？ （2）金属与酸反应的剧烈程度还可能与什么相关呢？	学生讨论、回答、记录	培养学生多方位思考问题的能力

教学环节	教师活动	学生活动	设计意图
环节二	（3）上面反应的生成物有什么共同之处？ 【课堂小结】酸能与多种活泼金属反应，生成盐和氢气。 酸+活泼金属→盐+氢气		
猜猜它是谁	【学以致用】酸与活泼金属反应这一性质在生活中有什么应用？ 【小资料】铁锅炒菜，加入食醋等酸性食物，使含铁量增加11~15倍	学生讨论、分享、记录： 不能将醋放在锅里面长时间烹调，不能用铝制品调拌放醋的凉菜	将知识与生活联系起来。 再一次强化"性质决定用途"的思想
环节三 除锈小能手	【讨论】同学们在生活中见到过哪些除铁锈的方法，用到过哪些除锈的方法？ 资料（课本P52）： 盐酸的用途：重要的化工产品。 金属表面除锈、制造药物、人体胃液中含有盐酸，可帮助消化。 【讨论】有些是物理方法除锈，在化工生产中用酸溶液来除锈，是化学方法	学生讨论、交流、给出方案： （1）用砂纸打磨。 （2）用酸除锈。 …………	发散思维，帮助学生回忆原有知识，充分利用学生的知识储备学习新课
	【探究实验】 （1）在小试管中放入一根生锈的铁钉，并加入稀盐酸（或稀硫酸）； （2）观察铁钉表面和溶液颜色的变化，引导学生进行探究，教师巡视，指导。 【提出问题】哪位同学能通过实验现象，来解释其中的原理？	学生分组实验，观察，记录现象，分析一段时间后的现象	培养学生分析能力
	【讨论】 （1）上面反应的生成物有什么共同之处？ （2）利用上面的反应可以清除金属制品表面的锈，除锈时能否将金属制品长时间浸在酸中？为什么？ 【课堂小结】酸能与金属氧化物反应，生成盐和水。 酸+金属氧化物→盐+水	思考，讨论，分享，记录。 小结： （1）酸+金属氧化物→盐+水。 （2）不能长时间浸在酸中，因为酸会与金属继续反应，造成金属制品的腐蚀	及时总结

续 表

教学环节	教师活动	学生活动	设计意图
环节三除锈小能手	【举一反三】 在氧化铜粉末中，加入足量的稀硫酸，可以看到的实验现象是什么？ 请写出对应的化学方程式	完成练习	培养学生触类旁通的能力
环节四学有所获	带领学生谈谈这节课的收获并完成课堂练习	学生思考，回答	培养学生梳理知识的能力。及时反馈，检测学习效果
巩固练习	习题连接中考，及时反馈，巩固知识		

板书设计

常见的碱的化学性质（第3课时）

深圳市罗湖区翠园中学初中部 张 玺

一、实验选题

常见的碱的两个化学性质：一是与指示剂的变色情况；二是与非金属氧化物反应。学生已经学习过$Ca(OH)_2$和CO_2的反应，由于有明显变浑浊的现象容易判断。而对于$NaOH$和CO_2的反应没有明显现象，且又关乎$NaOH$变质的鉴别问题，本实验的探究就有了非常重要的意义，也给我们探究没有明显现象的一类反应提供了解决思路。

二、实验设计

（一）原始方案

学生已知酸碱指示剂遇酸碱变色反应的实验，本节课的主要探究任务是碱和非金属氧化物的反应。常规课堂上一般用澄清石灰水遇CO_2变浑浊来推出$NaOH$和CO_2可以发生反应，并根据$Ca(OH)_2$和CO_2的反应方程式模仿书写$NaOH$和CO_2的反应方程式，并没有对$NaOH$和CO_2是否能够发生反应进行探讨。因此，原实验设计没有对无明显现象的一类反应是否能够发生进行探讨，存在一定的不足。

（二）改进方案

改进后，本节课还是通过$Ca(OH)_2$和CO_2的反应引出问题：$NaOH$和CO_2会不会发生反应？但由于没有明显的实验现象，我们以CO_2和H_2O的反应作为引子，让学生看到装有CO_2的瓶子中倒入$NaOH$后瓶子明显变瘪，讨论$NaOH$和CO_2是否发生了反应。我们还可以引导学生从生成物的增加或反应物的减少来进行探讨。学生对纯碱的性质不了解，很快会想到借助指示剂进行判断，但该方法不可行，因此就有了证明$NaOH$和CO_2是否发生反应的探讨。学生小组通过自行设计实验方案，并进行现场实验加以验证，得出正确结论。

三、教学设计

（一）教学设计理念

本节课主要讲授的是第3课时《碱的化学性质》。本节课基于碱与酸碱指示剂、碱与非金属氧化物两个化学性质的探究进行挖掘，通过小组合作探究的模式对$NaOH$和CO_2是否发生反应进行探究，由此形成探究无明显现象反应的化学反应的一般思路。本节课我们只需要学生掌握碱与酸碱指示剂和非金属氧化物的反应两个性质，因此碱与非金属氧化物的反应则是我们本节课需要挖掘的重点。

为了不单纯地用验证实验来学习物质化学性质，本节课预备通过两个实验活动来进行知识的学习。根据碱与酸碱指示剂的变色规律，我们设计让学生做对照实验，来证明碱能使酸碱指示剂变色是因为OH^-的作用。而与非金属氧化物的反应，我们将$NaOH$和CO_2的反应进行挖掘，由学生自己来设计实验，探讨$NaOH$和CO_2是否发生反应。这样的设计为无明显现象的一类反应是否发生提供了探究思路，也对$NaOH$的变质问题的探讨埋下了伏笔。

（二）教学内容分析

本节课是人教版初三化学第十单元《酸和碱》中的课题1《常见的酸和碱》中的内容，属于新课标中需要学生熟悉掌握的"身边的化学物质"中的内容之一，是初中化学的重要组成部分，主要学习常见碱（氢氧化钠和氢氧化钙）的化学性质。学生在学习了常见的酸的性质之后，具备了探究碱的性质的能力，为本次课学习常见的碱的性质奠定了基础。

本节课只需要学生掌握碱的两个化学性质，一是与酸碱指示剂的反应，二是与非金属氧化物的反应。这两个性质的探究都可以通过验证实验来得到结论。学生借助已有知识，通过CO_2性质探究过程中主要运用的实验方法和实验原理，能够正确判断碱与非金属氧化物发生反应的现象。

因此，本节课的侧重点在于利用CO_2性质探究的方法设计NaOH与CO_2是否发生反应的实验装置，提升学生的知识应用能力，并形成探究无明显现象的反应的一般思路。

（三）学情分析

学生在前一课时已经学习了常见的酸化学性质的探究，能够通过对照实验，证明碱能使酸碱指示剂变色是因为OH⁻的作用。

在上学期CO_2与水的反应性质探究中，学生知道了如果在密闭容器内CO_2与物质发生反应会有压强的变化，如瓶子变瘪、瓶内气球胀大、外接U形管中液面变化等现象。对于CO_2与水到底是溶解还是发生化学变化，我们借助了紫色石蕊试液来判断。因此在本节课中，CO_2与NaOH溶液反应没有明显现象，便可将CO_2与水的反应探究迁移到CO_2与NaOH是否发生反应的探究中。

（四）教学目标

（1）掌握碱与酸碱指示剂的变色规律，并了解反应原理。

（2）掌握碱与非金属氧化物的反应，能正确书写化学方程式。

（3）通过知识的迁移，在教师与学生、学生与学生之间的合作学习、研究性学习中，体验探究成功的乐趣。

（五）教学重难点

（1）碱与非金属氧化物反应的原理。

（2）碱与非金属氧化物反应方程式的书写。

（六）教学方法

小组合作探究法、对比实验法。

（七）实验准备

（1）实验仪器：锥形瓶、双孔塞、分液漏斗、导管、集气瓶、玻璃板、塑料瓶2个。

（2）实验药品：$Ca(OH)_2$溶液、NaOH溶液、$CaCl_2$溶液、NaCl溶液、紫色石蕊试液、无色酚酞试液、大理石、稀盐酸、制备好的两瓶CO_2气体。

（八）教学过程

教学环节	教师活动	学生活动	设计意图
1. 新课引入	【学习目标展示】 （1）知道碱与酸碱指示剂、非金属氧化物的反应。 （2）了解碱与非金属氧化物的反应类型和反应原理。 （3）能正确书写碱与非金属氧化物的反应方程式，并利用反应原理解决问题。 【温故知新】回顾酸碱指示剂遇酸、遇碱的变色规律。 提出问题：为什么NaOH和$Ca(OH)_2$都能使指示剂变色？	<table><tr><td></td><td>NaOH</td><td>$Ca(OH)_2$</td></tr><tr><td>紫色石蕊试液</td><td></td><td></td></tr><tr><td>无色酚酞试液</td><td></td><td></td></tr></table>	旧知回顾
2. 探究活动	【任务一】为什么NaOH和$Ca(OH)_2$都能使酸碱指示剂变色？ 【提出猜想】 你的猜想是_____使指示剂变色。 【验证猜想】请在提供的药品中选择一组试剂，验证你的猜想	学生分组实验探究，利用提供的药品进行验证，并记录实验结果，得到结论，小组汇报。 <table><tr><td>所选试剂</td><td>试剂1</td><td>试剂2</td></tr><tr><td>紫色石蕊</td><td></td><td></td></tr><tr><td>无色酚酞</td><td></td><td></td></tr></table>	学会利用控制变量法进行探究实验
3. 探究活动	实验演示：现场制取CO_2。 CO_2与$Ca(OH)_2$反应——澄清石灰水变浑浊 CO_2与NaOH反应——无明显现象 【任务二】CO_2能否与NaOH溶液发生反应？ 演示实验：装有CO_2的塑料瓶里倒入100 mL的NaOH溶液，盖上瓶盖观察现象。 设计一个实验证明CO_2与NaOH发生了反应	根据实验现象写出CO_2与$Ca(OH)_2$反应的方程式。 哪些方法可以证明CO_2与NaOH发生了反应？ （1）是否放热。 （2）反应物有无减少。 （3）生成物有没有出现。 利用CO_2与H_2O发生反应的验证方法，讨论一套验证实验的方案。 小组汇报，讨论实验的可行性，并进行实验验证	学生利用已学知识解决未知问题，形成无明显现象一类反应发生的验证思路

续　表

教学环节	教师活动	学生活动	设计意图
4．得出结论讲授新知	实验证明：CO_2与NaOH发生了反应。 解释反应原理。 举一反三学会书写SO_2与NaOH、SO_3与NaOH反应的方程式	模仿CO_2与$Ca(OH)_2$的反应方程式，学会书写CO_2与NaOH的反应方程式。 $SO_3 \rightarrow H_2SO_4$，$SO_2 \rightarrow H_2SO_3$ 书写SO_2与NaOH，SO_3与NaOH的反应方程式。 $SO_3 \rightarrow H_2SO_4$，$SO_2 \rightarrow H_2SO_3$	了解原理，掌握新知
5．总结归纳	整理常见的碱的化学性质	【小结】碱溶液的化学性质。 常见的碱 ／ NaOH ／ $Ca(OH)_2$ 1．能使＿ 2．能与＿	小结归纳

板书设计

使石蕊变蓝
使酚酞变红
$\leftarrow OH^-$　碱的化学性质　＋非金属氧化物
CO_2
SO_2
SO_3

碱溶液的主要化学性质

深圳市福田区莲花中学　杨晓琳

一、实验选题

本节课是继《酸的化学性质》学习之后，对酸的化学性质学习的实验方法有一定掌握，仿照酸的化学性质的探究实验，让学生自主设计探究碱溶液的化学性质。在碱溶液与非金属氧化物的反应没有明显现象时，进行了实验创新改进。

二、实验设计

（一）初始方案

氢氧化钠溶液与二氧化碳反应的实验方案如图3-2-18所示。

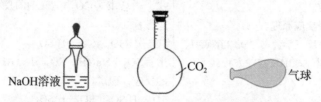

NaOH溶液　　　　CO_2　　　　气球

图3-2-18　氢氧化钠溶液与二氧化碳反应的实验

本实验设计为学生分组实验，动手操作过程中遇到一些困难，NaOH溶液滴加的速度慢，气球套在烧瓶口位置不正确，气球不易吹起来，直接影响了实验效果。

（二）改进方案

氢氧化钠溶液与二氧化碳反应的实验的改进方案如图3-2-19所示。

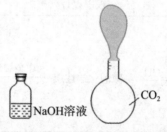

NaOH溶液　　　　CO_2

图3-2-19　氢氧化钠溶液与二氧化碳反应的实验（改进后）

添加NaOH溶液的方法改为倾倒法（这个实验操作要特别注意学生的操作训练，因NaOH溶液的质量浓度较大，要在课前强调安全须知），在烧瓶口套气球时尽量套在瓶口中间的位置，这样气球倒吸进烧瓶时，不会黏附在瓶的内壁，影响实验效果。

三、教学设计

（一）教学设计理念

在教学过程中，注意创设诱人深入的问题情境，以激发学生的探究欲望，使学生积极主动地投入到学习活动中。本课碱溶液的主要化学性质的学习有两个难点：一是由学生设计实验。为了能让学生领会实验思想，在引导时先将物质分类，并指出是各类物质（两两之间）的反应，这样学生目标明确，避免了出现胡乱将药品混合，无法达到实验效果的问题。二是NaOH溶液与CO_2的反应因实验现象不明显，故而课前让学生先想办法，从他们的设想中选择了两组方案，并让学生准备空的矿泉水瓶和气球。学生在课前就产生了极强的好奇心。本课通过4个实验，培养学生的探索和研究能力，以及使学生形成科学研究习惯和热爱科学、尊重科学的习惯。注重强调分组实验的主体性，以培养学生的实验能力，使学生充分体验知识的形成过程；重视在化学实验的引领下，总结碱类物质的主要化学性质，提高课堂教学质量和实验教学效益。教学设计理念如图3-2-20所示。

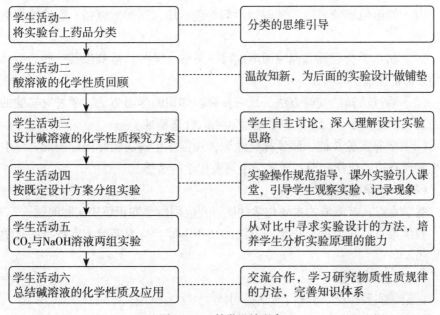

图3-2-20 教学设计理念

（二）教学内容分析

酸和碱是初三学生要学习的两类化合物，从学习方法上讲，对一类物质的学习，既要从组成和结构上认识这类物质的特点，又要认识这类物质的共性和每种物质的特性。本课是在学习了酸的性质和常见的碱的特性之后，由学生自主探究常见的碱的化学性质的共性。本课重在学习方法和学习思维能力上的引导，通过活动设计，鼓励学生采用多种方式积极、主动地开展探究活动，重视探究过程和结果的真实性，给学生留出充分的思考和讨论的空间。学习分类研究物质性质的方法，通过化学实验总结化学性质的规律，并能将所学内容与生活知识、生产实践相结合，体会化学与生活的密切关系，培养学生化学学科思想。

（三）学情分析

学生在学习酸的化学性质时，已经初步掌握探究实验研究物质化学性质的方法，通过两类物质学习规律的引导，让学生分组讨论碱溶液的化学性质实验方案，降低了实验设计的难度。碱溶液的化学性质的研究实验基本上是处于模仿酸的化学性质实验设计阶段，学生自然能将实验台上的物质先分类，再通过不同类别的物质相互反应的实验事实，总结反应规律，加强对"CO_2与NaOH溶液的反应"无明显现象的反应实验的设计与探究，从CO_2与H_2O反应的实验设计引导，以拓展学生对这类实验的认识视角。

（四）教学目标

（1）知道碱溶液可以使酸碱指示剂变色，用自制的酸碱指示剂检验溶液的酸碱性。

（2）初步学会设计"探究碱溶液可以与酸、某些盐溶液以及一些非金属氧化物反应的实验方案"。

（3）通过已知的实验方法，练习探究新知识的学习方法，通过对实验的观察，进一步培养学生严谨的科学态度和团队合作精神。

（4）培养实验技能，激发探究意识，加强学生解决实际问题的能力，引导学生发现身边的化学知识，激发学生热爱化学的情感。

（五）教学重难点

教学重点：碱溶液的主要化学性质，会应用所学知识解决实际问题。

教学难点：科学探究思想与方法的初步形成，探究实验方案设计的化学实验思想。

（六）教学方法

讨论、实验探究、分析、归纳、引导。

（七）实验准备

试管、烧瓶、滴管、点滴板、NaOH溶液、稀H_2SO_4、稀HCl、石蕊指示剂、酚酞指示剂、$CuSO_4$溶液、$FeCl_3$溶液、矿泉水瓶、气球、自制酸碱指示剂。

（八）教学过程

教学环节	教师活动	学生活动	设计意图
导入新课	酸和碱是两类非常重要的物质	回顾物质分类	通过复习带入新课
学生活动一：物质分类	投影问题：如何区分酸、碱、盐	将实验台上的化学药品按酸、碱、盐分类摆放	学生动手按类别摆放药品，淡化概念，分类为下面的实验做准备
学生活动二：谁能说得准确	回忆酸溶液的主要化学性质	学生回答，互相补充	板书要点，为下面的性质归纳找到参照点

续　表

教学环节	教师活动	学生活动	设计意图
学生活动三：讨论实验方案	教师引导先将物质分类，再看各类物质之间的反应的实验方法，组织学生讨论	学生讨论探究碱溶液的实验方案	用已有的学习方法来指导新知识的学习，培养科学探究实验的习惯形成，锻炼自己设计实验的能力
学生活动四：实验操作总结实验	教师巡视，纠正实验中的操作错误（因实验设计方案略有不同，各小组会发现不同的现象）	学生以小组为单位，实施实验设计方案。学生代表上讲台演示自制的酸碱指示剂的反应	肯定学生实验的成功，鼓励大家多动手实践。培养学生的实验操作能力
	教师倾听学生的实验结果，并板书实验结论	学生阐述实验现象，找出其中的反应规律	培养学生观察、分析、归纳实验的能力
学生活动五：CO_2与NaOH溶液的两组实验	教师提出新问题，二氧化碳气体的检验方法	学生回答，并对反应物进行分类	意在引出氢氧化钠溶液与二氧化碳气体反应的实验探究
	教师说明氢氧化钠溶液与二氧化碳气体反应实验的操作注意事项。指导学生实验	学生实验，描述现象	对于现象不明显的实验，可以借助生成物状态改变其他的现象说明。培养学生的知识应用能力和创新能力
	投影由实验总结的规律	学生一起归纳，总结	锻炼学生实验的归纳能力，明确探究的一般过程和方法
学生活动六：总结碱溶液化学性质及应用	请学生应用所得的反应规律，思考问题：硫酸工厂排放的废气中含有的SO_2为什么可以用NaOH溶液吸收？湿润的CO_2能否用NaOH固体干燥？	学生讨论后回答，应用自己所得的知识原理解释	活学活用，强化知识的应用能力，训练表达能力
	要求整理实验台的卫生，布置课后作业，将探究实验报告完成	清理实验台	养成良好的实验习惯，课后的延续性学习以巩固探究实验的结果

续 表

教学环节	教师活动	学生活动	设计意图
板书设计			

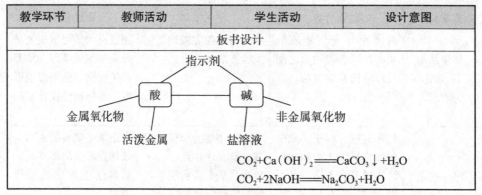

$$CO_2+Ca(OH)_2 == CaCO_3\downarrow +H_2O$$
$$CO_2+2NaOH == Na_2CO_3+H_2O$$

生活中常见的盐（第2课时）

——碳酸钠、碳酸氢钠和碳酸钙

深圳市福田区翰林实验学校　陈粉心

一、实验选题

课题选自人教版九年级《化学》下册第十一单元课题1《生活中常见的盐》，实验教材中的实验耗费药品多，造成了浪费。为了解决该问题，笔者查找了大量的文献，最终决定用"微型实验装置"替代教材中的实验装置，实验材料源于生活，节能环保。

二、实验设计

（一）初始方案

碳酸钠和盐酸反应的装置如图3-2-21所示。

图3-2-21　碳酸钠和盐酸反应的装置（人教版·教材）

（二）改进方案

笔者发现人教版教材中的实验，碳酸钠和盐酸反应的装置（见图3-2-22）存在一些不足之处：

（1）耗费实验药品，不符合绿色环保理念。

（2）反应速率过快，无法控制。

为了解决上述问题，在教学中，笔者对该实验进行了改进：

（1）用井穴板、一次性滴管和医用输液管组装仪器。

（2）滴管装稀盐酸，下面的井穴板装固体药。

（三）效果图

碳酸钠和盐酸反应的装置（改进图）如图3-2-22所示。

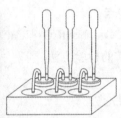

图3-2-22　碳酸钠和盐酸反应的装置（改进图）

实验创新之处：

（1）实验装置简单，仪器常见，药品用量少，操作方便。

（2）利用废弃用品，符合绿色环保理念。

三、教学设计

（一）教学设计理念

通过"酒杯中的魔术"导入新课，激发了学生的兴趣，在探究碳酸盐与酸反应的实验中，指导学生利用本人设计的"微型实验装置"进行实验。该"微型实验"具有操作简单、节约药品和便于观察的优点。让学生总结探究碳酸盐的方法并运用于碱面中碳酸根离子的检验。又让学生用所学知识解决证明敞口放置的氢氧化钠溶液是否变质的问题，培养了学生解决问题的能力。

（二）教学内容分析

在学习酸和碱之后，盐是学生要认识的一类重要化合物，初中阶段主要认识的是碳酸盐的性质。本课引导学生通过实验探究认识碳酸盐的性质，最后归纳总结检验碳酸根离子的方法，并且将理论运用于实际生活。在碳酸盐的性质探究实验中，学生利用微型实验装置，树立了环保意识。通过学习碳酸盐的性质让学生体会分类学习化学性质的方法与意义。

（三）学情分析

对于$CaCO_3$，Na_2CO_3和$NaHCO_3$，学生曾在CO_2和$Ca(OH)_2$的反应产物中、实验室制备CO_2气体的反应物中见过它们的"身影"。初三学生的思维是从形象思维向抽象思维的过渡，因此，要注意引导学生对具体事物进行抽象理解。

（四）教学目标

（1）了解Na_2CO_3，$NaHCO_3$和$CaCO_3$的俗名和用途。

（2）了解Na_2CO_3，$NaHCO_3$，$CaCO_3$和盐酸的反应，以及Na_2CO_3和$Ca(OH)_2$的反应，熟悉CO_3^{2-}的检验方法。

（3）能利用碳酸盐的化学知识解释一些现象，能设计探究生活中一些物质的组成成分是否含有碳酸盐。

（五）教学重难点

教学重点：Na_2CO_3，$NaHCO_3$和$CaCO_3$的性质CO_3^{2-}的检验方法。

教学难点：CO_3^{2-}的检验方法。

（六）教学方法

实验探究法、讨论法。

（七）教学准备

实验仪器：微型仪器、胶头滴管、试管、酒杯。

实验药品：Na_2CO_3粉末、$NaHCO_3$粉末、碱面粉末、稀HCl、澄清石灰水、Na_2CO_3溶液、酚酞。

（八）教学过程

教学环节	教师活动	学生活动	设计意图
1.创设情境	【表演】酒杯里的魔术 提问1：第一杯无色溶液的酸碱性如何？ 提问2：呈碱性的溶液一定是碱吗？	学生从魔术中发现化学问题	激发学生的求知欲，使学生体会化学的奥秘
2.Na_2CO_3，$NaHCO_3$和$CaCO_3$用途	【展示】学生拍摄的3则小广告《碳酸钠、碳酸氢钠和碳酸钙的用途》。 【指导】学生完成练习	观看小广告，完成练习	培养学生从教材、视频等资料中提取信息的能力
3.创设情境	【讲解】溶液颜色由红色变为无色，是不是发生了化学反应？Na_2CO_3和稀HCl发生化学反应，生成什么气体？	观察思考魔术背后的化学问题。 CO_2	再一次触碰学生的思维盲点

教学环节	教师活动	学生活动	设计意图
4. 碳酸钠、碳酸氢钠分别与酸反应	【提问】回顾实验室制取CO_2的原理（讲解"里应外合"的书写化学方程式技巧）。 【提问】Na_2CO_3含有碳酸根、$NaHCO_3$含有碳酸氢根，在组成上和碳酸钙十分相似，是否都能与酸反应？ 【实验探究】Na_2CO_3，$NaHCO_3$分别与酸反应。 【讲解】实验操作步骤和注意事项。 【巡视指导】引导学生观察实验现象、注意实验操作的规范。 【总结归纳】Na_2CO_3，$NaHCO_3$和$CaCO_3$在组成上都含有什么离子？ 该离子和酸反应生成什么气体？ 所有的碳酸盐都能和酸反应生成CO_2吗？ 根据这一性质，思考如何检验碳酸根离子	书写化学方程式。 学生思考回答。 分组实验，合作交流。 学生讨论并得出检验碳酸根的方法：取样品于试管中，滴加稀HCl，若产生气体，并将气体通入澄清石灰水，若澄清石灰水变浑浊，则含有CO_3^{2-}	改进教材实验，增加实验的趣味性和直观性。 通过使用微型仪器，培养环保意识
5. 检验碳酸根的方法	【实验探究】验证碱面中含有CO_3^{2-}。 【巡视指导】引导学生观察实验现象，注意实验操作的规范	学生设计实验 分析得出结论：碱面中含有CO_3^{2-}	加强对新学知识的理解与记忆
6. 碳酸钠溶液和澄清石灰水的反应	【实验探究】Na_2CO_3溶液和澄清石灰水的反应。 【巡视指导】引导学生观察实验现象，注意实验操作的规范。 【复习与巩固】复分解反应及其条件	分组实验，合作交流，得出结论	通过实验探究对较深的知识的理解
7. 学以致用	【探究】实验室有一瓶敞口放置的NaOH溶液，设计方案证明其发生了变质	学生讨论，根据今天所学内容回答	培养严谨的思维能力
8. 总结	【总结】依据板书总结	学生总结练习	反馈效果

续 表

教学环节	教师活动	学生活动	设计意图
板书设计			

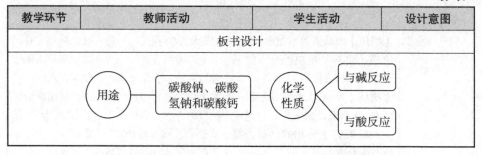

碳酸钠、碳酸氢钠和碳酸钙（第2课时）

深圳市坪山区坪山同心外国语学校　王曼

一、实验选题

本课选自人教版九年级化学第十一单元《生活中常见的盐》第2课时《Na₂CO₃、NaHCO₃和CaCO₃》，基于学生学习碳酸盐的物理性质和用途，再学习碳酸盐的化学性质，并从实验探究中得出实验室检验CO_3^{2-}或HCO_3^-的方法。其中检验CO_3^{2-}或HCO_3^-是本节课的重难点，最后把开放性实验题——鉴别食盐和食用碱作为检验学生本节知识掌握情况的标尺，同时培养学生的发散思维，激发学生联系生活、热爱化学的情感。

二、实验设计

（一）初始方案

本节课的主要内容是用实验探究碳酸盐的化学性质和检验CO_3^{2-}或HCO_3^-，并从碳酸盐的化学性质得出复分解反应的概念，但是根据学校学生的基础和一节课的时间分配，如果再继续学习复分解反应的概念和复分解反应的条件，就不能对碳酸盐的化学性质进行学以致用的训练，那么前半部分实验探究碳酸盐的化学性质和CO_3^{2-}或HCO_3^-的检验就得不到落实，所以本节课只学习碳酸盐的化学性质和CO_3^{2-}或HCO_3^-的检验方法及其应用。

（二）改进方案

针对初始方案中出现的时间分配问题和不能落实本节课知识的问题，笔者将本节课中对复分解反应的学习做了删除，将此部分改为一个开放性的问题：

如何鉴别食盐和食用碱。该题是对前面酸、碱、盐知识的总结和归纳，也是对学生化学核心素养的培养，同时对学生课外查阅资料也起到激励作用。学生利用实验室检验CO_3^{2-}或HCO_3^-的三部曲：操作—现象—结论，进行课外收集资料，课上小组讨论交流，从而将本节课难点化难为易。

（三）效果图

（1）探究鸡蛋壳中是否含有CO_3^{2-}——加强对CO_3^{2-}或HCO_3^-检验方法的巩固。实验前准备一套实验室制备CO_2的固液不加热的装置，并检查装置的气密性。先将一支试管加入适量的澄清石灰水，再将晒干研碎的鸡蛋壳放入试管中，向试管中加入稀盐酸溶液，然后将产生的气体通入盛有澄清石灰水的小试管中，观察实验现象。若澄清的石灰水变浑浊，则证明鸡蛋壳中含有CO_3^{2-}。实验过程如图3-2-23所示。

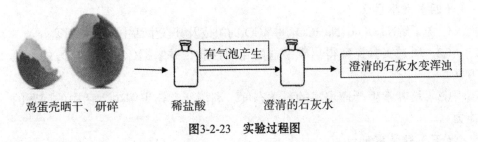

鸡蛋壳晒干、研碎　　　　稀盐酸　　　　澄清的石灰水

图3-2-23　实验过程图

（2）开放题：利用所学方法鉴别食盐和食用碱。分别将食盐和食用碱配制成溶液，再取样，分别利用下列药品进行实验。根据食盐主要成分是NaCl，食用碱的主要成分是Na_2CO_3，二者从组成上看，不同的是Cl^-和CO_3^{2-}，再根据二者在实验中现象不同，进行区分。

三、教学设计

（一）教学设计理念

教学设计理念如图3-2-24所示。

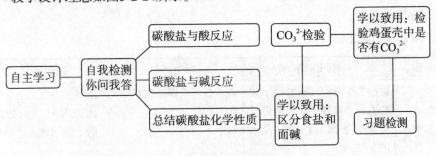

图3-2-24　教学设计理念

（二）教学内容分析

本课题的内容比较丰富，知识方面除几种常见的盐之外，还有复分解反应。盐的知识以介绍Na_2CO_3，$NaHCO_3$和$CaCO_3$为主。Na_2CO_3，$NaHCO_3$和$CaCO_3$在了解其生产、生活中的用途之后，通过前面已学的$CaCO_3$与稀盐酸的反应及含$CaCO_3$的建材被盐酸腐蚀的照片，引出Na_2CO_3，$NaHCO_3$相关性质的讨论和实验，意在引导学生认识到含CO_3^{2-}或HCO_3^-的盐具有与稀盐酸反应放出CO_2的共性。

（三）学情分析

学生在前面学习了常见的酸和常见的碱的性质，也学习了酸、碱、盐的基本概念，对本节课学习常见的这三种盐起到承上作用。本节学习的常见的盐的性质对后面学习复分解反应起着启下的作用，对学生解决实际生活中常见的问题有很大帮助。

（四）教学目标

（1）了解Na_2CO_3，$NaHCO_3$和$CaCO_3$的组成及其在生活中的主要用途。

（2）通过实验探究得出碳酸盐的化学性质，并掌握CO_3^{2-}或HCO_3^-的检验方法。

（3）培养学生严谨求实的科学态度，利用所学知识解决生活中的问题的能力。

（五）教学重难点

碳酸盐的化学性质。

（六）教学方法

讨论法、对比法、探究法、小组合作。

（七）教学准备

仪器：试管架、小试管、大试管、单孔橡皮塞（带导管）、小烧杯、药匙等。

药品：鸡蛋壳、醋、稀盐酸、食用盐、食用碱、澄清的石灰水、$BaCl_2$溶液、$Ca(OH)_2$溶液、$AgNO_3$溶液、稀盐酸、酚酞试液、紫色石蕊试液、稀硝酸、$CaCl_2$溶液等。

（八）教学过程

教学环节	教师活动	学生活动	设计意图
环节一：自主学习	课前学生学习《碳酸钠、碳酸氢钠、碳酸钙》的微课，布置课前预习作业，课本P73—P74	课前观看微课视频并完成预习作业	培养学生自主学习的能力和对知识的理解、归纳能力

续 表

教学环节	教师活动	学生活动	设计意图
环节二：你问我答——检测课前预习	展示以下物质的图片：$CaCO_3$、小苏打、碱面。并问：Na_2CO_3为什么是纯碱？你用什么实验方法证明？	学生以小组的形式抽签互问互答	帮助学生落实基础知识
环节三：合作研究——碳酸盐的化学性质：碳酸盐分别与酸、碱的反应	提出问题：这些碳酸盐都有哪些化学性质呢？先回忆一下实验室制取CO_2的过程，再组织学生探究碳酸盐与酸的反应。组织学生总结规律：检验CO_3^{2-}的方法，并以探究鸡蛋壳中是否含有CO_3^{2-}为例进行实验巩固。组织学生实验探究——碳酸盐与碱的反应，引导学生注意观察实验现象，做好实验记录	学生小组合作完成实验——碳酸盐与酸的反应。探究鸡蛋壳中是否含有CO_3^{2-}。学生小组合作实验探究碳酸盐与碱的反应，做好实验记录	培养学生合作意识以及从实验获取信息的能力。培养学生学习知识，运用知识的能力。培养学生合作意识以及培养学生从实验探究中获取信息的能力
环节四：学以致用	向学生展示一袋食盐和一袋碱面。问：用哪些方法可以区分以上两种物质？	学生小组讨论，用当天所学习的知识解决问题	培养学生用所学知识，解决实际问题的能力
环节五：总结规律	引导学生总结本节课知识点。问：本节课你都学到了哪些知识呢？	积极举手讲述当天所学到的知识点	培养学生即学即试，及时巩固、及时总结的习惯
环节六：作业布置	针对学生本节课学习情况布置作业		加强学生课后训练

续 表

教学环节	教师活动	学生活动	设计意图
板书设计			

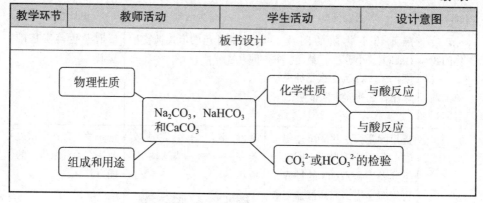

再探常见酸和碱的化学性质（专题复习）

深圳市福田区莲花中学　杨晓琳

一、实验选题

CO_2和NaOH溶液反应是初中生难以理解的，主要是因为该反应不符合通常学习的4个化学反应基本类型，该反应本身又没有明显的现象，课本未提出实验探究方案。本课在设计上指导学生由浅入深，以原有基础知识为前提，通过控制变量让学生认识到二氧化碳在溶液中和氢氧化钠发生了化学反应的事实。教材中是通过物质的导电性实验，文字说明给出酸和碱的解离，给出结论：酸有相似性质是因为有H^+，碱有相似性质是因为有OH^-。本课设计通过酸或碱与酸碱指示剂的反应，并增加氯化钠溶液作为对比，从微观角度帮助学生理解化学反应的本质，培养学生的分析能力，逐步建立微粒观。

二、实验设计

实验一：

1. 初始方案

CO_2与NaOH溶液反应（见图3-2-25）：通过矿泉水瓶变瘪说明CO_2与NaOH溶液反应，该实验设计中存在不合理性。

图3-2-25　氢氧化钠溶液与二氧化碳反应

2. 改进方案

实验设计改为对照实验（见图3-2-26）。用矿泉水瓶做了CO_2和H_2O反应，CO_2和NaOH溶液反应的对比实验，后者瓶子变得更瘪，从而证明了CO_2在溶液中除了和H_2O作用外，还有额外的化学反应存在，现象鲜明，说理性强。

图3-2-26　矿泉水瓶变形对照实验

实验二：

1. 初始方案

酸、碱溶液与指示剂反应实验：开始用小试管做实验，因增加了几组对比实验，发现学生药品用量偏多，废液多，没有体现绿色环保的理念。按教材设计，仅仅是酸和碱与酸碱指示剂的变色反应证明酸碱性，但没有说明是酸和碱中的何种离子使指示剂变色，对学生理解酸、碱性质的共性离子缺少实验支持。开始选用了NaCl，$CaCl_2$，Na_2SO_4溶液，药品多反而造成学生对比判断混乱。

2. 改进方案

（1）改用点滴板做实验，用量少易操作，实验药品选用常见的酸：稀HCl、稀H_2SO_4，常见的碱：$Ca(OH)_2$、NaOH溶液，指示剂用紫色石蕊试液和无色酚酞试液。

（2）设计了对比实验（见图3-2-27），要探究酸和碱溶液中是何种离子使指酸碱示剂变色，只用NaCl溶液就可达到实验目的。

步骤一：孔穴1和2滴入1～2滴稀盐酸，孔穴3和4滴入1～2滴稀硫酸，再分别向孔穴1和3滴入1～2滴紫色石蕊试液，孔穴2和4滴入1～2滴无色酚酞试液。

步骤二：孔穴5和6滴入1～2滴NaOH溶液，孔穴7和8滴入1～2滴澄清石灰水，再分别向孔穴5和7滴入1～2滴紫色石蕊试液，孔穴6和8滴入1～2滴无色酚酞试液。

步骤三：孔穴9和10滴入1～2滴NaCl溶液，再分别滴入1～2滴紫色石蕊试液和1～2滴无色酚酞试液。

图3-2-27　对比实验图

分析孔穴1，2，3，4的现象得出酸溶液使指示剂变色的规律，对比孔穴9的现象可以得出酸溶液中是H^+使石蕊变色；分析孔穴5，6，7，8的现象得出碱溶液使指示剂变色的规律，对比孔穴10现象可以得出碱溶液中是OH^-使酚酞变色。对比实验图如图3-2-29所示。

对于初三学生，实验药品选用多会干扰学生对实验现象的辨识，于是我将用于对比实验的试剂仅选用NaCl溶液，将问题简单化同时效果更好。

三、教学设计

（一）教学内容分析

本课是学习了常见的酸和碱的性质后再设计的一节专题复习课，用于再探酸、碱的重要化学性质，主要内容是：

（1）CO_2和NaOH溶液反应的实验设计，因此反应没有明显现象，通过几种实验方案的设计，帮助学生建立化学实验的设计思想。

（2）酸和碱溶液使酸碱指示剂变色的实验设计，得到酸有相似化学性质是因含有H^+，碱有相似化学性质是因含有OH^-，结合物质导电性实验，帮助学生突破难点。

（二）学情分析

学生已学习了中和反应，对盐酸与NaOH溶液反应、借助酚酞指示剂来检验的实验设计有初步基础，实验现象不明显的化学现象如何借助其他仪器、试剂使现象显现，这是化学实验设计思想中的重要环节。上学期学习CO_2和水的反应也曾进行实验探究，本节课将这样的实验设计思想融合提高，希望能帮助学生初步建立设计实验的思维，并能通过实验操作来证明自己的实验设计和猜想。

（三）教学设计理念

本课设计以化学实验设计思想为着力点，运用控制变量法开展探究性化学实验活动，强化了科学方法的学习。探究实验沿着CO_2和水反应→CO_2和NaOH溶液反应→设计变式对照实验，逐步展开，接着鼓励学生沿着这个思路进行实验设计，如烧瓶内气球膨胀实验、水槽内的水发生虹吸倒流实验、U形管内液面的变化实验。这样多角度，全方位地培养了学生的实验设计能力。

　　在认识酸和碱的组成的实验过程中，也运用了控制变量法进行实验探究，增强了NaCl溶液和指示剂的作用，实验说明Na^+和Cl^-都不能使指示剂变色，进而帮助学生认识到盐酸和NaOH溶液中的H^+，OH^-才是使指示剂变色的真正原因。在此基础上，进一步推理得出稀H_2SO_4和$Ca(OH)_2$溶液中也存在使指示剂变色的微粒：H^+，OH^-。通过教师的理论分析指导，帮助学生初步建立化学实验设计的思维方法。物质导电性实验可以帮助学生理解酸、碱的水溶液解离过程，帮助其突破难点。教学设计思路导图如图3-2-28所示。

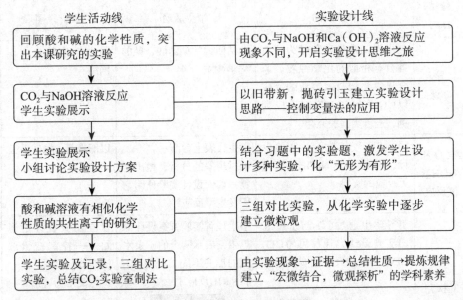

图3-2-28　教学设计思路导图

（四）教学目标

　　（1）巩固CO_2和NaOH溶液反应的原理，学习如何证明两者发生化学反应的实验设计。

　　（2）明白酸、碱各自具有相似化学性质的原因是均具有相同的离子，建立微粒观；通过实验，真实感受化学实验的奇妙，激发学习兴趣。

　　（3）通过实验分享、实验设计、实验操作体会学习化学科学的方法，提高分析判断能力，深层激发思维能力。

（五）教学重难点

　　教学重点：CO_2和NaOH溶液反应、酸和碱溶液各自有相似化学性质的实验设计。

教学难点：化学实验设计思想的建立。

（六）教学方法

小组讨论、合作交流、总结归纳、实验探索、巩固练习。

（七）实验准备

空矿泉水瓶、气球、针筒、滴管、点滴板、烧杯、导电性测试装置、氢氧化钠溶液、稀盐酸、酚酞试液、石蕊试液、氯化钠溶液、乙醇、蒸馏水、氯化钠固体。

（八）教学过程

教学环节	教师活动	学生活动	设计意图
1. 导入新课	突出强调常见酸和碱为什么各自有相似的化学性质，非金属氧化物与碱溶液的反应以CO_2和$NaOH$溶液反应为例，进行实验探究课	总结回顾常见的酸、碱的化学性质	帮助学生整合知识网络
2. CO_2和$NaOH$溶液反应	回顾CO_2气体检验的实验设计，引出CO_2和$NaOH$溶液有无反应的实验	学生代表上台演示。通过现象的分析，抛出问题：如何设计实验证明它们发生了反应？	以旧带新，抛砖引玉
3. 探究实验一	引导学生通过CO_2与水反应的实验设计，迁移思考CO_2和$NaOH$溶液反应的实验设计	学生理解实验方案设计的思想，展示两个的矿泉水瓶的形变不同，证明CO_2和$NaOH$反应了	建立实验设计的思路——控制变量法的实践。"化无形为有形"
探究实验二	利用CO_2和$NaOH$溶液反应后密闭容器内的气压差，判断发生了化学反应。思考还有什么实验设计方案	学生思考，结合习题中的实验装置，进行讨论，并展示改进实验的操作	实验设计与习题结合，增强可观性和趣味性

续　表

教学环节	教师活动	学生活动	设计意图
4.学生活动：拓展应用（学生一）	提出问题，让学生分组讨论，设计实验方案，围绕设计的理论思想，激发思维碰撞	学生讨论、交流，展示实验设计方案一 	将所学的知识和方法内化，用于解决实际问题
学生活动：拓展应用（学生二）	总结实验设计思路，帮助学生开拓思维	学生实验设计方案二 	学生的设计与教师之前的预设有很高的吻合度，这样可以深层激活思维
学生活动：拓展应用（学生三）	总结实验设计思路，帮助学生更多地开拓思维，鼓励学生设计不同的实验方案	学生实验设计方案三 	培养实验设计的思维能力
5.酸和碱为什么各自有相似的化学性质	演示物质的导电性实验，在课本实验的基础上添加了氯化钠固体与溶液导电性的对比，帮助学生理解溶液导电是因为自由移动的离子	共同记录实验现象 	通过观察实验，突破理解难点，化难为易
6.理论分析	通过视频动画，分析稀HCl和稀H_2SO_4，$NaOH$和$Ca(OH)_2$溶液的解离过程中离子种类的共同点，总结得出H^+和OH^-是酸、碱溶液各自有的共性	通过模拟微观粒子的动画，建立微粒的认知过程，与实验设计紧密结合	从溶液解离的角度，帮助学生初步建立酸、碱在水中解离出离子的认识

教学环节	教师活动	学生活动	设计意图
7. 探究实验三	如何通过实验证明酸和碱各自有相似的化学性质	学生实验。 实验设计见上面实验改进二	通过视觉冲突，使学生有更深刻的认识。学生善于观察、实验操作规范的能力在活动中得到提高
8. 学生讨论	通过实验，我们能得出刚才提出问题的结论吗？	学生一：通过稀HCl、稀H_2SO_4和氯化钠溶液的实验，可以得出是因为有H^+，石蕊会变红。 学生二：通过NaOH、$Ca(OH)_2$、NaCl溶液的实验，可以得出是因为有OH^-，石蕊会变蓝，酚酞变红	学以致用，培养实验总结能力、分析辨别和表达能力。帮助学生建立微粒观
板书设计			

再探常见的酸和碱的化学性质

CO_2气体 — 变浑浊 — 澄清石灰水

CO_2气体 — 无现象 — NaOH溶液

HCl H_2SO_4 — Cl^- H^+ SO_4^{2-}

NaCl — Na^- Cl^-

$Ca(OH)_2$ NaOH — Ca^{2+} OH^- Na^+

二氧化碳及碳的化合物（专题复习）

深圳市福田区莲花中学　杨晓琳

一、实验选题

化学科学发展至今，化学实验仍然是探索物质奥秘的重要研究方法，也是学生进行科学探究的重要途径，是培养学生创新精神和实践能力的重要活动。本节课是以CO_2为核心展开的复习课，其中CO_2化学性质的学习是重点。新课学习时是逐一学习每种物质的化学性质，复习课应该增加综合性实验情境。于是我将CO_2的化学性质与实验整合，提高了学生观察、辨识、分析实验的要求，提升了学生的学习能力。

二、实验设计

实验一：

1. 初始方案

洗气瓶B中的实验现象不明显，原本在B装置后面连接了导管使气体进入装有燃着蜡烛的烧杯C，但尝试了多次都没有成功，显然该实验设计不合理。CO_2化学性质实验组合图如图3-2-29所示。

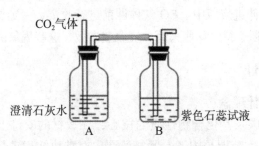

图3-2-29　CO_2化学性质实验组合图

2. 改进方案

实验改为图3-2-30所示的实验装置。

这套装置实验很顺利，现象非常明显，但烧杯C中的现象仍然没有达到预期效果，则改为两个独立的实验完成。

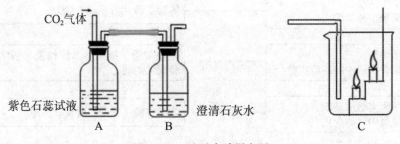

图3-2-30　改后实验组合图

实验二：

1. 初始方案

本实验开始做时现象不明显，气球胀大的程度不大，时间也较长。伸入气球时容易黏在烧瓶内壁上，造成CO_2逸散。若由学生操作，成功率不高。CO_2与NaOH溶液反应的实验装置如图3-2-31所示。

图3-2-31　CO₂与NaOH溶液反应实验装置图

2. 改进方案

改进时对NaOH溶液的质量浓度进行调整，配制较高浓度的NaOH溶液，这样加入的量不用太多，不会将气球浸泡。伸入气球时，可以用玻璃棒辅助，这样学生容易将气球快速伸进烧瓶中。CO₂气体课前进行收集，一定要收集满，效果会更好。慢慢摇晃烧瓶，待气球胀大后，烧瓶壁发烫，这些现象都很明显。

三、教学设计

（一）教学设计理念

CO₂的性质是碳及其化合物性质的核心，在教材的安排上分散于初中化学教材的上、下册，本节课是中考专题复习课，对整块知识进行整合，通过实验把性质、用途贯穿起来，通过实验找到物质性质的规律及其运用，提高学生解决问题的能力。教学设计思路如图3-2-32所示。

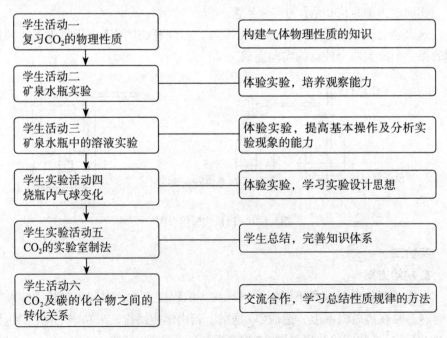

图3-2-32　教学设计思路导图

复习课要体现综合性，也要用好化学实验，要引入新的对比实验，引入新的情境问题，要把所学过的知识重新进行有效整合，让学生在亲自实验的过程中去观察，在复习课中对旧知识感到似曾相识，但又感到利用旧知识探索新的问题的新鲜刺激。

因复习课内容多、时间紧，我预设了学生动手的三组实验活动但仍不能将本课复习内容覆盖，故课前录制了两个CO_2性质实验的微课视频，以实验为背景，创设情境引导学生运用已学知识解决问题，培养学生的科学探究和创新意识。本课设计了6个学生活动，其中3个是学生实验活动。

（二）教学内容分析

本节课以CO_2为核心，从CO_2在自然界中的转化和近50年空气中CO_2的体积分数引入课题，将其物理性质、化学性质、用途及实验室的制法，与学生的实验活动、小组讨论等进行融合，学生通过自我的思维加工，将各知识点整合，构建"CO_2及碳的化合物"的转化关系，形成对"CO_2及碳的化合物"更全面的认知，培养学生解决新问题的能力。

（三）学情分析

本节课有三多：知识点多、实验多、现象多。学生对"性质—原理—运用"的对应关系容易混淆，对物质性质之间的规律没有清晰的思维，解决问题的能力较弱。因此，总复习的综合性增强，特别是在复习课上能有效地建立化学实验的设计思想，设计开展的学生实验活动不仅能调动学生学习的积极性，还能引发学生更深层次的思考，培养学生的批判性思维与思辨能力。

（四）教学目标

（1）通过实验活动，复习并理解二氧化碳的物理性质、化学性质、用途及其对环境的影响。认识二氧化碳给人类带来的利与弊，感受到事物的两面性，增强学生的环境意识。

（2）学习运用变化和联系的观点分析化学现象，解决一些常见的化学问题。

（3）发展善于合作、勤于思考、严谨求实、勇于创新和实践的科学精神。

（五）教学重难点

教学重点：建立知识网络，会应用所学知识解决实际问题。

教学难点：将二氧化碳的性质和实验设计相结合学会设计化学实验的方法。

（六）教学方法

小组讨论、合作交流、总结归纳、实验探索、巩固练习。

（七）实验准备

空矿泉水瓶、气球、玻璃管、烧瓶、滴管、试管、酒精灯、紫色石蕊试液、澄清石灰水、NaOH溶液。

（八）教学过程

教学环节	教师活动	学生活动	设计意图
通过碳循环和近50年空气中CO_2的体积分数单调递增的数据图分析导入新课	投影CO_2在自然界的循环图、体积分数图及CO_2的知识导图	学生观察，理解碳循环在自然界中的意义，认识CO_2的重要性	激发学生学习物质性质的热情，内化求知的动力
学生活动一：复习二氧化碳的物理性质	气体的物理性质主要包括：颜色、气味、状态、溶解性、密度	学生思考、交流	温故知新，理解分类方法
播放实验视频	用CO_2熄灭阶梯上高低不同的蜡烛实验视频	通过观察，总结二氧化碳的性质	通过实验引入化学实验的学习
播放二氧化碳的化学性质组合实验视频		描述实验现象。总结二氧化碳的化学性质	通过不同的实验设计进行整合学习，帮助学生理解二氧化碳的化学性质，将知识整合
学生活动二：矿泉水瓶实验	鼓励学生通过实验，体会矿泉水瓶的变化	学生实验、交流，回答观察到的现象：①瓶子变瘪了；②瓶壁发热	体会实验的过程，锻炼观察、描述现象的能力
学生活动三：矿泉水瓶中溶液的实验	实验一 在矿泉水瓶中加入一定量水，振荡观察 实验二 ①在矿泉水瓶中取出少量的溶液放入试管中，滴加紫色石蕊试液，振荡观察；②将试管加热，观察现象 实验三 在矿泉水瓶中取出少量的溶液放入试管中，加入澄清石灰水，振荡观察 和学生共同分析实验原理，引导进一步实验的设计	学生实验、交流，互助实验操作，记录实验现象	实验设计的意图是让学生在操作后感悟，体会合作、交流的重要性
回归教材	提出问题：课本实验中纸花颜色变化实验设计思想	学习实验对照组的分析，共同分析原理，将自己的操作实验与课本实验结合起来，总结反应规律	建立实验设计的思想，理解实验中变量和常量的关系
学生活动四：烧瓶内气球变化	CO_2与NaOH溶液反应吗？若反应有什么实验现象吗？引导学生设计实验	共同完成实验，提问：气球胀大能证明CO_2与NaOH溶液反应吗？	课堂生成的问题，及时引导，增加对照组实验

教学环节	教师活动	学生活动	设计意图
学生活动五：CO_2的实验室制法	组织学生组内讨论，课前总结内容： ①反应原料。 ②反应原理。 ③装置图。 ④收集方法。 ⑤验满方法。 ⑥检验方法	小组合作，总结实验室制取气体的方法	锻炼归纳总结的能力，互帮互助、共同提高
学生活动六：CO_2及其碳的化合物之间的转化关系	引导学生结合本节课的内容总结物质转化关系	小组合作，完成化学方程式	结合本课内容，将碳及其化合物的性质归纳总结出来

板书设计

CO_2及其碳的化合物

初中常见固体物质的鉴别（复习课）

深圳市福田区侨香外国语学校　刘瑞春

一、实验选题

本课是专题复习课，主要是为了解决物质的鉴别这一大块问题的专题复习内容。

二、实验设计

（一）初始方案

先按知识点：内容（①常见气体的检验；②常见离子的检验；③常见物质的颜色）进行知识回顾，然后由教师精选题目，学生分小组合作进行做题训练。

该方案的主要缺点在于知识的呈现重复化，虽然有归纳整理，但整个过程仍是纸上谈兵，学生兴趣不大，理解不透。

（二）改进方案

改进的思想是培养学生动手动脑解决实际问题的能力，设计过程中考虑到原有的方案中教学内容过多，容量有限，本着循序渐进的原则，把本课题改为初中常见固体物质的鉴别。

具体的方案是：选取铁粉、木炭粉、$KMnO_4$、研磨后的胆矾、NaCl、无水$CuSO_4$、Na_2CO_3、$BaCl_2$这8种固体粉末，让学生根据所学的知识设计实验方案，并利用实验室提供的仪器和药品把它们一一鉴别出来。

三、教学设计

（一）教学设计理念

教学设计思路如图3-2-33所示。

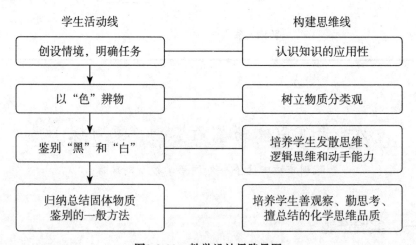

图3-2-33　教学设计思路导图

（二）教学内容分析

初中常见物质的鉴别涉及多个基本概念，知识点分散，相关题型多变。基于这样的问题，笔者决定上一节"散课"，但"形散而神不散"，以解决一个问题——"如何鉴别八种未知固体"为主线让学生展开讨论，将知识问题化，问题情境化，避免讲解枯燥，仅采用灌输的教学方式的问题灌输。通过组织学生探讨具体物质的性质，引导学生从个别到一般，力求让学生在动手动脑的过程中把分散的知识系统化、书本的知识形象化。

（三）学情分析

初三学生经过近一年的化学知识储备，对于物质的性质、基本理论掌握比较牢固，但涉及综合运用知识时感到束手无策，而实验鉴别恰好是一个载体，通过设计实验方案能提高学生分析问题、解决问题的能力。

（四）教学目标

（1）通过观察、实验等活动获取信息，复习基本实验操作。

（2）学会运用分类、分析归纳、推理判断等方法处理信息，学会用物质的性质来设计实验，鉴别初中化学中常见的固体物质，并用文字、图表及化学语言进行表述和交流。

（3）归纳常见固体物质的鉴别方法、原则和一般顺序。

（五）教学重难点

教学重点：归纳初中化学中常见的固体物质的鉴别方法、原则和一般顺序，提高物质鉴别的能力。

教学难点：同种颜色的不同固体物质鉴别方法的掌握。

（六）教学方法

讨论、交流、实验、归纳。

（七）实验准备

点滴板、不贴标签的8瓶试剂（分别为铁粉、木炭粉、$KMnO_4$、研磨后的胆矾、$NaCl$、无水$CuSO_4$、Na_2CO_3、$BaCl_2$）、空白标签纸、磁铁、酒精灯、燃烧匙、坩埚钳、石棉网、药匙、滴管、洗瓶、试管刷、废液缸。

（八）教学过程

教学环节	教师活动	学生活动	教学意图
1.创设情境：引入新课	【引言】实验室的药品通常是分门别类放置的，但有些固体药品试剂瓶上的标签模糊不清了。（展示一瓶失去标签的固体药品和一瓶标签被腐蚀的固体药品。）我们如何鉴别它们呢？生活中我们也会遇到不知名的物质，也要鉴别它们。因此，这节课我们就来复习初中常见固体物质的鉴别。 板书：初中常见固体物质的鉴别	学生聆听	开门见山抛出本节课要解决的问题，让学生明确本节课的学习任务

教学环节	教师活动	学生活动	教学意图
2. 引入归类思想：以"色"辨物	师：桌面上的8瓶试剂，它们都没有标签，请你们根据已有的知识把它们归归类。 师：根据同学们的鉴别结果，提问鉴别的方法是什么。 师：今天我们就只讨论按颜色进行分类的方法。请大家把相同颜色的试剂摆在一起	生：观察试剂瓶中的试剂，进行归类，交流结果。 生1：按颜色，分为4组，分别是蓝色、紫黑色、白色和黑色。 生2：按固体外观有无规则的几何外形分为晶体和非晶体	通过师生互动，引导学生学会对物质进行分类的思想
	师：我们发现蓝色和紫黑色的试剂各有1瓶，黑色的试剂有2瓶，白色的试剂有4瓶。现在请同学们一起和老师回忆一下初中化学中常见的固体物质的颜色。 师：因此实验桌上唯一的紫黑色的和蓝色晶体分别是什么呢？ 师：请同学们将标签写好贴上，把鉴别出来的试剂放在一边	生：回忆。 生：$KMnO_4$，$CuSO_4 \cdot 5H_2O$ 生：贴标签	根据任务进行化学知识的回顾复习，理论和实践结合解决实际问题
3. 培养发散思维：鉴别"黑""白"	师：桌上两瓶黑色固体，分别是炭粉和铁粉，投影前一天布置的任务（设计出鉴别木炭粉和铁粉的多种方法），大家一起讨论	生：踊跃展示，交流、讨论	前置任务，课堂进行发散思维的训练
	师：同学们设计的方案都很有创意。上述方法哪些属于物理方法或化学方法？ 师：现在请同学们一起从实验现象是否明显，实验是否简单易行这两个方面来比较一下，哪些方法比较好	交流发言（学生列举铁粉和木炭粉鉴别方法）。 讨论比较列举的9种方法，找出共性和不同	师生互动，研究用不同的方法来鉴别物质
	师：很好，现在请大家利用实验桌上给出的仪器，自选一种方法进行实验，然后把	生：动手实验，贴好标签。	理论转化为实践，动手动脑培养学科素养。

续　表

教学环节	教师活动	学生活动	教学意图
3.培养发散思维：鉴别"黑""白"	鉴别结果写在标签纸上，贴好。 师：我们只剩下4瓶白色固体了，它们分别是NaCl、$CuSO_4$、Na_2CO_3、$BaCl_2$，请同学们设计一下怎样鉴别？把流程图写出来，再讨论哪一组的方案最简单易行。 师：同学们有个方案不仅利用物质的化学性质，还考虑了物理性质，如食盐可溶于稀硫酸的溶剂，硫酸铜溶于水呈蓝色，而且整个过程只需加一种试剂就可以简单地把4种物质一次性鉴别出来，实验的结果是否如此呢，请大家在点滴板上试一试吧	生：踊跃讨论、设计、展示，最后学生共同总结出最佳方案。 生：动手实验，交流实验应注意的事项和现象，然后把鉴别结果贴在对应的试剂瓶上	学习流程图的设计。 课堂发言。 体验成功的喜悦。
4.总结	组织交流与讨论	思考、讨论，总结固体物质鉴别的一般方法、原则和依据	培养从"个别"到"一般"的方法

板书设计

第 四 章

三重表征模式下的实验
教学研究与案例

第一节　三重表征模式在课堂教学中的应用研究

一、文献中三重表征含义的综述

1982年，格拉斯哥大学科学教育中心的约翰斯顿教授指出，化学专家至少要在3种不同的水平上对化学物质进行思考：描述的和功能的、表征的、解释说明的。这3种水平后来就演化为宏观、微观和符号三重表征，这是三重表征的最初形态。

此后化学教育工作者深入开展了"宏观—微观—符号"三重表征及其思维方式的研究。1999年，翁诺德容和德吕埃尔从教师教学的角度进行分析，认为科学教育最重要的一个目的就是帮助学生将三重表征联系起来。宏观表征主要指向宏观物质及其性质、科学过程和现象等；微观表征主要指向微观模型，如分子、原子和离子等；符号表征主要指化学式、化学方程式等。

二、化学学科要强调三重表征的原因

化学是一门在分子、原子水平上研究物质的组成、结构、性质及其变化规律的自然科学。物质的性质体现在宏观变化上，物质的组成、结构等微观理论则是理解性质、把握变化本质的依据，而化学符号则从微观层次上科学、简明地表达了宏观物质及其变化规律，成为连接宏观与微观的中介。化学的学科特点决定了化学学习中，学习者必须要从宏观、微观和符号等方面对物质进行感知，从而在心理上形成对物质及其变化所特有的三种表征形式：宏观表征、微观表征和符号表征。化学学习中学习者对物质进行的宏观表征、微观表征和符号表征以及建立三者间的联系是化学学科不同于其他学科最典型的思维方式，离开了这个基本点，就不是化学。运用三重表征思维方式学习化学，能增进学生对化学知识的理解，提高学生分析和解决化学问题的能力。

三、三重表征的建构过程

"宏观—微观—符号"三重表征思维的建构过程，是学习者在不断面临化学问题并解决问题的基础上形成、发展与完善的过程。这一过程不仅必须具备必要的条件，而且还将经历不同的发展阶段。根据思维建构的条件与过程，学习者三重表征思维的建构条件与过程如图4-1-1所示。三重表征思维的形成是一个连续渐变的过程。学习者处于不同学习阶段，因学习内容与水平的差异，其三重表征思维水平也有差异，并遵循学习越深入，思维水平越高的总体趋势。

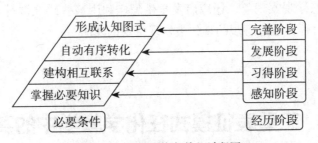

图4-1-1　思维建构条件与过程图

四、三重表征教学策略

（一）及早地引入三重表征学习的方法

九年级上册第一单元课题3《走进化学实验室》通过实验介绍了物质的物理性质和化学性质，这时候就可以让学生初步了解化学学习不同于其他学科的学习方法和思考问题的方式，在宏观、微观两个层面上对实验进行解说，进而在后续教学中，通过典型的教学实例，不断让学生体会三重表征的学习和思考方式对化学学习的帮助，从而使学生主动对知识进行三重表征的建构，进而内化成自己的思维方式。

（二）将"宏观—微观—符号"三重表征思维贯穿于教学中

在初步了解化学的三重表征思维方式后，教师应采取措施对学生的这种概念加以强化和定型，使学生始终在学习和解决化学问题时运用"宏观—微观—符号"思维方式。为此，教师必须将"宏观—微观—符号"思维方式贯穿于教学过程中，逐步强化学生使用"宏观—微观—符号"思维方式的意识。

（三）引导学生积极反思

"宏观—微观—符号"化学思维方式的学习与发展是学习者主动建构和内化的过程，而自我反思就是实现建构与内化的一条途径，是学习活动的基本环节。因此，教师在教学过程中应重视加强学生的反思性学习，培养学生对思维过程中化学思维方式的掌握、运用，培养进行自我回顾、自我分析、自我总结的能力与习惯，并引导学生主动进行反思。

（四）结合实验教学培养学生三重表征的思维方式

实验教学不仅可以激发学生的兴趣，提高学生学习化学的自觉性和积极性，同时还可以帮助学生形成化学概念，理解巩固化学知识，培养学生观察现象、分析问题和解决问题的能力。在三重表征形成过程中，实验环节更是具有重要作用。实质上，化学实验的特点就是通过物质的宏观现象来反映物质的组成、结构、性质以及化学反应中内在变化的微观本质。实验教学中，教师不仅要指导学生怎样观察现象，还应启发学生怎样利用这些感性材料去思考问题，去表示这一过程，透过宏观的现象去发现微观的实质。

第二节　三重表征模式在化学教学中的实践案例

水的组成

深圳市福田区红岭教育集团南园初中部　周文荣

一、实验选题

本节课研究的课题是《水的组成》，要求从实验得出水的元素组成，能够从电解水后氢气与氧气的体积比得出水的化学式为H_2O，为后面学习化学式奠定基础。由化学史可知，由于"燃素说"的影响，一直以来人们都认为水是一种元素，直到18世纪，法国科学家拉瓦锡在普利斯特里和卡文迪许两位科学家研究的基础上，通过实验证明，水不是一种元素，而是"易燃空气"和氧的化合物。至此，水的组成才最终被揭开，我就模拟3位科学家的实验，先利用氢气燃烧生成水，再利用电解水生成氢气和氧气，两个相反的实验多角度证明水的元素组成。

二、实验设计

（一）初始方案

氢气燃烧的实验装置如图4-2-1、图4-2-2所示。

图4-2-1　氢气验纯装置　　　图4-2-2　氢气的燃烧装置

（二）改进方案

初始方案按照课本示例进行，存在以下问题：

（1）氢气爆鸣声不明显。用试管进行氢气爆鸣实验，声音非常小只有附近的学生能听见。

（2）氢气燃烧现象不明显。初始方案中我边制备氢气边点燃，不但火焰颜色不能出现淡蓝色，而且火焰大小不能调节，实验不能移动，只有教室前面的学生能看见。

鉴于以上问题，我通过查阅资料，结合生活中气球爆炸的实例，我将实验中所需氢气都用保鲜袋储存。

（1）在做氢气爆鸣实验时，事先在袋内装1/2袋氢气，再鼓入空气，此时袋内是不纯的氢气，袋口橡胶管用止水夹夹紧，演示时打开止水夹，将保鲜袋稍微挤压，点燃袋口的尖嘴，袋口氢气燃烧引爆袋内氢气，声音非常大，相当于氢气球爆炸，现象非常明显，但根据化学实验的严谨性，还要按照正确的操作方法，演示氢气验纯。改进后，两个实验集趣味性与严谨性于一体，教学效果非常好。

（2）在做氢气燃烧实验时，在保鲜袋内装入纯氢气，为解决氢气燃烧火焰颜色的问题，我通过多次尝试，发现用金属笔芯空管做燃烧头，火焰颜色可以呈淡蓝色，几乎没有黄色干扰，所以将袋口的玻璃尖嘴换成金属笔芯空管。演示时，手握储存氢气的塑料袋，需要火焰大些，挤压塑料袋的力量就大些，需要火焰小些，就轻些挤压，而且可以在教室里四处走动，让每个角落里的学生都能明显地看到实验现象。

（三）效果图

改进后，氢气燃烧装置的改进如图4-2-3—4-2-5所示。

图4-2-3　氢气爆炸装置　　图4-2-4　金属笔芯燃烧头　　图4-2-5　氢气燃烧装置

三、教学设计

（一）教学设计理念

课本中的实验，比如氢气的爆鸣声，氢气燃烧的现象，都非常不明显，为解决这两个难题，我对演示实验进行了创新，用塑料袋的爆炸放大氢气爆鸣声，在金属燃烧头点燃氢气，使氢气火焰颜色呈现出淡蓝色，不仅现象明显，而且实验的趣味性增强，教学效果明显。之后电解水实验证明了水由氢元素和氧元素组成，根据生成氢气和氧气的体积比，得知水的化学组成是 H_2O，让学生学会研究物质组成的方法。紧接着利用模型拼组，从微观层次再次分析水的组成，体现化学"宏观—微观—符号"三重表征，加深理解。最后通过观察分析一些物质的化学式，使学生了解混合物、纯净物、单质、化合物、氧化物的概念，学会物质分类。教学设计流程如图4-2-6所示。

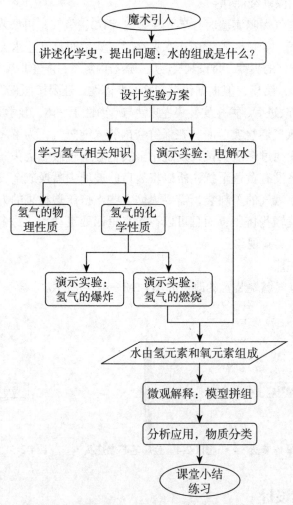

图4-2-6　教学设计流程图

（二）教材分析

1. 教材内容分析

本节内容选自人教版九年级化学上册第四单元课题3，内容在知识的衔接上处于承上启下的地位。在学习"水的组成"前，学生已经学习了分子、原子、元素、元素符号、化学式等纯理论知识。在"水的组成"教学中，以电解水实验为探究手段，一方面以水分子、氧原子、氢原子、氧元素、氢元素这些具体的概念对水的构成进行了描述，强化了分子、原子、元素这些抽象概念的理解，实现了从理论到实践、从一般到具体的认识过程。另一方面，又利用分子、原子、元素这些理论从微观和宏观两个角度理性地认识和感知了水这种物质，实现了对水从感性认识到理性认识的飞跃，使学生通过具体的应用对分子、原子、元素、元素符号及化学式知识的理解达到了一个新的高度。这样既巩固了知识，又让学生应用理论知识解决了实际问题，培养了学生应用知识的能力。

此外，通过电解水实验结果的微观解释，体现化学三重表征，培养学生科学素养。通过具体的事例学生再次认识了化学变化的实质是分子的破裂与原子的重新组合、分子在化学变化中可以再分而原子不能再分等这些抽象的理论知识，为学生理解质量守恒定律，掌握化学方程式的配平提供了实验基础。因为学生发现两个水分子电解后，正好生成了一个氧分子和两个氢分子，它们的数目比正好与化学方程式中各物质前面配平的数目一样，同时这也正是物质发生化学反应遵循质量守恒定律的微观原因。

2. 与其他版本教材对比

（1）与粤教版对比。在内容编排上，人教版教材把本节内容放在了最难理解的第三单元《物质构成的奥秘》和第五单元《化学方程式》之间，从一定程度上减轻了学生学习的压力，这点与粤教版教材一致，而且粤教版教材将物质分类、化学式的书放在本节内容之前，将氢气的相关内容放到本节内容之后，知识连贯性更强。此外，粤教版教材在内容安排上更突出重点，人教版既要讲氢气，又要讲水的组成，重点不够突出，而且在讲氢气的物理性质时说氢气是无色、无臭、难溶于水的气体，在此笔者不太理解为什么重点说是"无臭"，而非其他叙述。

（2）与沪教版教材相比。沪教版教材将本节内容直接放到氧气和二氧化碳的学习之后，体现了化学从宏观到微观的研究过程，但在学生对分子、原子毫无概念的情况下就开始通过实验研究物质的组成，这样对从宏观解释物质组成较为便利，但要完成微观以及符号表征还是很有难度的，而且后面紧接着是水的净化，水资源等内容，这样编排个人认为还是有点混乱，不够系统。所以人教版教材的编排较符合学生的认知，能够体现课标中要求的内容，更加有利于培养学生的科学素养和创新素养，更有利于实现研究物质组成的方法。

（三）学情分析

（1）学生已经学习了氧气，已经了解了研究物质的一般思路。研究物质要从研究物质的物理性质开始，通过实验研究化学性质，并且知道结构决定性质，性质决定用途，已经知道如何观察实验，能够对物质进行初步分类。

（2）能够从宏观和微观的角度对物质的组成进行研究。了解了物质的微观组成，能够利用模型对物质的组成以及变化过程进行分析，会写出一些简单物质的化学式，但还不能用元素的观点分析物质的组成。

（3）具备一定的实验观察和语言表达能力，能实事求是地描述试验现象，但还不能透过宏观现象分析到微观变化，还不能用符号对化学变化进行表征。

（四）教学目标

（1）通过了解氢气的性质，由氢气燃烧实验初步推测水的组成，认识科学探究的意义，培养学生投身科学研究的热情。

（2）通过电解水的实验探究活动认识水的组成，培养学生实事求是的态度。

（3）通过学习单质、化合物、氧化物的概念，会对物质进行分类，培养学生总结归纳的能力。

（五）教学重难点

通过电解水实验分析水的组成，能够区分单质、化合物、氧化物。

（六）教学方法

实验法，讨论法。

（七）教学准备

课件、iPad、电解水实验所需器具、氢气燃烧所需器具、10%稀硫酸、氢气。

（八）教学过程

教学环节	教师活动	学生活动	设计意图
1.热身	魔术：消失的水	学生观察	激发兴趣，引入新课
2.引入新课	讲述水的组成的化学史	学生自己感受化学史	了解水的组成的研究历程，体会科学探究精神
3.学习新课：（1）氢气的燃烧	我们在哪些地方见过氢气？这些用途都体现出了氢气的哪些性质？演示氢气的爆炸。演示氢气验纯。演示氢气燃烧	回答：氢气球，氢气燃料……说明氢气密度比空气小，能燃烧……观察实验	结构—性质—用途之间的关系，通过H_2爆鸣实验，引发学生在实验过程中的安全意识。掌握H_2验纯的方法。通过证明H_2的可燃性，学习收集证据的方法，对后面通过检验水电解生成的产物奠定基础

续　表

教学环节	教师活动	学生活动	设计意图
小结并板书	氢气燃烧：符号表达式： $H_2+O_2 \xrightarrow{点燃} H_2O$ 总结：化学反应中，反应物和生成物相比，分子是变化的，原子和元素都不变，由此可知，水是由氢元素和氧元素组成的	完成课堂记录1： （1）物理性质：氢气____是一种____色味，密度比空气____，溶于水的气体。 （2）化学性质：____在空气中（填"可以"或者"不可以"）燃烧，产生____色火焰，并生成____。 （3）反应的符号表达式是_____。 （4）氢气使用的注意事项	对氢气的重点知识总结归纳，强化要点
学习新课：（2）水的电解	3位科学家在研究水的组成的时候，是先通过氢气燃烧生成水，之后又将水分解，那我们今天也将水进行分解，看是否可以得出相同的结论？ 演示实验：电解水并检验两极产生的气体	观察现象，完成课堂记录2： 实验现象： （1）对水通电后，电极上出现气泡，气泡产生的速率不同，正极产生____（填"快"或"慢"，下同），负极____。 （2）一段时间后，与电源正极相连的导管内气体体积与电源负极相连的导管内产生的气体体积之比大约是____。 实验结论： （1）水电解，负极生成了____，正极生成了____。 （2）电解水的符号表达式：____水是由____和____组成的	记录整理电解水时观察到的现象，能通过实验分析得出水的组成
小结并板书	电解水的文字表达式： $H_2O \longrightarrow H_2+O_2$ 提问：水是由什么组成的？	学生回答：水由氢元素和氧元素组成（也有学生会说：水由氢气和氧气组成）	通过实验探究水的组成，学会从实验找证据，学会从宏观表征物质。 分析实验结果，引出错误答案，为后面的分析做铺垫

续 表

教学环节	教师活动	学生活动	设计意图
拼拼乐乐拼组模型	引导学生拼组模型，巡视学生完成情况	分组按要求拼组模型，请大家用手中的模型拼出： （1）一个氧分子。 （2）一个水分子。 （3）根据质量守恒，拼出水分解的过程	利用模型，从微观表征对水的组成进行分析，为后面得出正确解释寻找证据
即时反馈	巡视反馈学生完成情况	学生完成及时反馈1：判断正误。 （1）由电解水可知，分子可分裂成原子，原子又重新组合成新的分子。 （2）水分解生成氢气和氧气，所以水是由氢气和氧气组成的。 （3）水分解生成氢气和氧气的体积比为2:1	及时强化，纠正学生的易错点，查漏补缺
小结并板书	水的组成：水是由氢元素和氧元素组成的	记录笔记	通过复习已学知识，对物质分类有更进一步的认识，并且利用模型，从微观角度对物质组成进行分析
学习新课（3）：单质、化合物、氧化物	展示H_2O，H_2，O_2的微观模型图，观察它们在组成上的区别，讨论，找规律	完成课堂记录3： 从物质分类的角度看，以上容器中的物质都是_____（填"纯净物"或"混合物"），在化学中可以继续对纯净物进行如下分类： （1）单质：像氢气和氧气这样，由__（填"一"或"多"）种元素组成的纯净物。 （2）化合物：像水这样，由__（填"一"或"多"）种元素组成的纯净物。 （3）氧化物：像H_2O，CO_2，SO_2，Fe_3O_4，P_2O_5一样，由两种元素组成，其中一种是__（填元素名称）的化合物	利用模型图，让学生自己寻找规律，总结出单质和化合物的定义，培养学生解决问题的能力和分析问题的能力

续 表

教学环节	教师活动	学生活动	设计意图
4. 即时反馈	巡视反馈学生完成情况	完成及时反馈	通过对实际物质进行分类,从而掌握物质分类的方法,对后面单质、化合物、氧化物之间的关系的学习奠定基础
5. 总结	物质的分类	填写图表:体会混合物、纯净物、单质、化合物、氧化物之间关系	与之前所学知识进行联系,感受知识的整体性,并能够举一反三,对物质分类有系统化的认识

板书设计

水的组成

单质
纯净物 物质

氧化物

混合物

化合物

质量守恒定律(第1课时)

深圳市福田区翰林实验学校　李映懿

一、实验选题

本节课是杨晓琳名师工作室与坪山新区光祖中学进行的一节同课异构展示课。按照课本中的原始方案进行处理时间不够充足,学生对质量守恒的概念理解不够透彻,因此,笔者采用三重表征进行构建。

二、教学设计

（一）初始方案

在设计本节课时，笔者开始是想按照课本，通过实验，得出反应前后各物质的质量是相等的，然后着重通过微观粒子模型分析质量守恒的原因，但是这样处理一节课的时间不够，对于质量守恒的概念学生还是死记硬背多于理解。

（二）改进方案

经过反复思考，笔者想着从前面第三单元刚学习的分子原子模型入手，通过分析化学反应过程中的分子原子变化，让学生通过已有知识初步从微观上得出化学反应原子的种类是不会发生改变的，原子的数目也没有增减，而原子的质量也没有改变，进而让学生猜测化学反应前后参加反应的物质与反应后的各物质质量之间存在什么样的关系，然后进行实验，学生对后面的实验结果的分析就水到渠成了。这样设计与课本处理顺序不一样，但对三重表征的建构与课本有异曲同工之妙。

三、教学设计

（一）教学设计理念

本节课设计主要是想在学生已有的知识能力基础上通过设计活动"拼拼乐"让学生体会化学变化过程中微粒的变化情况，然后再通过实验宏观上验证学生的猜想，从而建立学生的"宏观—微观—符号"三重表征的理解。

（二）教材内容分析

质量守恒定律是初中化学的一个重要化学规律，是分析物质在化学反应中的质量关系的理论依据，它的应用贯穿于整个中学化学。本节教材在初中化学里有着承上启下的作用。在此之前，学生学习了元素符号、化学式、分子和原子的初步知识，对化学反应中物质发生了质的变化已经有了一定的认识。本节课的教学将引领学生对化学反应的认识从"质"到"量"的过渡，也为之后化学方程式的书写和计算的教学做了理论铺垫，所以本课内容不仅是本单元的一个重点，也是整个中学化学的教学重点之一。

（三）学情分析

学生已经在前面两章学习了分子、原子和水的电解，对于微粒有了一定的认识，对化学变化过程也有了初步的了解。

（四）教学目标

（1）通过对化学变化微观实质的理解来认识质量守恒定律。

（2）通过实验验证质量守恒定律，并对化学反应中一些"不守恒"现象进行解释。

（3）合作实验培养学生的自主探究能力，建构学习，帮助学生厘清解决化学问题的思路。培养学生思维的严谨性，使树立严谨求实的科学态度。

（五）教学重难点

教学重点：

（1）理解质量守恒定律的概念。

（2）化学变化的实质。

教学难点：

（1）化学变化中质量守恒定律的成因。

（2）化学变化中"不守恒"现象的分析和理解。

（六）教学方法

实验探究法、演示法、小组合作学习法、启发诱导法、归纳总结法。

（七）实验准备

实验仪器：试管、胶头滴管、天平。

实验药品：硫酸铜溶液、铁钉、碳酸钠粉末、稀盐酸。

（八）教学过程

教学环节	教师活动	预设学生活动	设计意图及资源准备
活动一	给出原子模型，展示氢原子拼出氢分子，引导学生用模型拼出水电解过程。由化学变化微观过程分析化学变化前后分子、原子发生了哪些改变，哪些不变，猜测反应前后物质的总质量是否改变	【实施任务】学生分组动手操作，体会化学变化的微观过程	建立化学变化的微观过程，为质量守恒微观解释奠定基础
活动二	【提出任务】请你们利用提供的实验仪器完成两个实验： （1）硫酸铜溶液与铁钉的反应。 （2）碳酸钠与盐酸的反应。 看看反应前后物质的总质量到底怎样。 【分析任务】用投影给出两个反应的化学方程式，并出示如下3个思考任务： （1）这两个反应中的反应物和生成物分别是什么？ （2）你准备怎么称量反应物和生成物的质量？是单一物质的质量吗？	【明确任务】根据教师所提出的任务并进行思考，分析所给实验药品和仪器进行实验探究的各种可能的装置组合情况。 【实施任务】学生进行实验探究，并进行小组间交流，发现问题，分析原因	培养学生收集与处理信息的能力以及表达与交流的能力。

教学环节	教师活动	预设学生活动	设计意图及资源准备
活动二	（3）你打算选择什么仪器？如何称量它们的质量？ 【指导任务】教师在小组间巡视，根据学生在实验探究过程中遇到的问题进行引导分析，并及时提醒学生记录实验现象，分析现象。 【任务评价】教师根据学生实验汇报的结果进行点评和完善，帮助学生建构质量守恒定律的概念。 【完成任务】鼓励学生自己说出质量守恒定律的内容。 【讲述】其实早在200多年前，科学家就已经通过若干实验得出了质量守恒定律	根据实验现象及所得出的结果派一代表向全班汇报。对实验没有达到预期结果的原因进行分析。 【知识总结】学生用自己的话总结归纳出质量守恒定律的内容，并认识到在进行有气体参加或生成的实验验证质量守恒定律时，一定要在密闭体系中进行	让学生在完成探究实验的过程中自我建构知识，渗透化学史的教育，学习科学家追求与探索科学真理不懈努力的精神
活动三	下面我们再次从微观上分析一下质量守恒的根本原因	分析化学反应前后原子的数目、种类、质量的变化	强化宏微结合的化学学科思想：三重表征思维
活动四	应用质量守恒定律解决实际问题。 （1）解释化学反应前后质量变化。 （2）用来判定反应物、生成物、物质间的质量比。 （3）确定物质的化学式和定性判断物质的组成。 （4）进行相关计算	学生根据质量守恒定律完成相关练习	检验学生学习情况

板书设计

反应前物质质量 ＝ 反应后物质质量

↓

微观分析 ⇒ 质量守恒定律

质量守恒定律（第2课时）

深圳市南山区蛇口育才教育集团育才二中　韩　静

一、实验选题

本节课是深圳市青年教师基本功大赛现场课，内容为质量守恒定律，其难度、热度、重要性都不在此赘述。由于比赛采用特殊的双师授课方式，所以如何设计与第一课时教师授课内容的衔接，如何设计教师和学生实验，如何借助三重表征突破难点，是本节课在设计时不断思考和实践的重点。

二、实验设计

（一）初始设计

课本在得出质量守恒定律之后，用碳酸钠和盐酸反应，以及镁条在空气中燃烧两个实验让学生分析天平不平衡的原因。碳酸钠和盐酸反应的实验如图4-2-7所示。

盐酸

碳酸钠粉末

图4-2-7　碳酸钠和盐酸反应的实验

（二）改进实验

针对碳酸钠和盐酸反应的实验，为学生提供器材，引导学生先分析为什么天平不平衡，再改进装置后再次实验，看看是否在密闭中进行此实验，就可以用来验证质量守恒定律了。改进实验如图4-2-8所示。

镁条在空气中燃烧这个实验由于过程中不仅仅和氧气反应，故不适宜做深度分析。本课采用铜丝在空气中受热质量增加的实验替换本实验，效果理想，学生的交流讨论非常热烈，有利于本课的教学。

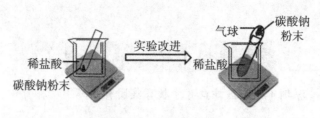

图4-2-8　实验改进图

三、教学设计

（一）教学设计理念

建构主义告诉我们，对学习内容较为深刻的理解和掌握是通过学生主动构建达到的，而不是通过教师的传授就可以内化的。学生必须经历改造、重组原有的知识结构来内化新知，完成理解和掌握学习内容的过程，才能完成新知识的构建。所以教学设计必须以学生为中心，借助实验探究这一重要的教学活动环节，为学生搭建自主学习、独立思考、交流合作的平台，协助学生完成构建新知的过程。

（二）教学内容分析

课标中对"质量守恒定律"的要求是"认识质量守恒定律，能说明化学反应中的质量关系"。此前人教版中已经安排宏观化学变化的学习，微观粒子概念的学习。本节课从化学变化生成何种物质向生成多少物质过渡。教材由化学史拉瓦锡的实验引入，设计了"红磷燃烧前后"及"铁钉和硫酸铜溶液反应前后"的质量测定实验，提出"反应前后各物质总和有没有改变？"这个问题，让学生得出质量守恒定律的规律。继而又给出"Na_2CO_3粉末和稀盐酸""镁条燃烧"前后质量是否相等这两个实验，让学生在比较和讨论中更为全面地认知质量守恒定律，加深理解，为后续方程式的书写、配平等学习做好铺垫。

从"宏观—微观—符号"三重表征认识和理解化学知识，形成化学学科的特有思维方式。质量守恒定律正是建立三重表征彼此联系的重要一环。

（三）学情分析

学生在物理课上学"能量守恒定律"对"守恒"有一定的了解；在化学的学习中对化学变化、宏观、微观概念都有了更进一步的了解；接触了一些定性实验，对实验现象的观察、记录、描述有了一些初步的认识；对简单的基本的实验操作，具备一定的操作技能。

本节课是学生第一次接触定量分析的化学实验，是对学生进行辩证唯物主义教育的重要内容。教材中"Na_2CO_3粉末和稀盐酸""镁条燃烧"两个实验表面上"不符合"质量守恒定律的现象，挑战学生的分析能力，学生对开放体系、密闭体系的研究也可能成为学习的难点。

学生对微观世界感觉比较抽象，可以利用模型增加学生的感性认识，从而使学生更深入地建构"宏观—微观—符号"思维。

（四）教学目标

（1）通过观察和实验，引导学生总结出质量守恒定律。

（2）通过本节课的学习使学生能用质量守恒定律解释生活中一些化学现象。通过运用质量守恒定律解释"不守恒"的假象，使学生更进一步深入了解质量守恒定律的内涵。

（3）在利用微观粒子模型搭建化学反应过程的活动中培养学生从微观角度认识、解释宏观现象的思维方式，使学生形成宏观现象的微观解释的思维。

（4）通过学习和实践激发学生的兴趣，培养学生严谨求实的科学态度。

（五）教学重难点

教学重点：质量守恒定律的含义和运用。

教学难点：理解质量守恒定律的微观本质；运用质量守恒定律进行知识的运用和拓展。

（六）教学方法

采用"POE"策略（"预测—观察—解释"），以探究为主引导学生思考并运用所学知识解释现象的小组合作学习。

（七）教学准备

实验准备：电子天平、烧杯、塞子、试管、气球、Na_2CO_3粉末、稀盐酸。

教具准备：球棍模型、磁扣（大的代表氧原子，小的代表氢原子）。

电子设备：投影仪、同屏器、平板电脑。

（八）教学过程

教学环节	教师活动	学生活动	设计意图及反思
1.质量守恒定律的运用	（过渡）刚刚陈老师带大家得出了"质量守恒定律"，但是在课前又给我们留下一个疑问。 问题1：为什么Na_2CO_3和稀盐酸反应前后质量不等？怎样改进实验来还原真相？	【讨论】 （1）反应前后质量发生改变的原因。 （2）如何利用教师提供给大家的器材（电子天平、试管、气球、橡胶塞、Na_2CO_3粉末、稀盐酸）改进实验操作，让本反应体现质量守恒定律的实质。	利用课前实验，让学生遇到某些化学变化前后物质的质量"不守恒"的假象，引发学生的思考和实验改进。

教学环节	教师活动	学生活动	设计意图及反思
1.质量守恒定律的运用	（播放课前录制的实验视频，配合视频提问） 【点评改进方案】 【组织学生二次实验】	【展示实验改进思路】 【重新实验】 【记录实验数据】 验证密闭体系下Na_2CO_3和稀盐酸反应是否遵循质量守恒	再次让学生利用改进后的密闭体系重新实验，验证质量守恒定律的普遍适用性
2.活学活用	【案例分析】铜在氧气中反应。 【引导学生小结】 （1）不适用于物理变化。 （2）"质量守恒"。 （3）"参加反应"没用上的不算，催化剂两边都算。 （4）各种物质，固体、液体、气体都要算在内	【预测"铜在氧气中反应"的结果】 【反思小结】 验证质量守恒定律时： （1）有气体产生。 （2）有气体生成的都要放在密闭容器中进行。 【练一练】	采用"POE"策略（"预测—观察—解释"）分析铜在氧气中反应的问题，旨在培养学生学习化学深入思考分析的习惯，培养学生严谨的科学态度
3.通过微观粒子模型认识质量守恒定律的微观含义	【回顾旧知】 （利用磁扣模拟原子，复习原子、分子等微观结构。） 【问题3】尝试从微观的角度分析为什么在发生化学反应前后，各物质的质量总和相等。 【引导总结】化学变化的微观实质——参加反应的各物质（反应物）的原子重新组合而生成其他物质（生成物）的过程。 在化学反应中，反应前后原子的种类没有改变，数目没有增减，原子的质量也没有改变。 【定量分析】结合化学史对定量分析方法进行简要说明	【拼一拼】利用教师给出的材料，以"氢气和氧气反应生成水"为例，尝试构建： | 反应前	中间状态	反应后
---	---	---
		| 【想一想】化学反应前后。 | 原子种类	不变
---	---
原子个数	不变
参加反应的原子的总质量	不变	 【写一写】请将上述过程用符号表示出来： $$2H_2+O_2 \xrightarrow{\text{点燃}} 2H_2O$$ 【练一练】	复习微粒"模型—名称—符号"间的关系，给予有效铺垫。 【拼一拼】用球棍模型搭建物质结构，获取直观体验，利于学生理解化学变化的微观实质。 【想一想】引导学生从微观层面总结。 【写一写】最后再让学生依照模型，用化学符号展示该反应的过程。自然而然地完成了反应前后原子个数守恒的搭配，为后面认识质量守恒定律的微观实质、化学方程式的书写做好铺垫

酸和碱的中和反应（第1课时）

深圳市福田区外国语学校　钟梦婷

一、实验选题

课本上对于中和反应是以NaOH和稀HCl反应为例的。学生在学习本课题时会遇到两个问题：一是中和反应看不到明显现象，怎么用有明显现象的实验证明？二是中和反应为什么很容易发生？为解决第一个问题，课本中提供了两种常用的指示剂：酚酞溶液和紫色石蕊溶液，用于证明中和反应的发生，通过排列组合的4种方案，在时间有限的课堂中，要完成试剂选择、实验操作、现象汇报及得出结论，会用掉几乎一节课的时间，并且紫色石蕊溶液变色不明显，不容易判断，故将这部分内容进行了重新设计。为解决第二个问题，要引导学生从离子角度初步理解中和反应发生的微观过程及实质。对学生来说，微观的知识非常难以理解，为了解决这个问题，笔者设计了观看视频动画以及拼图等活动，让学生更容易理解中和反应。

二、实验设计

（一）初始方案

开始笔者给学生提供了酚酞溶液、紫色石蕊溶液、锌粒、大理石等药品。由于选择较多，而且学生加入药品的顺序不一样，导致学生设计的方案过多，实验现象及结论的汇报时间过长，笔者指导和点评的时间也相应增加，使得本节课的教学重点不突出，没有达到教学效果，甚至没有完成所安排的教学任务。

中和反应实质的理解是本课的一个难点，若教师通过PPT出示离子符号进行讲解，这样的教学方法不仅难以吸引学生的注意力，而且不形象、不生动，学生难以理解。

（二）改进方案

为节省课堂时间突出重点，笔者只提供了酚酞溶液一种药品用于判断中和反应的发生。使用酚酞溶液，不仅可以达到实验目的，让学生认识到中和反应的发生，而且节省了课堂时间，实验现象也比其他药品更加明显。

对中和反应实质的理解，笔者先通过播放视频，让学生感受中和反应的微观过程，然后通过设计学生活动，让学生用标有粒子符号的卡片来"拼一拼"中和反应的微观过程，由此加深学生对中和反应实质的理解，达到了较好的学习效果。

三、教学设计

（一）教学设计理念

教学理念如图4-2-9所示。

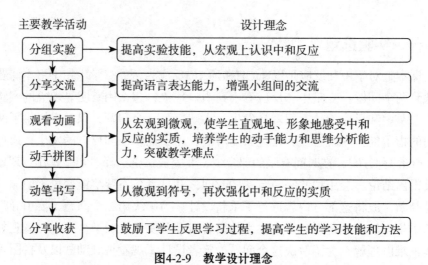

图4-2-9　教学设计理念

（二）教学内容分析

本节课主要是围绕中和反应展开教学的。中和反应是酸和碱之间的反应，是酸和碱的重要性质，也是酸、碱、盐知识体系中的一个重要知识点，通过中和反应建立了酸和碱之间的联系，也为盐的分类和复分解反应的理解奠定了基础。同时还为高中学习中和滴定和离子反应做了准备。

本节课安排在常见的酸和碱之后，学生在认识了酸、碱性质的基础之上再来学习本节课就更容易接受和掌握。同时为下一章盐的学习打下一定的基础。这种安排有助于学生对新旧知识的重新构建。

（三）学情分析

学生在前面已经听到过酸碱中和这个词，但是并不了解酸碱中和反应的实质。通过课题1的学习，学生知道了酸和碱溶液能够使酸碱指示剂变色，认识了酸和碱的一些化学性质，并且有了一定的实验操作能力和问题探究能力，对于小组合作学习也有了一些经验，为本节课的探究奠定了基础。在学习酸和碱的同时，也学习了盐的定义，知道大部分盐在溶液中也能够解离，并且学生能够准确地区分酸、碱和盐的物质分类，为这节课的学习做好了铺垫。

在此之前学生接触的化学变化一般都伴随有明显的现象，他们习惯于根据现象判断反应的发生，许多酸碱溶液混合后因为没有明显的现象发生，学生对中和反应能否发生可能会有疑惑，这是本节课需要解决的一个重点问题，也是本节课的切入点。

（四）教学目标

（1）通过实验探究初步领会中和反应的概念，学会判断中和反应发生的某些方法。

（2）通过合作探究、讨论交流，培养学生发现问题、解决问题以及动手实践的能力和团结协作的能力。

（3）通过视频的观看及动手拼图，理解中和反应的实质。

（4）通过中和反应在生活中的应用，体会化学与社会的密切关系，提高学生自身的科学素养。

（五）教学重难点

教学重点：氢氧化钠溶液和稀盐酸反应的探究、中和反应的定义和实质。

教学难点：中和反应的实质。

（六）教学方法

合作探究、小组合作、拼图活动、同屏技术。

（七）教学准备

（1）学生分组实验：试管、烧杯、NaOH溶液、稀盐酸、酚酞溶液。

（2）教师演示实验：试管、稀硫酸、$Ba(OH)_2$溶液、NaOH溶液、稀盐酸。

（八）教学过程

教学环节	教师活动	学生活动	设计意图
1. 温故知新	同屏展示学生的学案，对学生的回答进行点评	完成学案复习部分答案的校对。 【课前复习】 （1）写出酸、碱溶液分别与指示剂反应的现象。 |	酚酞溶液	紫色石蕊溶液 | |---|---|---| | 酸溶液 | | | | 碱溶液 | | | （2）根据要求写出离子符号。 | | 溶液中解离出的离子 | |---|---| | HCl | | | NaOH | | | $Ca(OH)_2$ | | | NaCl | |	联系前两节知识点，做好知识的回归和铺垫

续　表

教学环节	教师活动	学生活动	设计意图
2.导入新课	通过加入食醋除去皮蛋的涩味，感受到酸和碱发生了反应，引入酸碱反应的话题	听讲、思考，猜想是酸和碱发生了反应	为本节课的学习做好铺垫，并激发学生的求知欲
3.问题生成	【教师演示】 （1）向Ba(OH)₂溶液中滴加稀硫酸。 （2）向NaOH溶液中滴加稀HCl	观看老师演示，说出观察到的现象，并初步判断酸和碱能否反应	生成问题，激起学生对酸和碱能否反应的探究兴趣
设计方案动手实验	【提出问题】如何证明NaOH溶液和稀盐酸发生了反应?	根据所学，说出方法。 利用老师提供的试剂：试管、烧杯、NaOH溶液、稀盐酸、酚酞溶液，先完成方案设计，后动手操作，验证NaOH溶液能否与稀盐酸反应，得出结论	培养学生的思考能力和动手操作能力，体现学生的合作交流精神
合作学习交流展示	鼓励学生说出自己的实验方案、实验过程、实验现象及得出的实验结论。对学生的回答进行点评	展示交流，分享自己的实验方案、实验过程、实验现象及得出的实验结论	从操作到表达，培养学生的表达能力，增强小组间的合作交流
分析归纳	引导学生分析，得出酸和碱反应生成盐和水，引出中和反应的定义	分析中和反应的生成物，得出并理解中和反应的特点	得出结论，理解概念
巩固基础课堂练习	多媒体展示练习，提出任务：完成学案上（辨一辨）的练习。 鼓励学生展示结果，并对学生的回答进行点评	小组讨论，完成学案上（辨一辨）的练习。 展示交流，说出看法	通过练习，巩固学生对于中和反应的认识和理解，突出教学重点
微观演示得出实质	播放中和反应的微观过程。 提出任务：拼一拼NaOH和HCl在溶液中的解离。 引导学生分析中和反应的实质	观看视频。 利用卡片，拼出NaOH和HCl在溶液中的解离，理解中和反应的微观过程，得出中和反应的实质	从宏观到微观，通过视频、拼卡片，使学生直观地感受中和反应的实质，培养学生的动手能力和分析能力，突破教学难点

续　表

教学环节	教师活动	学生活动	设计意图
符号表达提升演练	提出任务：写出学案中（写一写）的化学方程式。再次引导学生分析中和反应的实质	完成学案。再次分析得出中和反应的实质	从微观到符号，再次强化中和反应的实质，突出重点，突破难点
4. 课堂小结分享收获	引导学生结合本节课的内容总结要点。鼓励学生分享这节课的收获	整理本节课的重点内容。分享本节课的收获	学生自我评价本节课的收获。鼓励学生反思自己的学习过程，提高学习技能和方法
5. 联系	完成学案中（练一练）的部分		通过练习，使课堂所学知识得到巩固

板书设计

酸和碱的中和反应

H^+和OH^-结合生成水　←实质— 中和反应 —定义→ 酸+碱→盐+水

↓举例

$NaOH+HCl \rightleftharpoons NaCl+H_2O$
$Ca(OH)_2 + 2HCl \rightleftharpoons CaCl_2+2H_2O$
$2NaOH+H_2SO_4 \rightleftharpoons Na_2SO_4+2H_2O$

酸和碱的中和反应

深圳市福田区翰林实验学校　李映懿

一、实验选题

酸碱中和反应的实验方案有多种，教材的处理是通过一个酸碱滴定实验，指示剂颜色的变化来说明反应的发生。在教材处理的基础上，笔者让学生通过实验去理解反应的微观原理。因此在选择药品的时候，选用氢氧化钡溶液与稀硫酸。白色沉淀的产生不能说明酸和碱反应的实质，由此引发如何从化学实验中寻找证据，由现象到结论的思考，从微观角度阐明为什么指示剂的颜色变化才能说明酸和碱反应的实质。

二、实验设计

（一）初始方案

原教学设计是按照课本中在NaOH溶液中滴加稀盐酸的方法，接着用示意图来解释反应的发生。

（二）改进方案

初始方案的效果是学生只能记住酸和碱反应是H^+和OH^-反应生成水。为了让学生能更好地理解反应的实质，建立三重表征思维，我改从物质分类入手，然后引导学生回顾酸、碱的性质，知道酸具有相似的性质是因为H^+的存在，碱具有相似的性质是因为OH^-的存在，最后通过实验，从指示剂的变色的现象来分析反应过程中的微粒变化，从而了解反应的实质。

三、教学设计

（一）教学设计理念

本节课本着让学生通过基于证据的实验去探究酸和碱发生反应的实质的思想，通过分析宏观实验现象，找到微观粒子的变化过程，通过观看视频和动手拼模型，理解中和反应中离子的变化情况，从而建立"宏观—微观—符号"三重表征思维。

（二）教学内容分析

本课题是在学生学习了《常见的酸和碱》中酸和碱的部分化学性质的基础上要学习的一部分知识内容。从教学内容本身来讲，并不复杂，但具体到中和反应的实质等比较抽象的知识时，学生理解起来会比较困难。

（三）学情分析

学生已经学习了常见的酸和碱的一些性质，知道了酸碱指示剂的作用，也已具备了学习化学的一些方法，学生渴望通过自主探究来认识物质，对化学探究表现出极大的兴趣。

（四）教法目标

（1）通过实验设计和实验观察，体会酸和碱之间能发生中和反应。

（2）通过观看视频，从微观角度理解中和反应的实质，建立宏微结合的思维方法，并能正确书写中和反应的化学方程式。

（3）从分类的角度认识酸和碱，拓展对酸和碱两类物质化学性质的学习，培养从物质性质归纳找规律的能力。

（4）从中和反应在生活中的应用，建立学为所用的化学观，感受化学与生活的密切关系。

（五）教学重难点

教学重点：理解中和反应的实质。

教学难点：设计实验验证酸和碱能发生化学反应。

（六）教学方法

实验探究法、小组合作、演示法、启发诱导法、归纳总结法。

（七）教学准备

实验仪器：试管、胶头滴管。

实验药品：NaOH溶液、稀HCl、Ba（OH）$_2$溶液、酚酞溶液、紫色石蕊溶液、稀H$_2$SO$_4$。

（八）教学过程

教学环节	教师活动	学生活动	设计意图
导入新课	【魔术导入】神奇的酿酒术。（用2个红酒杯分别装酚酞溶液和NaOH溶液，倒在一起观察现象）	学生观看"魔术"表演	通过"魔术"激发学生的学习兴趣
活动一	【整理分类】请将以下物质分类，并将化学式填写在表格中：Ba（OH）$_2$、H$_2$SO$_4$、NaOH、HCl、Ca（OH）$_2$、酚酞溶液、紫色石蕊溶液、NaCl、CaCl$_2$、BaSO$_4$	动手分类，完成学案内容	培养学生的物质分类思维
	【过渡】今天学习酸这类物质和碱这类物质之间的反应	说出酸、碱、盐的定义	分类观运用
活动二	【实验探究】探究实验，收集证据。A组：氢氧化钠、稀盐酸、无色酚酞溶液。B组：稀硫酸、氢氧化钡、紫色石蕊溶液	小组进行实验操作，并思考实验设计的原理。从宏观上分析能否发现酸和碱反应的实质	体验实验探究的过程，培养学生的合作意识，基于证据的实验探究精神

教学环节	教师活动	学生活动	设计意图
活动三	观看动画，理解实质：播放酸和碱反应的微观动画，帮助学生理解实质。 拼拼乐乐，理解实质： 【拼一拼】用H^+、Cl^-、Na^+、OH^-等卡片拼出HCl和NaOH在水溶液中的解离过程	 理解酸和碱反应的实质，动手拆拼：用H^+，Cl^-，Na^+，OH^-等卡片拼出HCl和NaOH在水溶液中的解离过程	培养学生"用宏观体会微观"，用"微观解释宏观"的科学方法，引导学生树立正确的化学反应微粒观
活动四	迁移知识，书写反应：思考并完成下面反应的化学方程式，从物质分类的角度看反应物和生成物有什么共同的特点。 NaOH+H_2SO_4＝＝＿＿＿＋H_2O Ba（OH）$_2$+HCl＝＝＿＿＋H_2O Ca（OH）$_2$+HCl＝＝＿＿＋H_2O □　　□　　□　　□	学生动笔完成化学方程式的书写，并分析反应物和生成物各有什么共同特点	增强知识迁移的能力，由特殊到一般。学会分析、归纳、分类的方法
奇思妙解	引出中和反应的定义： 酸+碱→盐+水	理解中和反应的定义	培养分类观
活动五	我们学习了中和反应，那么在实际生活中我们如何去运用呢？ 课堂练习	完成学案的练习，并分析原因	学习评价
课堂小结	谈谈这节课你收获了哪些知识或学习方法	交流、分享本节课在知识、学习方法等方面的收获	构建知识体系

板书设计

酸和碱的中和反应

实质：$H^+ + OH^- ＝＝ H_2O$

中和反应 → 应用

定义：酸+碱→盐+水

酸和碱的中和反应

深圳市福田区华富中学　赵碧燕

一、实验选题

现象可以帮助判断化学反应是否发生，但有的反应并不伴随明显的现象。本课题设计$Ca(OH)_2$溶液与稀HCl的反应作为铺垫，引导学生模仿使用酚酞溶液来观察$NaOH$溶液与稀HCl的反应。

二、实验设计

（一）初始方案

氢氧化钠溶液与稀盐酸的反应如图4-2-10所示。

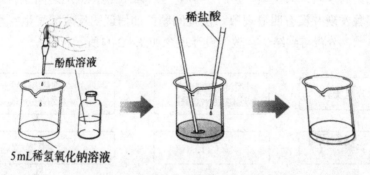

图4-2-10　氢氧化钠溶液与稀盐酸的反应

（二）改进方案

为了让学生更容易理解用指示剂观察$NaOH$与稀HCl反应，笔者在这个实验前增加了一个$Ca(OH)_2$固体与稀HCl的反应，通过循序渐进的步骤引导学生理解指示剂在反应中的作用。

实验过程：首先在$Ca(OH)_2$里加入水，观察$Ca(OH)_2$的溶解性，接着提问，怎样证明$Ca(OH)_2$溶于水？引出酚酞试剂的使用，同时引导学生观察，没有溶于水的$Ca(OH)_2$固体是不能使酚酞试剂变红的，只有溶于水的$Ca(OH)_2$溶液才能使酚酞试剂变红；然后逐滴加入稀HCl，试管保持静置，学生慢慢观察，红色的酚酞试剂褪为无色；引导学生分析，这是因为稀HCl与$Ca(OH)_2$发生了反应，溶液中没有自由移动的OH^-，所以酚酞试剂为无色；最后再振荡试管，这时候可以观察到酚酞试剂又变为红色，引导学生分析，这是$Ca(OH)_2$固体又溶在了水里。上述实验可以重复多次进行。

在上述实验的铺垫下，怎样判断NaOH溶液与稀HCl发生了化学反应？学生自然就能联想到酚酞试剂的使用。

在本课题里，教材九年级下册60页图10-15"氢氧化钠与盐酸反应示意图"提供了微观分析的示例，从离子变化的角度认识中和反应发生的实质。为了增加直观性，在离子符号分析的基础上，增加了磁铁模型的分析。在$Ca(OH)_2$与稀HCl反应实质分析的基础上，学生动手用球棍模型分析氢氧化钙与稀盐酸反应的微观过程，从而认识中和反应的实质。

三、教学设计

（一）教学设计理念

我首先设计了一个可观察到现象的中和反应：$Ca(OH)_2$固体与稀HCl的反应，帮助学生认识酸和碱之间是可以发生化学反应的，同时在演示实验中复习了氢氧化钙的性质，为伏笔。然后让学生判断稀HCl和NaOH之间是否可能发生反应，实验发现并没有明显现象。设置问题：如何证明反应的发生？学生讨论后进行演示，分析得到结论。教学设计理念如图4-2-11所示。

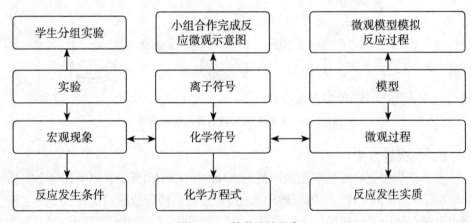

图4-2-11 教学设计理念

本节课的难点是理解中和反应的实质。在分析$Ca(OH)_2$和稀HCl的反应的现象时，学生认识到反应是发生在溶液里，我在黑板上通过化学式、离子符号、磁铁模型，帮助学生找到了真正参加反应的微观粒子是H^+和OH^-。然后再用化学方程式表示出宏观反应的过程。学生在此基础上用球棍模型摆出盐酸和

NaOH反应的微观过程，并且叙述出来。通过层层分析和模型分析，帮助学生理解中和反应的实质。

对比3个中和反应的方程式，发现中和反应的规律是"酸+碱→盐+水"，比较分析出盐的组成。通过书写书中的中和反应实例，加强对方程式书写的训练，同时了解中和反应在实际中的应用。

（二）教学内容分析

本节课是人教版九年级下册第十单元课题2的第一课时。教学内容是帮助学生认识酸和碱之间能发生反应，对于没有明显现象的反应，可以用酸碱指示剂帮助理解反应的发生；酸和碱之间的反应叫作中和反应，生成物是盐和水；认识盐的组成；通过盐酸和NaOH的微观反应示意图，理解中和反应的实质是H^+和OH^-生成了水分子；通过生活、生产中的各种事例，了解中和反应的实际应用。

（三）学情分析

学生在宏观实验方面的接受能力比微观世界容易，所以本节课的难点是在中和反应实质的处理上，通过举一反三、实际摸索的过程慢慢领悟。为了帮助学生理解微观世界，课上通过图片、磁铁模型和球棍模型三种方式将微观粒子可视化，提高学生的学习兴趣并加深印象。

（四）教学目标

（1）通过类比、分组实验、交流讨论，知道酸碱之间能发生反应。

（2）学习用指示剂帮助观察酸碱之间反应的发生。

（3）用模型拼出反应的微观过程，理解中和反应发生的实质。了解中和反应在实际中的应用，并能熟练书写相关例子中中和反应的方程式。

（4）搭建化学三重表征的关系，形成化学学科特有的思维方式。

（五）教学重难点

教学重点：①掌握用指示剂帮助判断酸碱反应的方法；②理解中和反应的实质。

教学难点：理解中和反应的实质。

（六）教学方法

小组合作交流、总结归纳、实验探索、类比学习。

（七）实验准备

氢氧化钙固体、氢氧化钠溶液、稀盐酸、酚酞试液、水、磁铁模型、球棍模型。

（八）教学过程

教学环节	教师活动	学生活动	设计意图
1.新课引入	熟石灰用于改良酸性土壤的原理是什么？		复习旧知识，引入新课
2.演示实验：观察酸和碱之间的反应	演示实验，设置问题： （1）氢氧化钙溶于水中，观察现象。 （2）怎样判断氢氧化钙溶于水？滴加酚酞试液，观察现象。白色固体没有变红说明什么？ （3）氢氧化钙和盐酸能否反应？滴加稀盐酸，微微晃动（不要晃起白色固体）。观察现象，反应的证据是什么 （4）在看到变化后振荡试管，重复步骤（3）。为什么会重复出现（2）（3）两个步骤的现象？	（1）学生一边观察一边思考，回答教师的问题。（个别提问的方式） （2）学生实验：往氢氧化钙溶液中滴加稀盐酸，并观察现象。 （3）思考怎样证明上述两物质发生了反应？	（1）复习氢氧化钙的溶解性、碱溶液的鉴别。 （2）引导学生发现只有自由移动的OH^-才能使酚酞试液变红。 （3）引导学生发现酚酞在反应中的作用
3.分析氢氧化钙与盐酸反应的微观过程，写出化学方程式	分析上述反应的微观实质： （1）板书反应化学方程式。 （2）设问：反应物和生成物在溶液中是以哪种微粒的状态存在的？它们在反应前后有什么变化？ （3）用磁铁模型表示各种变化。 （4）提问：反应前后微粒哪些有变化？哪些没有变化？	（1）学生讨论完成学案。 （2）学生板书展示。 （3）讨论发现反应的微观实质	（1）复习溶液中溶质的微观存在是离子状态。 （2）学会从微观的角度分析反应过程。 （3）用磁铁表示各种微粒，使变化直观化
4.设问：氢氧化钠与盐酸能反应吗？	提问：酸和碱都能反应吗？ 演示实验：氢氧化钠和盐酸混合，观察现象。没有明显现象能说明反应没发生吗？如何证明？	学生分组讨论、实验判断，交流	引导学生通过类比的方法找到实验方案
5.分析氢氧化钠与盐酸反应的微观实质，写出化学方程式	分析反应的微观实质： （1）板书氢氧化钠与盐酸反应的方程式。 （2）指导学生分析。 （3）展示学生的作品，评价	（1）学生分组讨论反应的微观过程，并完成学案。 （2）用球棍模型拼出反应的微观过程，解释模型表示的意义。 （3）交流	学生通过模仿，在拼模型和相互交流的过程中消化所学知识，掌握方法，学会分析反应的微观实质

续　表

教学环节	教师活动	学生活动	设计意图
6. 认识中和反应的概念及盐的组成	中和反应概念分析： （1）对比3个酸碱反应化学方程式，分析盐的组成特点。 （2）从物质类别的角度发现中和反应的特点，得出概念。 （3）通过练习训练方程式的书写和对概念的理解	（1）观察、归纳。 （2）练习巩固	（1）通过对比物质的组成，认识盐的组成特点。 （2）通过类比得出中和反应的概念和酸碱反应的特点，掌握方法
7. 中和反应在实际中的应用	介绍中和反应在实际中的应用	学会用方程式表示其应用原理，达到巩固知识的目的	通过学生讲述和练习，掌握中和反应
8. 小结	小结	学生判断对错	检查学生的掌握情况
板书设计			

1. $Ca(OH)_2$ + $2HCl$ == $CaCl_2$ + $2H_2O$

溶液中：☐　☐　☐　☐

2. $NaOH$ + HCl == $NaCl$ + H_2O

磁铁模型：☐　☐　☐

生活中常见的盐（第3课时）

——复分解反应发生的条件

深圳市福田区华富中学　赵碧燕

一、实验选题

宏观实验现象有助于学生观察到复分解反应的发生，通过气体、沉淀的生成引导学生得出复分解反应发生的条件。归纳有共同现象的反应，从微观角度分析理解复分解反应发生的本质。运用化学符号进行微观分析，判断可能出现的宏观现象，最后进行实验验证猜想。通过"宏观—微观—符号"之间的思维切换，掌握判断复分解反应发生的方法。

二、实验设计

（一）初始方案

教材中有关复分解反应的实验教学内容：一是综合碳酸盐性质引出复分解反应的概念；二是补充生成沉淀的复分解反应实验，组织学生通过讨论发现酸碱中和反应生成水也属于复分解反应；三是引导学生在比较了以上3种反应情况后归纳出复分解反应发生的条件；四是通过实验探究，让学生体会如何利用必要的信息（如溶解性表）并应用复分解反应发生的条件解决实际问题。

（二）改进方案

1. 设计两组实验

A组实验：$CuSO_4$溶液+NaOH 溶液、Na_2CO_3溶液+HCl 溶液。

B组实验：$CuSO_4$溶液+$BaCl_2$ 溶液、$CaCO_3$固体+HCl 溶液。

A，B组实验内容的设置都为有沉淀、气体产生的两组不同物质间的反应，使学生在有限时间内能观察到更多的反应，多个实验证据更有力。指导学生用离子符号、化学式表示反应前后物质组成的变化，利用微观示意图分析、找出实际参加反应的离子，发现复分解反应发生的实质。

2. 通过PPT展示3个反应的动画模型

$CuCl_2$溶液+NaOH溶液、K_2CO_3溶液+HCl溶液、NaOH溶液+HNO_3溶液。

通过动画模拟反应的全过程，可以直观地反映出反应前后自由移动离子种类的变化，使学生进一步理解复分解反应发生的实质。

3. 将教材中的探究活动略做调整，设置两组探究内容

探究一：NaOH溶液+H_2SO_4溶液、K_2CO_3溶液+H_2SO_4溶液。

探究二：NaCl溶液+H_2SO_4溶液、$Ba(NO_3)_2$溶液+H_2SO_4溶液。

分组进行讨论，按照微观分析判断复分解反应是否发生，然后实验验证。难点在于如何通过实验证明是反应没现象还是不反应没现象。目的主要是检查学生是否会运用指示剂帮助观察变化的发生，是对前面知识的一个运用。

三、教学设计

（一）教学设计理念

本节课教学设计思路是在"复分解反应发生的条件"这节课上体现出化学三重表征的关系，也就是宏观、微观、符号之间的融合，帮助学生理解复分解反应发生的本质原因。

通过实验的宏观现象，学生能观察到反应的发生，小组交流环节，由学生自主认识复分解反应发生往往有沉淀、气体、水等生成物产生。

那为什么反应能发生？从微观结构进行分析，学生的理解能更深入。结合教材中酸碱中和反应的示意图，指导学生对反应物、生成物的微观成分进行分析。离子符号的书写是一个难点，设置这个环节其实是给本节课制造了障碍。在酸、碱、盐学习的过程中，化学符号的准确运用至关重要，从第十单元教学开始，不断地加强离子符号、化学式书写的练习，取得了一些成效，这也是这节课能顺利推进的一个关键。本节课上学生完成学案的内容，也达到了在理解的基础上强化练习化学符号的目的。

通过探究环节，检验学生对知识的运用情况。首先根据复分解反应发生的条件，判断酸、碱、盐之间的反应能否发生，小组讨论后进行实验验证。难点在于有的反应无现象，有的不反应无现象，通过实验设计，加深学生对这两种情况的认识，进一步巩固利用指示剂帮助观察反应发生的知识。教学设计理念如图4-2-12所示。

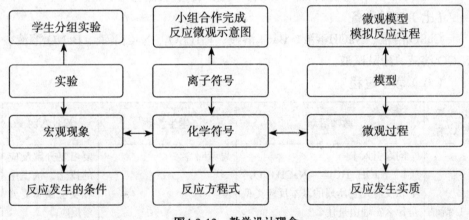

图4-2-12　教学设计理念

（二）教学内容分析

本节课是人教版九年级下册第十一单元课题1的第三课时，也是本单元的重难点。教学内容是通过探究几个化学反应，分析复分解反应发生的条件，能判断酸、碱、盐之间两两反应时复分解反应能否发生，同时准确写出反应的化学方程式。本节课内容综合性强，学生在运用时要考虑很多因素，教师需将判断方法指导好。

（三）学情分析

化学式的正确书写是决定复分解反应方程式准确书写的前提，学生利用化合价写化学式仍存在各种问题。通过用离子符号分析反应前后离子的种类变化来理解反应发生的原因时，反复用到化合价知识，对学生准确书写化学式能起到帮助作用。

（四）教学目标

（1）通过分组实验、交流讨论，归纳出复分解反应生成物的特点，认识复分解反应发生的条件。

（2）通过反应前后微观示意图分析、理解复分解反应发生的实质。

（3）培养学生观察、分析问题的能力，合作探究的能力。

（4）帮助学生搭建化学三重表征的关系，形成化学学科思维方式。

（五）教学重难点

教学重点：理解复分解反应发生的条件及反应发生的实质。

教学难点：判断复分解反应能否发生，能准确写出离子符号、相关反应方程式。

（六）教学方法

小组讨论、合作交流、总结归纳、实验探索、巩固练习。

（七）实验准备

$CuSO_4$溶液、$NaOH$溶液、$BaCl_2$溶液、稀H_2SO_4、$NaCl$溶液、$BaNO_3$溶液、K_2CO_3溶液、酚酞试液。

（八）教学过程

教学环节	教师活动	学生活动	设计意图
1.新课引入	【问题引入】 （1）$NaOH+HCl\text{=}\!\text{=}\!\text{=}NaCl+H_2O$是中和反应，它所属的基本反应类型是什么？理由是什么？ （2）$CuSO_4$溶液+$NaOH$溶液、$CuSO_4$溶液+$BaCl_2$溶液能发生复分解反应吗？复分解反应的发生需要什么条件？	思考回答	复习复分解反应的概念，认识中和反应属于复分解反应。 引起学生思考，为学生活动做铺垫

续 表

教学环节	教师活动	学生活动	设计意图
2.探究实验：探究复分解反应发生的条件	【学生分组实验】 （1）实验前布置任务。 ①分组：全班学生12个小组分别完成A，B两组的实验、反应前后微观示意图分析、方程式的书写等； ②认识点滴板的作用和优点、掌握实验用药量。 （2）巡视指导。 （3）选两位学生板书微观示意图和方程式。 （4）相邻小组学习交流	学生分组实验。 学生进行分组实验，完成学案内容，小组交流实验内容。 A组实验： $CuSO_4$与$NaOH$溶液，Na_2CO_3与HCl溶液。 B组实验： $CuSO_4$与$BaCl_2$溶液，$CaCO_3$固体与稀HCl溶液。 两组相互交换学案，组织组员学习和修正	A，B组实验内容的设置都为有沉淀、气体产生的两组不同的物质。节省分析时间，同时又能认识更多的反应。学生进行展示，教师选择有代表性的问题进行指导纠正
3.讨论复分解反应发生的条件	【组织学生分组回答】 （1）A，B组实验的现象有什么共同特点？ （2）以上反应属于复分解反应吗？理由是什么？ （3）酸碱中和反应生成物中，相同的生成物是什么？ （4）你知道为什么复分解反应的生成物往往有气体或水或沉淀生成吗？ （5）分析学生写在黑板上的微观示意图并修正错误。 （6）PPT展示3个反应的模型： $CuCl_2$溶液+$NaOH$溶液， K_2CO_3溶液+HCl溶液， $NaOH$溶液+HNO_3溶液。 （7）由微观示意图分析发现复分解反应发生的实质。 （8）$NaCl$与KNO_3能发生复分解反应吗？为什么？播放动画	小组讨论： （1）A组实验现象汇报。 （2）B组实验现象汇报 学生回答、倾听。 学生交流后回答	引导学生归纳分析，发现复分解反应产物中往往有水、沉淀、气体产生的特点。难点需要教师来帮助突破，通过微观示意图和动画模型分析，可以直观地反映出反应前后自由移动离子种类的变化

续 表

教学环节	教师活动	学生活动	设计意图
4.探究实验：运用复分解反应发生的条件来帮助判断	【探究】 （1）布置探究任务。 全班学生12个小组分别完成探究一、探究二的内容，进行反应前后微观示意图分析，判断反应是否发生，方程式的书写等。 （2）组织学生交流分析结果。 （3）若无现象，是否说明反应没有发生？ （4）设计实验证明你的判断	小组讨论并完成探究二的活动内容，判断反应能否发生。 探究一：$NaOH$与H_2SO_4溶液，K_2CO_3与H_2SO_4溶液。 探究二：$NaCl$与H_2SO_4溶液，$Ba(NO_3)_2$与H_2SO_4溶液。 学生分组进行实验设计，两个学生通过实验展示设计方案： $NaOH$与H_2SO_4溶液， $NaCl$与H_2SO_4溶液	运用复分解反应发生的条件判断硫酸能否与4种溶液发生反应，检验学生对知识的运用情况。 设计难点在于如何通过实验证明一个反应没现象，一个不反应没现象。主要是检查学生是否会运用指示剂帮助观察变化的发生，是对前面知识的一个运用
5.归纳小结	【课堂小结】	学生集体回答	

板书设计
微观示意图　　　　反应的离子　　　化学方程式 　　　　　反应前　　　→　　　反应后 　A组实验 　B组实验

构成物质的微粒

深圳市福田区侨香外国语学校　陈　莉

一、课例选题

本课选自人教版九年级化学"构成物质的基本微粒"一节，将学生遇到的实际问题和中考复习专题进行整合。物质的微粒作为重要的化学基本概念，它的建立对于学生理解和解释宏观事实和现象，理解化学反应的实质，了解化学符号的意义等具有重要的意义。

二、实验设计

（一）初始方案

本课高潮部分是让学生利用离子反应网络做物质鉴别。笔者最先预设选用A、B、C、D、E、F、G、H这8瓶无色试剂作为探究试剂，分别是碳酸钠、氢氧化钠、氯化钡、盐酸等，要求学生运用复分解反应的离子网络，不另加其他试剂将它们鉴别出来。本想着多一些试剂放开手让学生尽情设计实验，但没想到学生实际操作的结果出乎意料，8瓶试剂的实验鉴别方案繁多复杂，而且学生经常鉴别完下一种试剂就把上一种试剂记混淆了，最后不但实验效率低而且耗材不少，不符合绿色环保的实验理念。

（二）改进方案

在杨晓琳老师和赵碧燕老师的指导下，我又对实验进行了二次设计，突出实验现象，规范实验步骤，化繁为简。

笔者把试剂缩减为4种，提供A、B、C、D这4瓶无色试剂，分别是碳酸钠、氢氧化钠、氯化钡、盐酸。运用复分解反应的离子网络，不另加其他试剂将它们鉴别出来，先请学生设计方案。学生一同展示方案，讨论方案，修改方案，确定最终的实验方案。再要求全体学生按照最终方案实验探究，得出结论并贴上标签。物质鉴别实验如图4-2-13所示。

【拓展应用】物质鉴别。

现有A、B、C、D 4瓶无色液体，分别是碳酸钠、氢氧化钠、氯化钡、盐酸。请运用以上复分解反应的网络，不另加试剂将它们鉴别出来，先设计方案，再鉴别并贴上标签。

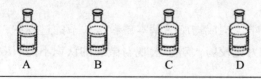

图4-2-13　物质鉴别实验

三、教学设计

（一）教学设计理念

教学设计理念如图4-2-14所示。

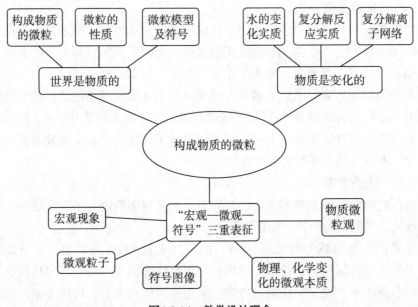

图4-2-14　教学设计理念

（二）教学内容分析

化学是一门在分子、原子水平上研究物质的组成、结构、性质及其变化规律的自然科学。"物质的微粒"作为重要的化学基本概念，它的建立对于学生理解和解释宏观事实和现象，理解化学反应的实质，了解化学符号的意义等具有重要的意义。

（三）学情分析

在教学人教版九年级化学"构成物质的基本微粒"一节的过程中，我们会发现学生对于微观的认识能力比较弱，对于宏观与微观的认识不能有效统一、迁移与深化。

（四）教学目标

（1）知道构成物质的微粒种类及微观粒子的基本性质，能运用符号表征物质的组成和变化。

（2）从微观视角解释宏观现象和物质的变化，进一步理解化学变化的本质。

（3）通过实验活动，建立科学的物质观，提高实验探究能力与学科思维的严谨性。

（五）教学重难点

教学重点：从微观视角解释宏观现象和物质的变化。

教学难点：理解化学变化的微观本质。

（六）教学方法

小组合作、探究实验。

（七）教学准备

实验仪器药品：烧杯、试管、滴管、点滴板、Na_2CO_3、$Ca(OH)_2$、$BaCl_2$、HCl。

（八）教学过程

教学环节		教师活动	学生活动	设计意图
基础模块一：世界是物质的	环节1：构成物质的微粒的种类、结构、性质	我们知道构成物质的微粒有分子、原子和离子。课件中的这几种物质都是生活中常见的物质，下面是它们的微观结构图，请问它们内部分别由哪些微粒构成？ 金刚石　干冰　汞　氯化钠	金刚石由碳原子构成，干冰由二氧化碳分子构成、汞由汞原子构成、氯化钠由氯离子和钠离子构成	巩固知识：构成物质的微粒有分子、原子和离子
	环节2：用微粒的性质解释生活现象	以分子的性质为例，请同学们说说微粒的性质。根据这些特点，请同学们解释4个材料中的生活现象，课件展示4个生活材料	学生回答：分子体积和质量都很小。分子不停地运动，温度越高，运动越快。分子间有间隔。分子由原子构成。同种分子性质相同，不同分子性质不同	巩固知识：微粒的性质
	环节3：微粒模型及化学符号的表示	在化学学习中，我们经常把微粒模型用化学符号去表示，课件中分别有几张微粒模型的图片，请看图片，以图片1为例，写出后面几张图片所表示的化学符号。 H 氢原子　图1 2H S 硫原子　O 氧原子	学生完成学案。多媒体投影	巩固知识：微粒模型及化学符号

续　表

教学环节		教师活动	学生活动	设计意图
基础模块二：物质是变化的	环节1：宏微结合，从现象探索本质——以水的变化为例	物质构成了世界，这些物质又是在不断变化的，从微观上看，就是微粒和微粒间不断地发生转变和变化。下面我们以水的变化为例，图1是电解水，图2是水的蒸发，请同学们小组讨论，从宏观和微观两个方面去分析这两种变化有什么不同？ 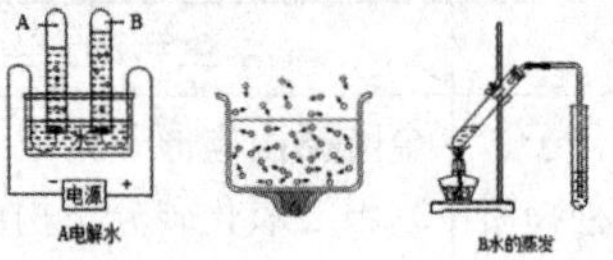 图1　　　　图2 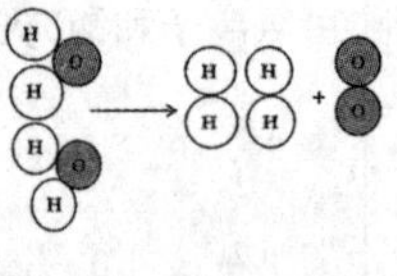 	小组讨论，完成学案。 学生总结：宏观上，电解水生成了H_2和O_2，有新的物质生成，是化学变化。水的蒸发，由液态变成气态，无新物质生成，是物理变化。 生1：这两个变化中，在化学变化中分子可以再分，原子不能再分。分子是保持物质化学性质的最小微粒，而原子是化学变化中的最小微粒。 生2：分子间的间隔发生变化，只是物质在三态上的转变，是同种物质。液体物质的微粒间隔小于气体	引导学生从微观角度分析实例：水的变化的实质
	环节2：复分解反应实质的探析	原子是化学变化中最小的微粒，化学变化的实质是原子的重新排列组合，在复分解反应中，原子又是如何重新排列组合的呢？我们以NaOH与稀HCl的反应为例，看看复分解反应的实质是什么。 【课件展示】NaOH与稀HCl反应的微观模型图。 请同学们找出反应前的微粒有哪些，反应后的微粒又有哪些	生1：反应前的微粒有OH^-、Na^+、Cl^-、H^+，反应后的微粒有H_2O、Na^+、Cl^-。 生2：反应中发生变化的微粒是OH^-、H^+，新生成的微粒是H_2O 同学们完成学案中的几个复分解反应方程式，并找出反应前后发生变化的微粒。 学生完成学案，并找出新生成的微粒	引导学生运用三重表征探析复分解反应的实质，通过多个反应反复训练与总结，寻找规律
	环节3：知识归纳——建立离子网络	复分解反应中，还有哪些离子间可以发生反应？以一道例题为例，构建复分解反应的离子网络。 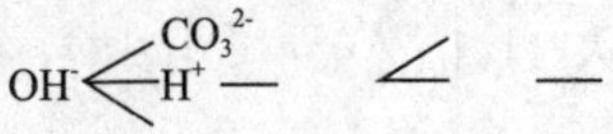 	完成学案，并构建网络	通过形成的网络，我们可以判断化合物间能否共存，进行物质的鉴别、除杂等

续 表

教学环节		教师活动	学生活动	设计意图
基础模块二：物质是变化的	环节4：探究实验，巩固提升	利用离子反应网络做物质鉴别。现有A、B、C、D这4瓶无色试剂，分别是Na_2CO_3，$NaOH$，$BaCl_2$，HCl。请运用以上复分解反应的网络，不另加其他试剂将它们鉴别出来，先请同学们设计方案	首先学生踊跃讨论设计，展示，再讨论哪种方案最简单易行，最后学生共同得出最佳实验方案。确定方案后，动手实验，把鉴别结果贴在对应的试剂瓶上，完成鉴别	拓展应用——物质鉴别。理论联系实际，动手解决问题

板书设计

构成物质的微粒

微粒的结构与性质 — 世界是物质的 — 构成物质的微粒

构成物质的微粒 — 构成物质的微粒

世界是物质的 — 微粒模型及化学符号

水的变化实质 — 物质是变化的 — 构建复分解反应的离子网络

物质是变化的 — 复分解反应的实质

第三节 从三重表征到四重表征的实验教学研究

一、问题的提出

多重表征理论（Multi Representations）是应用于概念教学的理论，具体指通过多种信息将间接经验表达出来，让学习者将新信息与已掌握的信息联系起来，重组认知结构并形成新概念[1]。根据概念认知过程的不同表征方式，邵志芳建立了一种融合多重表征的模型[2]（见图4-3-1），其中科学概念是基于规则的概念表征，逻辑性最强，如化学概念的形成是对某种类别构建规则的过程，所掌握的是化学规律本身。

图4-3-1　概念的多重表征结构图

多重表征理论与化学概念教学的整合一直都是研究的焦点。自1982年约翰斯顿教授首次提出化学"三重表征"模式以来[3]（Triple Representation，如图4-3-2所示），有关学生化学概念的三重表征分析及相关教学实践研究就备受关注[4-7]。在15年手持实验的案例开发与教学研究的基础上（成果有3本专著[8-10]、43篇期刊论文和10篇硕士论文，研究集中在对传统实验的改进[11-15]、常规教学的创新[16-20]和课外研究性学习[21-25]这3方面），华南师范大学钱扬义教授基于手持实验即时收集数据和自动生成曲线的技术背景，于2009年首次提出"曲线表征"的定量分析方法，并构建了化学"四重表征"教学模式[26]（Tetra Representation Teaching Model，简称TRTM，如图4-3-3所示），包括"宏观表征—微观表征—符号表征—曲线表征"。其中"曲线表征"是以手持实验所得曲线为分析模板，学习者要将曲线的起点、终点、拐点等特殊点、曲线变化趋势及不同线段与实验现象、微粒变化和反应方程式建立联系，最终在头脑中以坐标图曲线的形式反映实验中因变量与时间变量的关系。

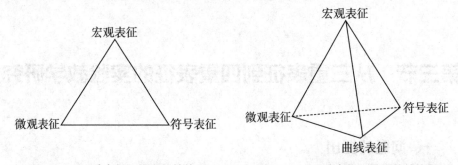

图4-3-2　"三重表征"模型的结构图　　　图4-3-3　"四重表征"模型的结构图

从学习表征的角度来看[27-28]，"四重表征"具有外显和内隐两重含义：

（1）从外显学习表征分析，"四重表征"是指宏观现象、微粒作用、符号系统、曲线图像等知识的外在呈现形式，如探究教学中教师呈现的外部学习信息——宏观现象的文本描述、微粒的动态模拟、匹配的反应方程式和曲线的图像变化。

（2）从内隐学习表征分析，"四重表征"是指学生个体由所经历的这4类知识的外在经验来建构内在的、动态的心智模式，是学生个体用来推理预测实验现象、描述解释实验事实的一种内隐表征模式，如科学探究过程中学生在头脑中输入宏观实验现象等信息、构建微粒作用的模型、书写反应方程式和预测解释曲线图像。因此，"四重表征"模式多用于定量实验研究，提高实验教学有效性，增强科学探究的指向性。

（一）研究问题

"四重表征"模式引导学生从本质上理解化学概念、反应本质和实验原理，最终提高化学素养。这促使我思考以下几个问题：

（1）"四重表征"教学模式中各重表征的定义与内涵是什么？

（2）在理论上有哪些创新点？

（3）"四重表征"如何应用到化学教学中？

（4）对学生的概念学习和图像理解能力有哪些影响？

这些也是本文所要研究并尝试解决的问题。

（二）研究思路及方法

本文收集中国知网2009—2013年有关化学"四重表征"教学模式（以下简称"四重表征"）的文献，采用文本分析法，从理论创新、研究内容和应用案例3个方面展开研究。

表4-3-1　有关化学"四重表征"教学模式的论文统计

文献类型	逐年数量统计				
	2009年	2010年	2011年	2012年	2013年
期刊论文	0	2	1	6	4
硕士论文	1	1	0	0	0
数量总计	1	3	1	6	4

二、研究结果

（一）"四重表征"教学模式的理论创新

"四重表征"的理论创新主要体现在对4种表征形式的定义和内涵的阐释、对科学探究活动的方法指导、对学生"四重表征"认知结构的发展路径的探索3个方面。

1. 拓展"四重表征"的定义，划分学生表征水平

整理文献[29-43]中对各重表征形式的定义，剖析学生各重表征能力水平的划分情况[44]。从表4-3-2可知，探究式教学中定量实验研究案例的选择是关键点，教师设计的教学环节要能够促成学生多维度、多层次表征能力的发展。

表4-3-2　各重表征的定义和学生表征能力水平的划分

表征形式	定义与内涵	学生表征能力水平
宏观表征	对可直接感知到的物质及其性质、物质发生变化的现象、物质的存在与用途等宏观层面信息的表征	水平1：了解参与反应的物质及其性质； 水平2：预测可能出现的实验现象； 水平3：描述实验过程与实验现象； 水平4：解释现象变化与探究结果
微观表征	对构成物质的微观粒子组成与结构、运动及相互作用、反应机理等微观层面的信息来表征	水平1：知道微粒的组成和相互作用； 水平2：理解微粒表征所诠释的实验事实； 水平3：运用微粒作用理论解释实验现象； 水平4：建构微粒作用模型解决实验问题
符号表征	对表示化学物质组成、结构、性质、状态等符号层面信息的表征	水平1：了解化学符号及其相应表达式的含义； 水平2：建立化学符号之间的相互联系； 水平3：用化学符号多角度表征实验事实； 水平4：用化学符号的组合表达思维过程
曲线表征	对平面内表示变量（实验中变化的物理量）与时间关系的所有点的集合所构成的曲线的表征	水平1：从定量角度认识化学反应中的物理量； 水平2：推理相关物理量间的定量关系； 水平3：预测解释曲线的变化趋势； 水平4：根据曲线上数据进行定量计算

2. 分析实验心理过程，指导学生探究活动

化学是一门以实验为基础的自然科学。科学探究是新课程倡导的学习方式。在定性和定量实验探究过程中，都涉及记录实验现象等宏观表征、描述粒子的种类与质量浓度变化等微观表征、书写反应方程式等符号表征；连续定量测定实验还有与反应过程相匹配的曲线图像等曲线表征。由此可见，科学探究过程与"四重表征"的紧密联系。钱扬义教授认为，在"四重表征"模式的指导下，中学生进行手持实验的心理过程分为4个阶段："问题表征"—"联想与匹配"—"设计实验方案"—"实施实验方案"[45]，即"四重表征"模式指导学生首先判断要采集何种数据、用何种传感器进行测量，再进行合理猜想与预测，设计方案后实施探究活动；根据数据和曲线的动态变化过程，学生再对实验进行监察、控制与调节。

3. 剖析认知结构发展，提供学生学习路径

化学学科知识和技能的学习是分阶段和有明确的路径的。学习进阶（learning progressions）的提出要求教师应关注学生学习的方向、路径和每个阶段的水平要求[46]。教师实施"四重表征"教学时要求学生先预测曲线，呈现学生原有的认知结构和思维状态；教师可按"宏观表征—符号表征—微观表征—符号表征—曲线表征"的顺序设计认知发展路径（见图4-3-4），引导学生进行"四重表征"间的转换（见表4-3-3）。

表4–3–3　学生认知路径的发展与教师教学活动的建议

阶段	学生认知的发展路径	教师教学的活动建议
S1	"宏观表征—符号表征"	以问题情境导入，学生预测与猜想，把描述宏观现象与书写化学符号联系起来
S2	"符号表征—微观表征"	融入分子可视化技术展示微粒图，运用软件模拟微粒运动、相互作用机理，引导学生从微观层面解释宏观实验现象
S3	"微观表征—符号表征"	开展基于小组合作的问题讨论，引导学生将微观粒子反应与化学符号建立起联系
S4	"符号表征—曲线表征"	引入数字化手持技术实验，激发学生进行实验探究的兴趣，使学生在头脑中形成"曲线表征"的图像，学会分析曲线

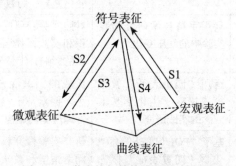

图4-3-4　学生认知结构发展的4个阶段

（二）"四重表征"教学模式的研究内容

1. 文献的研究领域分析

根据研究领域将文献归纳为两大类，一类关于理论研究，另一类关于实践研究。理论研究文献可细分为理论探讨、认知结构探析和试题研究3个维度，实践探究文献可细分为实验探究、教学方法探讨和教学评价探析3个维度（见表4-3-4）。

表4-3-4 文献研究领域的分类

分类		研究者	论文题目	研究内容分析
理论研究	理论探讨	刘建祥	"四重表征"化学教学模式与"手持技术"相结合的案例研究	梳理4种表征形式的定义,探讨其结构,论证曲线表征在新课学习和高三复习课教学中的价值
	认知结构探析	彭豪	运用不同传感器促进学生化学概念建构的实验研究	研究学生运用不同传感器进行概念学习过程中的认知结构,探析学生的相异构想及成因,以手持实验作为认知脚手架促进学生建构化学概念
	试题研究	杨洁	"四重表征"在"化学反应速率"教学中的价值	将"化学反应速率"高考题特点与"四重表征"模式结合,分析探究实验各个步骤所涉及的表征形式
实践研究	实验探究	刘婷	应用数字化手持技术实验探究"质量浓度对化学反应速率影响"的教学实践	对照实验:实时采集实验数据并呈现相匹配的曲线,揭示质量浓度对速率的影响,为定量探究实验提供案例
		李玉莹	利用手持技术探究氢氧化铝制备实验导电率变化	对照实验:分析强碱、弱碱分别滴定铝盐溶液制备氢氧化铝过程中导电率变化差异,为教学提供实验素材
		张娇蛟	利用手持技术研究喷泉实验中的气压变化	对照实验:研究氨气冲入量、烧瓶容积和实验操作顺序对氨的喷泉实验气压的影响,定量分析喷泉实验的原理
	教学方法探讨	曾国琼	运用"四重表征"教学模式培养学生化学基本观念的实践研究	比较酸、碱混合溶液中离子浓度大小,探索基于"四重表征"的高三复习课应如何建构学生的化学基本观念
		彭豪	基于"POE"策略的高中化学"四重表征"概念教学研究	研究实验探究教学中,教师如何设计问题情境和教学流程驱动学生的"四重表征"间的转换
		鲁新玲	运用"手持技术"与"互动课堂反馈系统"的高三化学复习课教学实践与思考	分析高三学生在酸碱滴定实验中的迷思概念,创设中和滴定实验情境,运用"四重表征"促进学生的概念转换
		彭豪	基于信息技术的"四重表征"图形化教学设计	研究"酸碱盐在水溶液中的电离"教学过程中,教师如何基于"四重表征"模式促进学生建构"电离"概念
	教学评价探析	高妙添	运用手持技术在高三理科班实施"四重表征"化学教学模式实践研究	研究"酸碱滴定实验"的教学过程,调查学生对"四重表征"教学模式的态度与评价、学习效果

续　表

分类		研究者	论文题目	研究内容分析
实践研究	教学评价探析	高妙添	基于"四重表征"与"手持技术"教学模式的实践研究	研究物质性质教学中如何应用"四重表征"模式评价学生学习效果、"四重表征"思维状况和教学实施效果
		刘彩燕	高中化学概念的"四重表征"教学模式的设计与应用研究	研究"四重表征"模式在高中化学概念教学中的应用情况和设计"四重表征"模式的教学效果评价量表
		刘国英	三层次"四重表征"教学模式下的高中化学学科关键词的教学研究	研究曲线表征在概念教学中的应用情况，设计测验问卷研究"四重表征"的教学效果和对学生概念转化的影响
		韦新平	基于SOLO分类理论的化学"四重表征"教学研究	利用手持实验探究pH大小对平衡移动的影响，结合SOLO分类评价理论，进行"四重表征"教学研究

2. 文献的研究特点分析

理论研究的文献主要论述"四重表征"的定义、剖析学生的认知结构、分析"四重表征"对探究式教学和科学探究的指导意义。

实践研究的文献特点如下：

（1）实验案例探索的文献：分析教材实验的优缺点并进行改进，探讨如何设计手持实验方案，实现实验的定量分析方法——曲线表征；结合"四重表征"多角度进行分析，协助学生理解曲线形成的原理、过程和微粒变化。

（2）教学方法探讨的文献：教学策略制订和教学组织形式是重点，如鲁新玲研究应用哪些教学策略促进学生建构"强酸"、"弱酸"、"电离"等核心概念；曾国琼则关注如何设计"四重表征"教学模式来培养学生的化学基本观念；彭豪尝试结合手持实验和PDEODE（预测—讨论—观察—讨论—解释）策略进行教学，引导学生通过"四重表征"间转换并建构中和反应的概念。

（3）教学评价探析的文献：主要探析评价量表和测试问卷的设计，并调查学生对教学内容、教学手段、教学效果等方面的评价，分析"四重表征"的评价方式，研究"四重表征"对学生的曲线理解能力的影响，进而了解教学的有效性和学生的"四重表征"思维状态。

三、结论与展望

（一）研究结论

本文从"四重表征"的理论创新、文献研究内容和应用案例3个方面分析讨论"四重表征"教学模式。本文采用文献研究方法，发现"四重表征"相关文献具有3个特点：

（1）从理论创新的角度分析，主要体现在对"四重表征"形式的定义的解释、对科学探究活动的指导分析、对学生认知结构发展路径的探讨分析。

（2）从研究领域来看，有理论建构研究和教学实践研究，总体上实践研究要多于理论探讨，教学方法探讨和教学评价探析是重心。

（3）从应用案例分析看，主要有pH、电导率和透光率曲线的研究，实验案例集中在酸碱滴定实验上，课例主要集中在高二和高三。

（二）研究展望

最后，针对"四重表征"教学实践的研究现状，我提出3点建议以期深化后续研究。

1. 提高教师"四重表征"的意识和转换水平

教师的教学观念会影响其教学方式，进而影响学生对概念和知识的表征习惯和表征水平；教师能否提高自身的"四重表征"转换水平，是决定教师能否基于"四重表征"模型理论开展有效教学的前提。教师在备课和授课这两个阶段要贯穿"四重表征"思维，在备课时要创造性地使用教材，挖掘教材中概念和知识点的"四重表征"价值；在课堂教学中要创设促进学生"四重表征"转换的问题情境，引导学生从"四重表征"水平思考问题，尤其是提高学生对曲线图像的理解能力。

2. 研究学生头脑中迷思概念的成因

由于心理变化是隐性的东西，不易被察觉到，教师应该运用"四重表征"设计教学环节，充分运用访谈法，从心理层面和认知结构的角度，获取学生头脑中迷思概念形成的原因，也可以采用"出声思维法"让学生在探究实验过程中对自己的思维活动进行叙述，或在实验后学生对教师的追述提问做出回答，让研究者充分了解学生主动思考的内在历程，进而有效帮助学生完成科学概念的重构过程。

3. 开发基于"四重表征"的教学实验案例

现有研究中，应用"四重表征"进行实验教学案例所用的传感器较为集中。而现有的传感器种类很多，应充分利用传感器的多样性积极开发探究式教学案例，如运用气压传感器、阴离子和阳离子传感器等来丰富曲线表征的呈现形式。要让学生成为探究实验案例的开发者，为学生提供独立自主的科学探究机会，培养学生的定量思维和数据处理分析能力，增强学生的化学基本观念，进而提高学生的科学素养和科学品质。

综上所述，要运用化学"四重表征"教学模式促进学生自主建构化学核心概念、化学基本观念，应提高和培养中学师生的"四重表征"意识和"四重表征"思维，可通过开设校本课程来开发更多更好的"四重表征"模式与"手持技术"实验相结合的案例，鼓励学生独立思考、探索实验案例，在认知矛盾中重构化学概念，完成科学概念的有效转化，进而提高科学素养。

📖 **参考文献**

［1］钱扬义.高中师生化学学科关键词概念结构的研究［D］.广州：华南师范大学，2008.

［2］邵志芳.概念的多重表征形式及其双极结构模型［J］.华东师范大学学报（教育科学版），2006（04）：46-49，56.

［3］王海燕.化学用语学习中的"宏观—微观—符号"三重表征研究［D］.上海：华东师范大学，2009：3-8.

［4］谢兆贵.化学概念的多重表征及教学建构——基于"氧化还原反应"概念的调查研究［J］.化学教育，2011，32（11）：25-27.

［5］张丙香，毕华林.化学三重表征的界定及其关系分析［J］.化学教育，2013，34（03）：8-11.

［6］张怡纳，王祖浩.基于MAS问题编码的化学知识多重表征研究［J］.化学教学，2008（03）：11-14.

［7］张丙香，毕华林.中学生化学反应三重表征的困难及原因分析［J］.教育科学研究，2013（06）：67-71.

［8］钱扬义.手持技术在理科实验中的应用研究［M］.北京：高等教育出版社，2003.

［9］钱扬义.手持技术在研究性学习中的应用及其心理学基础［M］.北京：科学出版社，2006.

［10］钱扬义.手持技术在化学学习中的应用与建模研究［M］.北京：科学出版社，2009.

［11］钱扬义，陈健斌，吴宗志，等.利用掌上实验室（Lab in Hand）进行溶解氧的探究［J］.化学教育，2003（11）：41-43.

［12］邓峰，钱扬义，林耿勉.手持技术在酸碱滴定中的应用研究［J］.教学仪器与实验，2007（01）：12-14.

［13］陈徽，钱扬义，王玉兰等.一个培养学生信息处理能力的案例——将手持技术融入二氧化碳灭火实验的探究［J］.化学教育，2008（02）：56-57，59.

［14］邓峰，钱扬义，钟映雪，等.基于手持技术环境的化学课堂教学例析——冰醋酸电离过程实质的探究［J］.化学教育，2009，30（01）：35-37，65.

［15］邓峰.基于手持技术的高中化学教学模式（HBCIM）的构建及其研究

［D］.广州：华南师范大学，2007：63-75.

［16］方舟.手持技术化学实验案例的开发及其教学研究［D］.广州：华南师范大学，2011.

［17］眭苏奇，钱扬义，刘彩燕.探究乙酸乙酯水解实质［J］.实验教学与仪器，2008，25（02）：35.

［18］邓峰，钱扬义，钟映雪，等.基于手持技术环境的化学研究性学习例析——影响氯化铁水解条件的探究［J］.化学教育，2009，30（11）：24-27.

［19］Deng F，Chen W，Sing C，等.The Asia-Pacific Education Researcher［J］.亚太教育研究，2011（2）：207-221.

［20］钱扬义，陈健斌，吴宗志，等.在掌上实验室探究酒精灯火焰温度——得出不同的结论［J］.化学教育，2003（01）：39-41，21.

［21］钱扬义，杜永锋.掌上实验技术（The lab in Hand technology）与中学理科探究［J］.化学教育，2004（08）：12-16.

［22］钟映雪，钱扬义.广州公交车厢内二氧化碳含量的研究——利用手持技术进行"社会问题"的研究性学习［J］.化学教育，2006（01）：37-39.

［23］钱扬义，彭豪."数字化微型气象站"在科学教育中的应用与思考［J］.中国电化教育，2009（07）：88-91.

［24］彭豪，钱扬义.信息技术支持下的科学研究性学习：模式、实施与成效——以"数字化微型气象站"在研究性学习中的应用为例［J］.远程教育杂志，2011，29（02）：95-100.

［25］钱扬义.化学概念与化学"学科关键词"的学习与认知［M］.北京：科学出版社，2009：168-172.

［26］樊琪.科学探究技能的内隐与外显学习的比较研究［J］.心理科学，2005（06）：97-100，96.

［27］龚雨玲.内隐学习的研究方法综述［J］.湖南社会科学，2012（05）：68-70.

［28］刘彩燕.高中化学概念的四重表征教学模式的设计与应用研究［D］.广州：华南师范大学，2009：10-18.

［29］刘国英.三层次四重表征教学模式下的高中化学学科关键词的教学研究.广州：华南师范大学，2010：97-102.

［30］鲁新玲.运用"手持技术"与"互动课堂反馈系统"的高三化学复习课教学实践与思考——基于TRTM四重表征教学模式的"离子浓度大小比较专题"教学设计［J］.中学化学教学参考，2010（04）：18-21.

［31］刘婷，林鸿锦，钱扬义等.应用数字化手持技术实验探究"浓度对化学反应速率影响"的教学实践［J］.中学化学教学参考，2012（08）：10-13.

［32］曾国琼.基于"观念建构"的中学化学教与学研究策略——以"铜及其化合物"复习为例［J］.中学化学教学参考，2012，（10）：8-11.

［33］彭豪.基于信息技术的"四重表征"图形化教学设计——以《酸与碱之间会发生什么反应》为例［J］.中小学信息技术教育，2010（09）：58-60.

［34］彭豪.基于POE策略的高中化学"四重表征"概念教学研究［J］.化学教学，2011（10）：24-27.

［35］杨洁."四重表征"在"化学反应速率"教学中的价值——由2007-2012年高考题得到的启示［J］.化学教学，2012，（11）：58-62.

［36］韦新平.基于SOLO分类理论的化学"四重表征"教学研究——以"浓度对化学平衡的影响"为例［J］.化学教学，2013（10）：31-33，49.

［37］高妙添.运用手持技术在高三理科班实施"四重表征"化学教学模式实践研究［J］.化学教育，2012，33（01）：20-22.

［38］李玉莹，钱扬义.利用手持技术探究氢氧化铝制备实验电导率变化［J］.化学教育，2012，33（09）：103-108.

［39］张娇蛟，钱扬义，谢敏.利用手持技术研究喷泉实验中的气压变化［J］.化学教育，2012，33（09）：109-112，122.

［40］高妙添.基于"四重表征"与"手持技术"教学模式的实践研究——以"盐酸滴定碳酸氢钠和碳酸钠的pH变化"为例［J］.化学教育，2013，34（06）：38-41.

［41］刘建祥."四重表征"化学教学模式与"手持技术"整合的案例研究——以"浓度对硫代硫酸钠与硫酸反应速率的影响"为例［J］.化学教育，2013，34（07）：31-35.

［42］彭豪.运用不同传感器促进学生化学概念建构的实验研究——以"中和反应"为例［J］.教育科学研究，2013（06）：57-61.

［43］杨玉琴.化学学科能力及其测评研究［D］.上海：华东师范大学，2012：78-133.

［44］林建芬.基于PDEODE策略和四重表征模式探讨"金属电化学腐蚀"概念的进阶教学［J］.中学化学教学参考，2016（05）：11-14.

［45］建芬，盛晓婧，钱扬义.化学"四重表征"教学模式的理论建构与实践研究——从15年数字化手持技术实验研究的回顾谈起［J］.化学教

育，2015，36（07）：1-6.

[46] 刘晟，刘恩山.学习进阶：关注学生认知发展和生活经验 [J].教育学报，2012，8（02）：81-87.

蜡烛的燃烧与灭火

——运用数字化手持技术研究蜡烛非常规熄灭的原因

深圳实验学校　黄毓展

深圳市宝安区宝中集团实验学校　林建芬

一、课例选题

蜡烛燃烧实验是国内外中小学科学课程中重要的研究性学习课题之一，对其燃烧条件及其熄灭条件的研究也是中学化学中常见的探究活动[1]，涉及观察蜡烛的燃烧现象、判断蜡烛燃烧条件以及燃烧产物的检验、分析蜡烛熄灭的方法等基本的科学研究过程与方法。

近年来关于蜡烛非常规熄灭原因的研究文献较少，相关的研究也仅仅停留在猜想阶段，并没有对其假设进行进一步实验验证和分析研究。在开展课外探究活动时，学生对实验现象的观察与描述，通过质疑从而生成问题是科学素养的重要维度之一，而此后如何设计实验方案、收集事实证据，对问题假设进行验证分析是更关键的一步。其中数据或曲线分析是培养学生从定性思维转变至定量思维的一个重要途径。本研究在结合文献综述的基础上，利用数字化手持技术，通过二氧化碳浓度传感器和温度传感器，对封闭容器内不同高度的蜡烛熄灭过程的高、中、低三部分的二氧化碳质量浓度和温度曲线变化进行定量测量，并对其曲线进行定量分析，从而对常规熄灭和非常规熄灭的原因假设进行验证，并提出相关结论和研究启示。手持技术（Hand-held Technology）是由数据采集器（data-logger）、传感器（probe）和配套软件（probe software）组成的定量采集数据（包括物理、化学和生物数据等）且能与计算机连接的实验技术系统。手持技术具有便携、实时、准确、综合、直观和定量等优点，常用于改进传统实验和实施创新实验，将定性实验改进为定量实验，测量得到准确可靠的数据，即时生成变化曲线。本实验在传统实验的基础上，利用数字化手持技术，运用到二氧化碳浓度传感器以及温度传感器上进行实验探究（见表4-3-5）。

表4–3–5　实验用传感器

传感器	采集速率	样本数量	图片
二氧化碳浓度传感器	1个/秒	不定 （人工停止采集）	
温度传感器	1个/秒	不定 （人工停止采集）	

二、实验设计

（一）实验目的

本实验基于数字化手持技术，设计自制的实验装置，对蜡烛非常规熄灭过程的二氧化碳浓度和温度进行测量并得到变化曲线；同时从曲线表征的角度对蜡烛非常规熄灭的原因假设进行验证。

（二）实验仪器及用品

数据采集器、二氧化碳传感器、温度传感器、显示器、自制实验装置、蜡烛。

（三）实验装置

连接自制的实验容器、传感器以及数据采集器，放置蜡烛，拍摄三视图（见图4-3-5）。

a 主视图　　　　　　b 左视图　　　　　　c 俯视图

图4-3-5　实验装置图

（四）实验步骤

1. 设计组装实验装置

结合实验目的和传感器大小，设计实验装置，包括实验容器和传感器位置板（见表4-3-6）。

表4-3-6　实验装置设计尺寸

装置	设计图	尺寸（cm）	说明
实验容器	 蜡烛燃烧室　传感器室	40×25×25（长宽高）	1. 注意密闭性； 2. 其中左立方体空间（25×25×25）作为蜡烛燃烧室，右空间（15×25×25）作为传感器放置室
传感器位置板		23×1×25（长宽高）	1. 大孔（Ⅰ，Ⅱ，Ⅲ）放置二氧化碳浓度传感器：孔径2.5 cm，离左侧板7.5 cm，3个孔竖直向上平均分布，Ⅰ孔离上板3 cm，Ⅲ孔离下板3 cm； 2. 小孔（ⅰ，ⅱ，ⅲ）放置温度传感器：孔径0.25 cm，离右侧板7.5 cm，3个孔竖直向上平均分布，ⅰ孔离上板3 cm，ⅲ孔离下板3 cm
蜡烛位置设计	 （俯视图）	25×25	采用五点取样法，除中心点，在顺时针方向分别取4个点，标号为①②③④

2. 蜡烛高度设计

蜡烛燃烧室高度为25 cm，根据蜡烛未燃烧的净高度设计为两组（见表4-3-7）。

表4-3-7　蜡烛高度设计（未燃烧）

编号	①	②	③	④	比例（最高蜡烛：容器高度）
A组	22 cm	17 cm	12 cm	7 cm	0.88：1（点燃后约1：1）
B组	10 cm	7.5 cm	5 cm	2.5 cm	0.4：1（点燃后约1：2）

3. 数据采集器设置

（1）将二氧化碳浓度传感器连接到数据采集器端口1上，并将二氧化碳传感器置于Ⅰ孔处，3根温度传感器分别连接在数据采集器端口2、3、4上，以此将温度传感器置于ⅰ、ⅱ、ⅲ孔。

（2）开启数据采集器。

（3）取采集速率为1次/s，数据采集时间为"continue"，即连续采集数据直至人工停止。

（4）将二氧化碳采集器换置Ⅱ、Ⅲ处，温度传感器不变，进行三次平行实验。

4. 实验步骤

（1）将蜡烛高度设置为22 cm、17 cm、12 cm、7cm，设为A组，设置好数据采集器点燃蜡烛。

（2）点击开始采集数据。

（3）盖上玻璃片，记录蜡烛熄灭的时间点，待蜡烛完全熄灭、曲线趋于稳定时，停止数据采集。

（4）重复进行3次实验。

（5）将蜡烛高度设置为10 cm、7.5 cm、5 cm、2.5 cm，再次重复（1）～（4）的步骤，收集数据，设为B组。

（6）撤去装置，整理实验数据，分析曲线。

三、教学设计

（一）教学设计理念

本实验探究式教学在传统实验的基础上，利用数字化手持技术，运用二氧化碳浓度传感器以及温度传感器进行实验探究，对高低蜡烛熄灭顺序、原理进行科学探究，从而对教材实验进行拓展和补充。开展课外探究活动更能培养学生的科学思维，提高学生数据收集和分析的能力。学生经历从提出假设、设计实验、进行实验、分析讨论到得出结论的过程，深入理解和掌握燃烧与灭火原理。

（二）教学内容分析

本实验教学基于数字化手持技术，设计自制的实验装置，对蜡烛非常规熄灭过程的二氧化碳浓度和温度进行测量并得到变化曲线；同时从曲线表征的角度对蜡烛非常规熄灭的原因假设进行验证。

（三）学情分析

学生对高低蜡烛通过数字化手持实验研究、"四重表征"分析活动，激发对探究实验的兴趣，学会表述实验现象，培养描述实验现象的能力。

（四）教学目标

（1）教师提出课题，而后进行师生讨论、确定方案。

（2）学生有过对蜡烛及其燃烧、灭火的探究，激发学习化学的兴趣。

（3）通过数字化手持实验探究活动，使学生体会发现的乐趣和成功的喜悦。

（4）通过学生分组实验使学生认识到实验是学习化学的重要途径，并培养同学之间的合作能力。

（五）教学重难点

教学重点：数字化手持实验的设计与"四重表征"分析活动。

教学难点：蜡烛非常规熄灭的原理。

（六）教学方法

讨论、交流、归纳、练习。

（七）课时安排

1课时。

（八）教学过程

环节一：复习旧知，导入新课

教师演示教材实验——高低蜡烛熄灭实验。

学生观察实验现象，分析实验原理。

教师设置新问题——如果实验是在密闭体系进行，蜡烛燃烧与熄灭情况如何呢？

学生思考，提出猜想。

蜡烛燃烧的实验如图4-3-6所示。

图4-3-6　蜡烛燃烧实验图

环节二：介绍手持技术

教师介绍数字化手持技术的原理，二氧化碳浓度传感器和温度传感器的原理。

学生设计实验方案。

环节三：开展手持实验

学生分组开展手持实验。

教师巡视和指导。

环节四：学生小组对蜡烛熄灭时间进行分析

学生对A、B两组进行实验，记录蜡烛熄灭时间，其结果见表4-3-8和表4-3-9：

（1）由表4-3-8可知，对于A组，当最高燃烧的蜡烛与容器高度比约为1∶1时，蜡烛的熄灭情况是非常规熄灭，即出现了高处蜡烛先灭，从高处往低处逐一熄灭的现象。

表4-3-8　A组蜡烛熄灭时间

编号	22 cm（s）	17 cm（s）	12 cm（s）	7 cm（s）
A$_1$	30	39	60	62
A$_2$	39	47	64	68
A$_3$	58	62	66	80
$\overline{\text{A}}$	42.3	49.3	63.3	70

表4-3-9　B组蜡烛熄灭时间

编号	10 cm（s）	7.5 cm（s）	5 cm（s）	2.5 cm（s）
B$_1$	55	82	83	77
B$_2$	53	105	94	95
B$_3$	65	93	99	90
$\overline{\text{B}}$	57.7	93.3	92	87.3

（2）由表4-3-9可知，对于B组，当最高燃烧的蜡烛与容器高度比约为1∶2时，蜡烛的熄灭顺序就发生了改变，除了最高的蜡烛（10 cm）是最先熄灭的，剩余的3根蜡烛（7.5 cm、5 cm、2.5 cm）则出现了常规熄灭的情况，即从低处蜡烛往高处逐渐熄灭。

环节五：学生小组对手持技术测量曲线进行分析

（1）二氧化碳浓度曲线分析。文献报道中，导致的非常规熄灭的直接原因是二氧化碳的分布，然而并未有文献对其假设进行定量验证。本实验将手持技术与传感器技术结合，测量A组和B组蜡烛熄灭时间。随着蜡烛熄灭过程密闭燃烧室内部高、中、低三处二氧化碳质量浓度的变化情况，其结果如图4-3-7和图4-3-8所示。

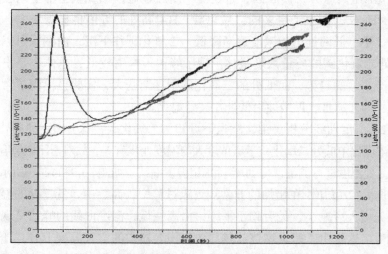

图4-3-7　B组二氧化碳浓度曲线图（蓝——高处、粉——中处、红——低处）

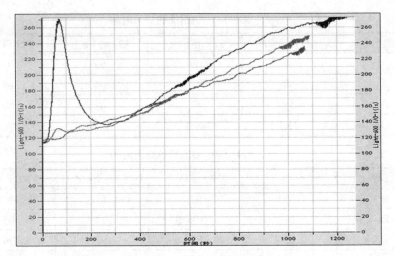

图4-3-8　B组二氧化碳浓度曲线图（蓝——高处、粉——中处、红——低处）

由图4-3-7可知，在A组实验中，高、中、低三处的二氧化碳的质量浓度先增大、后减小，再增大，最后趋于平缓的变化。其中高处的二氧化碳浓度最先上升达到峰值，且质量浓度最大；然后二氧化碳往下扩散，逐步出现了中、低处的峰值，峰值也依次降低。蜡烛由高处往低处逐渐熄灭后不再产生二氧化碳，故中、低处的峰值会降低。蜡烛完全熄灭后，随着时间增长，燃烧过程产生了大量二氧化碳在整个容器中平均分布，因此出现了上升的趋势，最后趋于平缓。

由图4-3-8可知，在B组实验中，高处的二氧化碳变化趋势与A组相似，但其峰值比A组大。分析其原因，这是由于蜡烛较短，燃烧室上部空间较大导致燃烧时间延长，产生了更多的二氧化碳，B组高处的峰值也显著增大。随着时间增长，中、低两处由于温度逐渐降低，二氧化碳往下沉，由图像可以看到，B组中处二氧化碳的质量浓度虽然出现了峰值但峰值较低，总体也是出现了缓慢增大至平缓的趋势，而低处的二氧化碳则逐渐变大，实验也出现了常规的熄灭现象，即Ⅱ、Ⅲ、Ⅳ蜡烛由低处往高处熄灭。

（2）温度曲线分析。由文献报道可知，二氧化碳特殊分布，即高处二氧化碳质量浓度比中低处二氧化质量碳浓度大与温度变化有关，故对密闭燃烧容器高、中、低三处温度进行测量，得到A组和B组温度曲线，如图4-3-9和4-3-10所示。

由图4-3-9可知，在蜡烛的非常规熄灭过程中，高、中、低三处的温度变趋势均是先增大后减小，最后趋于平缓；由高往低，温度曲线的峰值呈现逐渐降低的趋势。这是由于蜡烛燃烧放热导致密闭容器内的空气温度上升，随着高温气流上升，测得高处的气体温度升高；而随着时间增长，高处气体向下扩散，气体降温，因此可观察到中处和低处温度的峰值逐渐降低；在低处，由于高温的气体基本在容器上方，因此低处所测得的温度曲线变化趋势并不明显。最终蜡烛熄灭后，容器内的气体趋于均匀分布，因此三处的温度趋于平缓且温度接近。

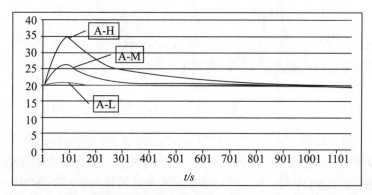

图4-3-9　A组三处温度曲线（蓝——高处、红——中处、绿——低处）

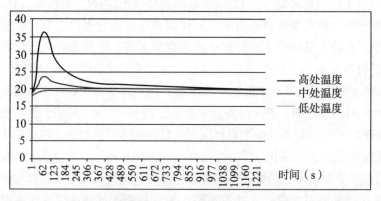

图4-3-10　B组三处温度曲线（蓝——高处、红——中处、绿——低处）

由图4-3-10可知，在高处的温度峰值，B组与A组接近，大约在36℃~37℃，而由于B组蜡烛燃烧时间更长，因此到达中、低处的时候，气体温度已经下降，因此这两处的温度峰值相比A组同处要稍低。

环节六：学生进行四重表征分析

由于二氧化碳质量浓度的变化与温度相关，因此学生将两条曲线结合分析，将高、中、低三处各自的温度曲线和二氧化碳曲线结合，A组和B组结果分别如图4-3-11和图4-3-12所示。

A组最高的蜡烛高22 cm，燃烧时约为24 cm，与燃烧室容器高度等高，由图4-3-11可以看出：

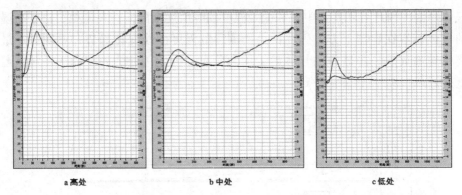

a 高处　　　　　　　　b 中处　　　　　　　　c 低处

图4-3-11　A组高、中、低处温度（蓝），二氧化碳浓度（红）随时间变化图

（1）A组三处的二氧化碳质量浓度和温度变化：均随着温度的上升而上升，两者同一时间达到峰值；蜡烛全部熄灭后，温度下降，二氧化碳质量浓度也下降，最后三处的温度趋于平稳，而二氧化碳质量浓度则还有一个上升的趋势，再趋于平稳；说明在蜡烛燃烧时，容器内温度是随着二氧化碳的分布变化而变化的；

（2）A组蜡烛熄灭规律：42.3 s时最高的蜡烛I先熄灭，剩余Ⅱ，Ⅲ，Ⅳ3根蜡烛继续燃烧，因此继续有高温的二氧化碳产生，高处测得二氧化碳质量浓度继续上升；而后二氧化碳由顶部聚集扩散到中下部，这两处的二氧化碳质量浓度和温度也逐渐升高，但斜率明显减小，Ⅱ，Ⅲ，Ⅳ3根蜡烛分别在49.3 s，63.3 s、70 s熄灭，呈现非常规熄灭的现象；蜡烛完全熄灭后，不再有高温二氧化碳产生，因此高处的二氧化碳质量浓度也在75 s时达到了峰值，然后随着温度降低逐渐下降；中、低两处的变化也同理。最后随着时间增长，温度趋于稳定，出现了平缓的趋势；二氧化碳分布趋于均匀，因此出现了二氧化碳的质量浓度继续上升后趋于平缓；由于蜡烛燃烧消耗了容器中的氧气，产生了二氧化碳，因此最后二氧化碳的质量浓度会比峰值更高。非常规熄灭的原因假设，可以由此两条曲线分析得以验证。

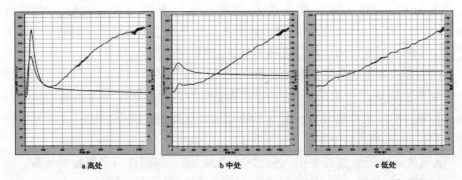

a 高处　　　　　　　　b 中处　　　　　　　　c 低处

图4-3-12　B组高、中、低处温度（蓝），二氧化碳浓度（红）随时间变化图

　　B组最高的蜡烛高11 cm，燃烧时约高13 cm，是燃烧室容器高度的一半，只有当二氧化碳积聚至中处时，蜡烛才开始熄灭，因此燃烧时间要比A组长，由图4-3-12可得知：

　　（1）B组三处的二氧化碳的质量浓度和温度变化：高处测得的二氧化碳浓度与温度曲线的变化趋势与A组变化趋势大致相同，说明在蜡烛燃烧时，产生的高温二氧化碳均会先向高处聚集，然后再逐渐积聚向中低处。

　　（2）B组蜡烛熄灭规律：在60 s附近，中处二氧化碳浓度曲线接近峰值时，我们可以观察到B组中最高的蜡烛I熄灭，此时中处的温度曲线也接近峰值，说明此时高处的二氧化碳逐渐向下积聚扩散；随后二氧化碳继续向下扩散，但并不出现预想中从高往低的非常规熄灭的方式，Ⅱ、Ⅲ、Ⅳ三根蜡烛的熄灭顺序在平行实验中出现了波动，熄灭时间间隔较小，平均下来熄灭顺序是由Ⅳ、Ⅲ、Ⅱ逐渐熄灭，即是由低处往高处熄灭的常规熄灭。分析B组低处二氧化碳质量浓度和温度的变化趋势曲线，可以发现，在整个燃烧过程中，低处二氧化碳曲线出现了一个逐渐增大至平缓的趋势，但温度曲线一直维持一个相对平稳的状态，证明低处的二氧化碳均是由于冷却而聚集，因此温度波动不大。这是由于燃烧时间增长后，二氧化碳在扩散过程中温度降低至燃烧室温度，因此这部分低温高密度二氧化碳逐渐增多，从而向上积聚，因此低处的蜡烛就出现了由低处往高处熄灭的情况。

　　环节七：学习总结，形成蜡烛灭火的原理与方法
　　学生对高低蜡烛非常规熄灭的原理与方法进行总结。

📖 **参考文献**

　　［1］崔伟.蜡烛熄灭顺序及原因探索［J］.物理实验，2017，37（05）：58–61.

第 五 章

信息技术与化学教学
融合的实践探索

第一节 信息技术在课堂教学中的应用研究

一、研究背景

（一）信息技术与教育教学深度融合的发展趋势

2012年3月3日，教育部发布了"关于印发《教育信息化十年发展规划（2011—2020年）》（以下简称《规划》）的通知"。《规划》明确指出"探索现代信息技术与教育的全面深度融合，以信息化引领教育理念和教育模式的创新"[1]，大力倡导信息技术与教育教学融合的全新观念，希望切实提高信息技术在教育领域的应用效果。教育正面临着巨大的改革，教育的信息化、现代化成为当前教育发展的主要方向。

信息技术与教育教学融合不同于"计算机辅助教学"和"信息技术与课程整合"，它是"全面深度融合"，它"要求信息技术深度渗入教学过程的各个环节，要求实现学校教育系统的结构性变革，特别是课堂教学结构的根本性变革"[2]，将"以教师为中心"的传统教学模式向"以学生为中心"的资源极大丰富的个性化、数字化学习模式转变。

（二）初中化学教学现状分析

化学作为一门与生活息息相关的自然科学，有着特有的教育价值。它以实验为基础，研究物质的组成、结构、性质及其变化规律，进而合成新物质，实现对客观世界的改造；它能够帮助学生开拓视野、发展智力、训练思维、培养科学素养，发挥着其他学科无可替代的作用。同时，化学带有其自身的学科特点，如抽象、琐碎、实验难以操作，危险、污染较大的实验只能口头叙述，微观知识难以展示，从而影响了学生对知识的理解与掌握。很显然，用传统的教学方式不能充分满足其需求。随着近几年现代信息技术的高速发展，基础设施的完善，现代信息技术在化学教学中的应用逐渐增多，也取得了较好的教学效果，解决了部分传统化学教学问题，如用视频和动画模拟展示危险实验、用同屏技术实时展示课堂动态等，但全国各地的化学教育者对现代信息技术的掌握程度还参差不齐。大部分教师只是利用信息技术对教学进行简单的补充。他们没有充分利用网络、虚拟现实技术等现代信息技术形成特有的教学理论、教学策略；没有将现代信息技术充分融入教学中的各个环节，达到优化教学过程的目的；现代信息技术与化学教学融合的经典案例还较为缺乏。总之，以信息技术带动的教学方式、教学设计、教学环境、教学过程的改变还不够。因此，现代信息技术与化学教学融合与实践研究迫在眉睫。

二、信息技术与化学课堂教学的融合策略研究

（一）理念融合

我们生活在信息技术高速发展的21世纪，社会进步的基础是人类观念的更新，同样现代信息技术与化学教学融合必须注重理念的融合。理念融合是现代信息技术与教学融合的前提和保障，是广泛应用的基础。只有相关人士认可现代信息技术在教学中的优势，接受现代信息技术教学这一新型教学模式，才有可能实现现代信息技术与化学教学融合，才有可能实现教学效果的优化，达到培养创新性人才的目的。

1. 教师理念与现代信息技术融合

教师作为教学的引导者、实施者，他们对现代信息技术的了解与认可直接影响了融合的进程。那么加强教师对现代信息技术的正确认识就显得十分必要，具体主要有以下方法：

（1）举办讲座、组织培训、加强合作、以赛促进。"以赛促教、以赛促学、以赛促改、以赛促建"，通过实践提高教师的理论应用能力，并将获奖成果应用于常规课堂教学中，切实提高授课效率，让孩子成为课堂独立的学习者和主人。

（2）开设相关课程，加强技术融合。高校需要开设相关现代信息技术教学课程，重视师范生教学技能与观念。对于现当代的准教师来说，教育技术应该是一门必修课，无论哪一学科都离不开教育技术。它应属于全校学生的公共选修课，师范专业学生的专业课。准教师应当慢慢更新现代信息技术教学的观念，革新传统教学模式。

2. 学生理念与现代信息技术融合

随着现代信息技术的发展，教学模式也变得多种多样。例如，在翻转课堂模式中，教师可提前利用iPad等电子设备将研究成果录制成微课，并在课堂上同屏展示。同时，学生利用iPad等联网设备随时通过网络提出疑问、发表看法、提交数据、点评其他小组结果，消息会即时上传到教师的后台，使得教师能根据这些消息，了解学生知识点理解程度，及时调整授课内容。

（二）技术融合

教师对现代信息技术的掌握熟练程度直接影响了融合的效果。显然教师越能熟练地使用层次较高的教学软件，教学效果会越好。对于交互式白板、同屏

教学、VR技术、虚拟实验操作、微课制作，多数教师不能熟练操作。学校的硬件水平不提高，教师的软件水平不提高，现代信息技术在教学中的效果就不能很好的体现，失去了它本身具有的重要价值。

1. 提高技术水平

引入微课、合作小组学习等多种教学方式，避免产生无聊乏味的教学效果。在化学教学过程中，也要充分发挥信息技术和多媒体的优越性，将一些抽象难懂的知识以树形图、思维图式、动画片等形式，辅以音乐、图片、丰富的色彩等元素来满足学生的好奇心和求知欲。在实际教学中，化学教师可以利用交互式电子白板，为学生创设必要的学习情境。

2. 建立化学资料库

建立化学资料库，为教师们提供了大量高水平教学素材。因此教师通过互联网，可以轻松从云端上传、读取或下载更多化学教学资源，从而感受到方便、快捷、安全、高效。例如，在化学总复习阶段，教师可以利用信息技术对知识点进行归纳总结，把分散的知识点整理起来，根据考试大纲进行系统全面的复习，帮助学生建立完整的知识体系，使知识系统化、条理化，增强理解记忆。

3. 现代信息技术与理论知识融合

人教版初中化学2本教材、高中化学8本教材，知识多、乱、杂，怎样合理地将具体知识与具体教学手段、实验设计结合起来值得每位化学教师推敲重视。由于信息技术中的视频、图片、动画等可以吸引学生，在新课引入时利用现代信息技术可快速集中学生的注意力，提高教学效果。例如，初高中化学中微观知识、物质结构等使用多媒体效果会更好。它将抽象的知识具体化，辅助学生理解。运用动画模拟、VR技术将原子结构、核外电子排布、原电池等工作原理清晰地展示在学生眼前，还可利用鼠标进行拖、拉、旋转，甚至可以自行组装，提高了学生的学习兴趣。多媒体的应用让抽象知识更易于学生理解；课件可多次重复使用，节约了资源，便于修改保存。

4. 现代信息技术与实验内容融合

（1）虚拟实验技术。在提倡节约、绿色、和谐发展的社会背景下，不方便甚至不可能亲自操作的实验，如爆炸、核裂变等可以通过模拟的形式来实现。将虚拟现实技术运用在教育中，特别是虚拟实验技术的应用，成功解决了目前化学实验教学上的诸多问题，实现了将危险实验安全化、污染实验绿色化、模糊现象明显化等目的，从而节省时间、活跃课堂、激发学生学习兴趣，甚至能够开拓学生思维，提高创造性。

（2）实时投影。演示实验是化学实验授课中常用的一种方法。事实上很多化学反应转瞬即逝，学生观察不到变化，同时，不同角度观察到的实验现象也有所区别，达不到演示实验的良好效果。传统的实物投影仪指投影机与实物展示台的组合，在教学中可以将演示实验清晰地展示在电脑屏幕上，对实验的操作、现象有一个放大的功能。近年来，同屏技术的应用逐渐取代了实物投影仪。教师提供相关实验材料，让学生开始小组实验探究，利用自带设备及时上传各组实验的现象、结果。学生之间利用自带设备实现及时查看其他同学的实验操作现象和结果并进行评价和总结。借助实时投影将实验过程和结果投射在电脑幕上，让实验现象、实验过程明显化，是对现代信息技术与化学实验教学融合的一个巨大推动作用。

5. 现代信息技术与复习内容融合

（1）基础知识复习。在紧张的课时要求下如何提高复习课的效率成了教师们较为关注的问题。首先，多媒体的使用使课程容量增大，能在有限的时间内复习更多的知识，节省教师板书、读题练习等时间。其次，多媒体能够将知识系统地联系在一起，举一反三地练习。例如，元素的复习，通过原子结构到元素周期表、碱金属、卤族元素，借助图表、思维导图、树状图等给学生建立一个完整的知识体系，便于学生进行相关知识记忆。

（2）实验知识复习。关于实验复习，现代信息技术同样具有较强的优势。它既避免了教师口授复习实验现象及结论的枯燥，又解决了重新做实验浪费大量时间和药品的问题。以视频、动画、虚拟实验等形式进行实验复习，让学生像学习新课般充满兴趣，对遗忘的实验现象进行回顾。同时这种多角度多方位的刺激让学生的记忆更加深刻，记忆效果更好，从而达到提高复习效率的目的。以实验作为切入点，是教师进行知识复习的一个策略。

6. 发展多元评价

在现代信息技术环境下，教师运用专用测评软件、测评管理系统平台等工具，可以及时准确地对学生阶段性的学习进行判断，重要的是可以如实地记录下教与学的轨迹，全面跟踪掌握学生的学习行为、学习过程和学习特点等，从而可以有针对性地对学生学习过程中的表现和出现的一些偏离学习目标的情况，及时调整教学策略和学习方案等，以满足学生个性化的学习需求，使学生在学习过程中获得更好的个性化学习体验，更为重要的是，学生可以利用信息技术所记录的个人学习成长过程情况，进行自我评价、小组评价、教师评价和家长评价，根据评价及时调整学习方向和学习重点，以便更好地达到预期的学习目标。

三、信息技术应用于初中化学教学中的注意事项

（一）把握好常规实验教学和多媒体实验教学之间的关系

化学实验是化学教学内容的核心，是学习化学的基础，也是化学教学的重

要手段。利用多媒体实验教学固然有其优势，许多演示实验、设计实验通过多媒体能较好地体现出其特点，但是从长远来看，常规实验是不可或缺的。基础实验需要学生自己动手操作，不仅锻炼学生的动手操作能力，还能增强学生的探究能力。常规实验与多媒体实验都是化学实验教学资源的一部分，要权衡好二者之间的比重，遵从学生的认知规律。

（二）把握好多媒体与教师魅力之间的关系

教师在长期的教学当中会形成自己独特的教学魅力，比如教师语言的亲和力、教师自然的教态、教师优美的板书等，这些都是多媒体无法替代的。教师在课堂上的言传身教是从古至今传承下来的，课堂是需要教师的，信息技术辅助教学的优势是在教师的主导作用下发挥出来的，教师对于传统教学的盲目排斥显然是不恰当的。

📖 参考文献

［1］教育部.教育部印发《教育信息化十年发展规划（2011—2020年）》［J］.中国教育信息化，2012（08）：95.

［2］何克抗.如何实现信息技术与教育的"深度融合"［J］.课程·教材·教法，2014（2）：59-60.

第二节　信息技术与化学教学融合实践案例

二氧化碳制取的研究

深圳市南山外国语学校（集团）文华学校　杨东升

一、实验选题

本节的课题是二氧化碳制取的研究，本课例是九年级上册第六单元课题2《二氧化碳制取的研究》。本节是在学生已经学习了制取氧气的方法和原理之后的又一个气体制取的重点知识，所以研究的内容会更加深入和系统。传统课堂实验设计只能针对传统的仪器，结合信息技术。本节课最大的亮点是将传统的二氧化碳的制取装置和虚拟实验室结合，突破难点。

二、实验设计

（一）初始方案

传统的固液常温型的装置来制取二氧化碳，如图5-2-1所示。

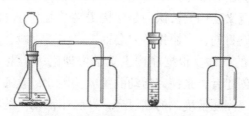

图5-2-1　实验室二氧化碳制取的实验装置（人教版教材）

（二）改进方案

虚拟实验室软件可以让学生讨论组合出控制反应发生或停止的实验装置，如图5-2-2所示。

图5-2-2　实验室二氧化碳制取的实验装置（改进后）

（1）先采用实验教学，让学生体验制气装置的制取气体的过程。

（2）结合虚拟实验室让学生在屏幕上组装制取气体常见的实验装置，突破难点。

（3）学生用平板电脑录制自己制取二氧化碳气体实验的微视频，大大激发了学习化学的热情。

（三）效果图

虚拟实验室如图5-2-3所示。

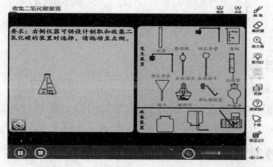

图5-2-3　虚拟实验室（学生可以尝试自由组装实验装置）

163

三、教学设计

（一）教学设计理念

本课以"建构主义学习观"为教学设计的理论依据。"情境""协作""会话"和"意义建构"被认为是建构主义学习过程的四大要素。其中，"意义建构"是最终目的，"协作""会话"是主要手段，而"情境"则是学习过程中异常重要的条件。根据建构主义学习理论，学生不仅仅是学习的主体，而且是教学的创建者，是探究活动的主人。因此，教师要转变在课堂中的角色，教师应该是"问题情境"的创设者，"教学活动"的组织者，学生"协作"时的参与者。

（二）教学内容分析

本课题主要研究实验室中如何制取二氧化碳。本课直接给出了实验室中制取二氧化碳的化学反应原理，然后采用活动与探究的方式，对比氧气的实验室制法，来研究实验室中制取二氧化碳的装置，这是本课题的教学重点和难点。利用教材已给出确定气体发生装置和收集装置，可将学生分成小组，从反应物的状态、反应条件、气体密度与空气的大小比较和是否与水反应等方面来比较实验室中制取二氧化碳和氧气的异同。在此基础上，给出了一些仪器，由学生自己来组装制取二氧化碳的装置。

（三）学情分析

本课题的重点是指导学生掌握制取气体时实验仪器和收集方法的选择。鉴于学生在第二单元已经学过氧气的制法，具备一些制取气体的简单知识，所以教学时先复习实验室制取氧气的原理、收集方法和实验装置，分析制取二氧化碳与制取氧气所用反应物的状态、反应条件以及生成物的性质。从课本"活动与探究"提供的仪器中选取适当的仪器进行搭配，并通过合作讨论，在小组内或小组之间进行交流（要求能说出理由），从中选出小组认为最优的设计装置。然后根据得出的结论进行实验实践活动，并从对各组不同的装置的比较中，得出最为优化的装置，从中学会二氧化碳的制取，收集，检验和验满方法。

（四）教学目标

（1）了解实验室中制取CO_2的原理。

（2）探究实验室中制取CO_2的装置，并利用设计的装置制取CO_2。

（3）了解实验室中制取气体的思路和方法，渗透实验探究和科学精神素养。

（五）教学重难点

教学重点：根据实验室制取CO_2的化学反应原理，通过探究活动，研究实验室中制取CO_2的装置。

教学难点：分析改进装置的优缺点。

（六）教学方法

讲授法、实验探究法。

（七）教学准备

（1）教学硬件：电子互动白板，平板电脑，教学软件平台。

（2）学生实验：烧杯、烧瓶、锥形瓶、试管、集气瓶、玻璃片、长颈漏斗、水槽、酒精灯、导管、铁架台、注射器胶塞（单孔、双孔）、点滴板、药匙、胶头滴管等仪器；大理石或石灰石、碳酸钙粉末、碳酸钠粉末、稀盐酸、稀硫酸、石灰水等药品。

（八）教学过程

活动流程	教师活动	学生活动	设计意图	技术应用
1.情境引入	情境引入：展示一瓶可乐饮料。 【提问】 （1）打开瓶盖时，会有什么现象呢？ （2）是什么原因引起的呢？ （3）如何验证你的猜想呢？ 讲述：二氧化碳是碳酸饮料中非常重要的一员，那么二氧化碳是怎样制取的呢？今天我们就一起来探究二氧化碳的制取。 引出课题。 【板书】课题2 二氧化碳制取的研究	打开瓶盖，观察思考、回答学生验证	（1）拉近师生之间的距离。 （2）激发学生的兴趣	电子白板
2.复习比较	讲述：前面我们学习了哪种气体的制取方法？ 讲述：那么实验室制取二氧化碳的思路和方法是否也可以参照实验室制取氧气的思路和方法来进行呢？ 【导学案】学生填写导学案中第一题"实验室制取氧气的思路和方法的再现"表。 【投影】发生装置和收集装置的确定。	思考、回答。 分析，回答。 （学生课前完成导学案）展示，讨论、交流、完善。 发生装置：固液不加热型。	让学生回忆已有知识，为研究如何制取确定研究方向	电子白板

活动流程	教师活动	学生活动	设计意图	技术应用
2.复习比较	 【提问】：二氧化碳的制取是否可以用制取氧气的这两套装置来进行？	收集装置：向上排空气法。 还需组装仪器以及确定反应原料		
3.讨论交流	（1）原料的选择和反应原理。 ①列举部分可以生成二氧化碳的反应。 【投影】导学信息：含有碳酸根的物质即碳酸盐与酸反应可以生成二氧化碳。常见含有碳酸根的物质有Na_2CO_3，$CaCO_3$与常见的酸（稀HCl、稀H_2SO_4）反应可以生成二氧化碳。如： $2HCl+CaCO_3 = CaCl_2+H_2O+CO_2\uparrow$ $H_2SO_4+CaCO_3 = CaSO_4+H_2O+CO_2\uparrow$ $2HCl+Na_2CO_3 = 2NaCl+H_2O+CO_2\uparrow$ （石灰石或大理石的主要成分是$CaCO_3$） ②设疑：以上反应是否都适合实验室制取CO_2？ ③提问：实验室制取气体一般考虑的因素有哪些？ 【投影】实验室制取气体一般考虑的因素。 ④分析：请结合这些因素分析以上反应是否符合实验室制取CO_2的要求？ 讲述：经过同学们的初步分析，排除了部分不符合的反应，那么剩下的这三种是否都是最理想的反应原料呢？是哪种呢？	列举并书写有关化学方程式。 思考。 回忆，得出结论。 结合信息，分析排除部分反应不符合。 作出假设，进行探究	（1）培养学生分析问题的能力。 （2）培养学生绿色化学的理念。 （3）初步形成实验室制取气体的反应原料的选择思路	希沃上课系统、同屏技术

续 表

活动流程	教师活动	学生活动	设计意图	技术应用
	（1）原料的选择和反应原理。 ① 介绍实验用品和实验内容。 碳酸钠+稀盐酸。 石灰石+稀盐酸。 石灰石+稀硫酸。 ② 提示实验观察重点。 【板书】：（1）原料的选择和反应原理。 原料：稀盐酸与石灰石或大理石。 原理：$CaCO_3+2HCl===CaCl_2+H_2O+CO_2\uparrow$	完成导学案上的探究实验。 小组内讨论、交流得结论。 识记：实验室制取二氧化碳的化学方程式	（1）对比、实验、观察是科学探究的基本方法。 （2）增强合作意识，提高其通过实验获取化学知识的能力	同屏技术
4.实验探究	（2）探究制取CO_2的实验装置。 讲述：理想原料确定了，那我们如何设计制取装置呢? 【导学案】学生完成导学案中第二题的第1, 2小题。 讲述：现在请同学们利用桌面上的仪器组装一套制取CO_2的装置，并与同学讨论、交流，分析装置的优缺点。 请各小组代表上来展示分享本组的劳动成果，并分析其优缺点。 多孔隔板 	思考、完成。 学生根据实验室制取氧气的思路和方法自主设计并组装仪器。 （小组讨论，提出改进方案，改进装置。）	（1）实现双基目标。 （2）培养学生分析问题、评价设计方案的能力。 （培养学生的创新意识，实现双基教学。）	平板教学
5.归纳小结	讲述：通过探究、分析和讨论，实验室制取CO_2发生装置和收集装置应选哪种? 【板书】 装置的确定： （1）发生装置：固液不加热型。 （2）收集装置：向上排空气法	分析，回答。 观察，倾听	实现双基目标	

活动流程	教师活动	学生活动	设计意图	技术应用
6.知识提升	讲述：我们会学到很多种气体的实验室制取方法，那么实验室制取气体的一般思路和方法是怎么样呢？ 【导学案】学生完成导学案中第三题：知识拓展。 【投影】 反应物状态 ⎫ 　　　　　⎬ 发生装置 反应条件　⎭ 气体密度 气体溶解性 ⎫ 　　　　　⎬ 收集装置 是否与水反应	交流、完善、归纳	（1）从感性认识上升到理性认识，从而实现由个别到一般的转化。 （2）潜意识地培养学生认识规律的一般方法	同屏技术
7.反馈	【投影】练习	思考、解答	及时巩固新知	同屏技术
8.探究实践	课外作业：化学在生活中无处不在，如果想在家中制取二氧化碳气体，可用哪些家庭用品来代替实验仪器呢？回去好好想一想	课后完成相关探究内容	巩固本课气体制取的探究思路	

板书设计

课题二　二氧化碳制取的研究

原料的选择和反应原理
原料：稀盐酸与石灰石或大理石
原理：$CaCO_3 + 2HCl = CaCl_2 + H_2O + CO_2\uparrow$

装置的确定
发生装置：固液不加热型
收集装置：向上排空气法

二氧化碳的实验室制取与性质（第3课时）

深圳市罗湖外语学校初中部　叶龙娟

一、实验选题

"CO_2的实验室制取与性质"这个题目由罗湖区教研员命题，与3位上课教师共同探讨，大家自主思考、解决"化学连堂课"的教学问题。本课时内容多，需要的时间长，知识具有连贯性，传统课堂中无法落实相关知识点，所以选用AiSchool的当堂评价功能进行知识点落实。

二、实验设计

（一）初始方案

传统教学分3个课时完成CO_2实验室制取和性质的教学任务，而课本上直接列出实验室制取CO_2的药品及原理。

在实验室里，二氧化碳常用稀盐酸与大理石（或石灰石，主要成分都是碳酸钙）反应来制取。该方案的教学时间较长，易导致学生不理解药品选择的原理，而且传统的纸笔评价方式不能及时反馈学生的学习效果。

（二）改进方案

3节连堂课的设计如下：首先由A教师运用导学案、仪器拼图、CO_2灭火器等传统教学手段引导学生学习选择仪器装置并制取CO_2。接着B老师设计了对比实验，利用平板电脑的实时交互功能探究了CO_2与水反应的实质，并及时收集了学习过程中的问题。最后，笔者引导学生用控制变量法研究了CO_2制备的反应原料和状态，并在此基础上总结了制取气体的一般过程和方法。在习题巩固阶段利用平板电脑中的采集、收集及传递信息的功能，充分展现了学生的学习及评价过程。

利用AiSchool软件，学生用电脑进行当堂测试，电脑及时反馈学生做题的速度及正确率，还可以进行分层设计，达到了设定的标准值才能往下继续练习难度大的题目，满足了分层教学的需求。

（三）效果图

（1）AiSchool上课模式。本节课采用的是电子书结合PPT的模式，利用该模式上课直接在PPT上备课，在AiSchool中添加资源，课上发布资源，学生在电脑上能接收资源并做相应的练习。图5-2-4是AiSchool的界面，从左到右，红圈是本节课用到的功能，分别是发布资源、PPT播放和课堂投影。

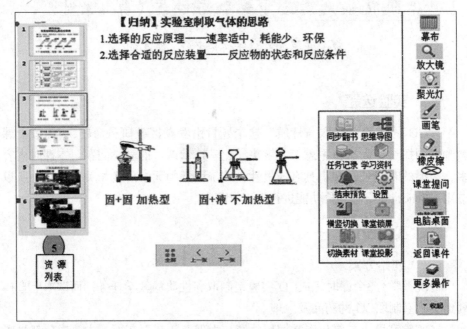

图5-2-4　AiSchool的界面

（2）笔者根据需要发布不同的练习。

三、教学设计

（一）教学设计理念

本节课的设计基于"问题驱动"的教学模式：首先提出如何正确选择药品是实验室制取CO_2的核心问题，通过控制变量法选用不同种类、不同状态的固体和不同的酸分别发生反应。学生在协作学习中，不仅提高了实验操作能力，而且也体验了实验室制取气体的一般思路和方法。在此过程中，笔者运用了AiSchool信息技术支持课堂教学。通过该信息技术手段，笔者可以发送不同的问题给不同的学生，学生也能及时反馈学习结果，笔者也能及时评价学生的学习过程，促进了学生的即时反思与纠错，提高了教学效率。

（二）教学内容分析

实验室制取气体的一般思路是：首先要学会选择药品，所以本课的教学内容之一是探究实验室制取CO_2的实验药品，利用不同形状的$CaCO_3$分别和稀HCl、稀H_2SO_4反应，还选取了粉末状的$CaCO_3$和Na_2CO_3分别与稀盐酸反应等控制变量法进行研究，得出实验室最佳制取CO_2的药品，最后用AiSchool支持课堂互动教学。教师可以使用Aischool发布课堂教学活动；学生可以接收并完成教师布置的任务，也可以自主学习并练习反馈。

（三）学情分析

（1）储备知识：学生已经掌握O_2制取和性质的基本知识。

（2）具有能力：学生已具有O_2制取的实验方案的设计与操作的基本能力。

（3）拓展方向：培养学生思维的迁移、发散、收敛等品质，提高实验操作的能力，形成求实、创新、合作的学科思想。

（四）教学目标

（1）理解并掌握实验室制取CO_2的原理、仪器和装置；体验实验室制取气体的一般思路和方法。

（2）了解并掌握CO_2的主要化学性质及其在生产、生活中的用途。

（3）了解温室效应，了解低碳生活的意义。

（五）教学重难点

教学重点：理解并掌握实验室制取CO_2的原理、仪器和装置。

教学难点：熟练掌握实验室制取气体的一般思路和方法。

（六）教学方法

实验法、控制变量法、小组合作、AiSchool。

（七）教学准备

块状石灰石，粉末状石灰石，碳酸钠粉末，稀盐酸，稀硫酸，试管。

（八）教学过程

教学环节	教师活动	学生活动	设计意图	应用技术
1.复习导入	【提问】你们知道有哪些方法可以获得CO_2？	【抢答】	温故而知新	AiSchool
2.活动设计	【提问】这些方法中哪一种可适用于实验室制取CO_2呢？有什么优缺点？主要考虑什么因素呢？ 【实验】现在实验室有这几种药品，它们可以互相反应，反应方程式如下： $CaCO_3+2HCL \xlongequal{\ \ \ } CaCL_2+H_2O+CO_2\uparrow$ $CaCO_3+H_2SO_4 \xlongequal{\ \ \ } CaSO_4+H_2O+CO_2\uparrow$ $Na_2CO_3+2HCL \xlongequal{\ \ \ } 2NaCL+H_2O+CO_2\uparrow$	【回答】 【进行实验】	层层递进。学生操作实验。及时得到反馈	AiSchool

续 表

教学环节	教师活动		学生活动	设计意图	应用技术
2.活动设计	都能产生CO_2，请同学们观察它们的状态，猜想对制取CO_2会产生什么影响？				

状态	实验原料及操作		现象（剧烈程度：快、中、慢）
块状	① 石灰石	加入2滴管稀HCl	
	② 石灰石	加入2滴管稀H_2SO_4	
粉末	③ Na_2CO_3	加入2滴管稀HCl	
	④ $CaCO_3$	加入2滴管稀HCl	
结论	你选择的原料是：		

教学环节	教师活动	学生活动	设计意图	应用技术
	【课堂研讨】观察后，取出试管，按编号同时添加两滴管的酸，得出实验室制取CO_2的理想原料，开始实验。 【PPT，投票】参与课堂研讨，组内讨论后，每组发一张实验记录的照片，并可以对其他的组的实验记录点赞评分	小组讨论、投票、点赞、评分		
3.归纳提升	同学们选好制取CO_2的理想材料后，请你们回想一下，刚刚你们是怎么制得一瓶满满的CO_2的呢？ 那如果我要制取其他气体呢？请把制取的思路归纳在导学案上	实验室制取气体的一般思路是： □ □ □	巩固强化归纳总结	

续　表

教学环节	教师活动	学生活动	设计意图	应用技术
4. 生活生产	我们知道CO_2只占空气总体积的0.03%，试想一下，假如把这0.03%的CO_2从空气中除掉的话，自然界的生命活动还能进行下去吗？	阐述CO_2对人类生活、生产的影响	知道温室效应，明白低碳生活的意义	
5. 练习	请同学们带着对CO_2的认识，解决难题吧！拿起平板	做练习	练习反馈	

板书设计

CO_2的实验室制取与性质（第3课时）

一、药品的选择
块状的碳酸钙和稀盐酸。
二、实验
室制取气体的一般思路是：

药品选择　　　发生装置　　　收集装置

酸的性质（专题复习）

深圳市福田区翰林实验学校　陈粉心

一、实验选题

本节课探究的是《酸的性质》，其中包含浓硫酸能吸水，且溶于水放出大量热的特性。笔者在查阅资料时发现，意大利的威尼斯在18世纪时出现了一种巨型火柴，很像敲大鼓的木槌。槌头沾上一团药面，它由氯酸钾、糖、阿拉伯树胶调和做成。只要把这种巨型火柴浸到浓硫酸中，它就会燃烧起来。这是由于氯酸钾与浓硫酸反应生成的二氧化氯和糖相接触时，能够立即燃烧。由于必须随时带着一瓶浓硫酸，这种巨型火柴使用起来很不方便，因而渐渐地被淘汰了。

二、实验设计

（一）初始方案

浓硫酸"黑面包"实验如图5-2-5所示。

图5-2-5　浓硫酸"黑面包"实验

（二）改进方案

为了选择一个小实验作为本节课新课导入的素材，笔者先尝试了浓硫酸的"黑面包"实验，这个实验的不足之处是：产生大量的有刺激性气味的气体，污染空气，必须在通风橱完成；实验操作较危险。

为了解决该问题，笔者查阅了资料并与同行交流，找到了另外一个关于浓硫酸脱水性的小实验。用火柴头蘸取少量浓硫酸，浓硫酸吸收了空气中的水蒸气便放出热量，为火柴提供热量，操作十分简单，而且现象明显。

（三）效果图

浓硫酸的小魔术如图5-2-6所示。

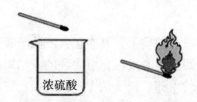

图5-2-6　浓硫酸的小魔术（改进图）

三、教学设计

（一）教学设计理念

本节课的设计基于"问题解决"的教学方法，针对生活、医疗、农业上的3个问题：除铁锈、缓解胃酸过多、中和酸性土壤，学生提出解决方案并用实验验证。通过问题解决的方式，可以激发学生思考问题的思维，同时也将知识落实到实际应用中。

（二）教学内容分析

本节课采用"基于问题式学习"（英文名称为Problem-Based Learning，简称PBL），通过自主探究和小组协作的方式去寻求解决真实生活中的3个问题"除铁锈""缓解胃酸过多""中和酸性土壤"的方法，从而使学生学会学习，学会合作，提高学生的自主学习能力、终身学习能力以及创造能力。它是一种以学习者为中心的教学模式，主张把问题作为学习的起点，注重学生的已有知识的掌握，小组合作和教师的指导在促进学习活动中的作用。

"寓教于乐"，通过让学生运用所学酸的相关知识完成游戏"走迷宫"，给学生创造了一种快乐、轻松、有趣、生动、民主的学习氛围，让课堂变成快乐的场所，让学校变成学生最向往的地方。

"化学核心素养"，通过本节课的实验探究培养学生的科学探究能力，同时通过解决生活中的化学问题，树立学生的社会责任感。

（三）学情分析

在新课讲授过程中，一方面学生对酸的有关知识已有了基本了解，但还未能系统掌握酸的化学性质，特别是对酸中常见实验探究题的解决，学生还没有一个清晰的思路。另一方面，学生对酸的"化学生活化，化学社会化"还没有较深的体会。通过本节课的复习，一方面学生将系统地掌握酸的化学性质；另一方面，学生能更好地运用化学知识解决生产生活中的实际问题。

（四）教学目标

（1）通过自主学习，掌握酸（浓盐酸、浓硫酸）的物理性质、用途和浓硫酸的特性。

（2）通过实验探究，掌握常见的酸（盐酸、稀硫酸）的化学性质。

（3）根据酸在生活中的应用，建立学为所用的化学观，感受化学与生活的密切关系。

（五）教学重难点

教学重点：酸的物理性质和化学性质；酸在生活中的应用。

教学难点：酸的化学性质。

（六）教法分析

实验法、讨论法。

（七）教学准备

课件、实验、iPad。

（八）教学过程

教学环节	教师活动	学生活动	设计意图	应用技术
1. 新课导入	课堂导入 魔术："神奇的液体"。 演示：今天带来了一种神奇的液体和一根火柴，下面是见证奇迹的时刻了。 【提问】这种神奇的液体是什么呢？ 【过渡】我们本节课复习关于《酸的性质》	感受魔术背后的化学知识。 【回答】浓硫酸	激发学生的学习兴趣	iPad同屏技术投影实验过程
2. 盐酸和硫酸的物理性质、浓硫酸的特性	课前自主学习反馈 【介绍】这是本节课的学习目标。 【提问】大家回想一下，我们初中阶段常见的酸有哪些？ 【引入】上课之前同学们已经自主复习了盐酸和硫酸的物理性质以及浓硫酸的特性，我们请同学来分享一下他的学习成果。 知识点：盐酸和硫酸的物理性质、浓硫酸的特性 ① 常见酸的物理性质。 ② 浓硫酸的特性。 ③ 思考：魔术的原理。 【提问】刚刚老师变的魔术用到了浓硫酸，大家能不能根据燃烧的三个条件，想一想，利用了浓硫酸的什么性质？	【回答】盐酸、稀硫酸。 【展示】学生展示自主复习。 【思考】其他学生批改。 【回答】浓硫酸吸水放热，使用火柴点燃	培养学生的自主学习能力	
3. 酸的化学性质实验：探究酸的化学性质	【过渡】关于盐酸、硫酸的物理性质以及浓硫酸的特性，同学们掌握得非常好。这节课，老师想请你们利用所学过的知识，解决生活中的几个问题。 课堂复习 知识点：酸的化学性质。 活动一：生活帮帮团。 问题1：老师家的锅生锈了，如何除"铁锈"？ 问题2：如何缓解因为胃酸过多而导致的胃痛？ 问题3：新闻：某地区下起了酸雨，导致土壤酸化，如何中和酸性土壤？	【回答】用醋除铁锈。 【回答】用小苏打与胃酸反应 【回答】用熟石灰中和酸性土壤	建立化学与生活的关系，学以致用	

教学环节	教师活动	学生活动	设计意图	应用技术
3.酸的化学性质实验：探究酸的化学性质	【过渡】同学们提出的建议是否有效？我们通过实验来验证。 【讲解】 ① 分配任务。 1，2小组完成A组实验，3，4小组完成B组实验，5，6小组完成C组实验。 小组内，两个同学负责做实验、两个同学负责记录、两个同学负责汇报。 ② 实验注意事项。 药品取用的顺序：先固体后液体。 药品的用量：未说明用量，一般固体盖满试管底部、液体1~2 mL。 液体药品的取用：胶头滴管不能伸入试管内，使用完要用清水清洗。 A组学生实验反应较慢，如何加快反应？ 实验探究：利用实验台上的化学试剂进行实验。 除锈小专家——第1，2小组：完成生锈的铁钉和稀盐酸反应。 治病小医生——第3，4小组：完成碳酸氢钠和稀盐酸反应。 环保小卫士——第5，6小组：完成氢氧化钙和稀硫酸反应。 实验汇报 【提问】请各个小组汇报一下实验现象、实验结论、化学方程式的书写	【倾听】学生听老师的任务安排以及实验注意事项。 【实验】学生进行小组实验。 【回答】学生展示学案，汇报实验现象、实验结论	培养学生的合作精神，实验操作能力，培养学生的语言表达能力	iPad同屏技术拍摄实验现象
4.归纳	归纳：酸的化学性质（板书）	【回答】学生归纳酸的性质	归纳与总结，知识系统化	
5.酸的定义	知识点：酸的定义 【过渡】大家回顾一下，刚刚能与稀盐酸反应的物质是否也能与稀硫酸反应？ 【思考】为什么稀盐酸和稀硫酸具有相似的化学性质？与什么微粒有关吗？ 【提问】请一个同学来描述一下酸的定义。 【归纳】酸的定义：在水溶液中解离出的阳离子都是氢离子的化合物	【回答】可以。 【回答】氢离子和酸根离子	从本质上认识酸的定义	

初中化学

实验创新的探索与实践

教学环节	教师活动	学生活动	设计意图	应用技术
6.学以致用	【过渡】同学们用实验解决了老师的问题，现在老师需要大家用实验解决第二个问题。 活动二：慧眼识"酸" （1）两瓶未贴标签的溶液，分别是氯化钠溶液和稀盐酸。请你设计方案进行鉴别。 （2）实验设计方案：选择溶液（选择实验台上的化学试剂），选择的依据。 （3）实验并得出结论。 【提问】通过实验，我们知道酸还可以与酸碱指示剂反应，还有没有其他鉴别的方法，请说出所用的药品以及实验现象	【讨论】学生讨论并设计实验方案。 【操作】学生进行鉴别实验。 【回答】 （1）活泼金属：铁。 （2）金属氧化物：氧化铜。 （3）碳酸盐：碳酸钠、碳酸钙。 （4）不溶性碱：氢氧化铜	再一次强化酸的化学性质，实现知识的迁移	
7.总结	【提问】请一位同学来归纳一下今天我们学习的酸的化学性质。	思考并回答	归纳与总结，将零散的知识系统化	思维导图归纳酸的化学性质
8.练习	【过渡】接下来我们利用本节课所复习的知识来做几道习题。 课堂反馈 活动三：练习"我能行"	思考并回答	学习反馈	iPad同屏技术反馈作业情况
9.游戏	活动四：玩游戏——走迷宫 游戏规则：从5条路中寻找一条路回家，期间若发生反应则被吃掉，路不通 	学生玩游戏	寓教于乐，让学生在欢乐的氛围中学习	

续 表

教学环节	教师活动	学生活动	设计意图	应用技术
10.总结	课堂总结 【回顾反思】通过本节课的学习，你收获了什么？想想你有什么疑惑？	学生回答	回顾与思考	

板书设计

酸的性质

```
                  活泼金属 ──→ 盐 + 氢气
                  金属氧化物 ──→ 盐 + 水
       酸         碱      ──→ 盐 + 水
                  盐      ──→ 新酸 + 新盐
                  酸碱指示剂
```

构成物质的微粒（专题复习）

深圳南山外国语学校（集团）文华学校　杨东升

一、课例简介

本课例是一节初三专题复习课，整合了九年级上册第三单元的核心脉络，用创新和简略的方式来重新设计整节课，让整个专题的复习围绕"原子"展开，把其他部分全部串联起来。同时还利用了信息技术的手段，比如VR和iPad教学的直观性给学生增加更多的感性认识，帮助学生更加清楚地认识微观世界，从而增强学生宏观辨析和微观探析的核心素养。另外讲练结合，及时给予评价，提高课堂质效。

二、课例选题

该课例是深圳市市级公开课的课例，选题上主要考虑以下几点：

（1）该课题是九年级化学册的第三单元的整单元内容的梳理和总结，笔者利用创新的编排来凸显本单元内容的整体性和条理性。

（2）利用信息技术VR来重新给学生积累微观的体验素材，增强学生微观探析的能力。

三、教学设计

（一）教学设计理念

教学设计理念如图5-2-7所示。

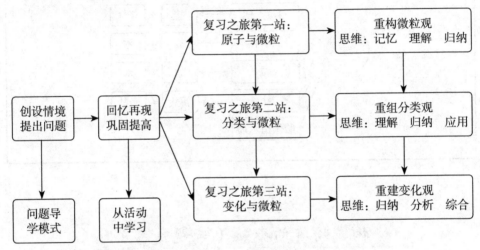

图5-2-7　教学设计理念

（二）教学内容分析

（1）模块之一：原子与微粒。原子是一切微粒的核心，也是初中阶段认识物质、构成物质、物质分类的出发点和基本点。本模块通过原子串联起分子和离子的基本知识点，将原子和微粒放在第一板块中复习；达到了梳理各种微粒的目的，为后面的复习提升奠定稳固的基础。模块一教学活动的设计重点是帮助学生重新建构物质微粒的核心知识网络，所以在课堂活动上设计关系图让学生当堂完成，目的是让学生对三大微粒的关系重新梳理和整合，为后续的提升和拓展奠定基础。

（2）模块之二：分类与微粒。通过设计情境"超市商品分类"和"生活垃圾分类"启发学生的分类思想，引出化学物质的分类。此模块设计有两个小组活动，先以习题形式对几种物质进行分类，训练学生知识迁移的能力。再通过两人一个小组拼图活动区分单质、化合物、混合物、纯净物等。通过讲解和练习相结合，动手与动脑相结合，宏观与微观相结合的方式，使得学生深刻地理解物质分类的微观实质。同时，从物质的微观结构入手完成物质的分类，在第一模块的基础上做了一个应用类的提升。完成这部分内容势必对学生扎实的微粒基础概念的应用是一个考验，重点是帮助学生更加深刻地认识物质的分类观。

（3）模块之三：变化与微粒。整合书本实验图示，以水的两种变化为例，通过分析水分子的微观变化来复习物质两种变化的本质区别。用微粒结构的变化来解释化学变化的实质，层层递进、启发思维。最后引导学生通过分析反应中离子的参与情况，从微观的角度认识复分解反应这类化学变化发生的本质原因是离子数目的减少。从而把初中化学所涉及的化学反应的微观实质做了一个总结和梳理，让学生对于物质的变化与微粒的变化建立相应的联系，从而很好地帮助学生建立物质的变化观。

（三）学情分析

第三单元是一个比较大的挑战，前两个单元的铺垫对于学生有了一些感性的素材，但第三单元直接进入到微观世界，而且学习内容相对比较抽象，与学生的认知是有较大差距，所以这个板块的知识对于学生的认知有不小的难度。同时，这一单元对于学生认识化学的全局观是至关重要的。

（四）教学目标（三维目标）

（1）认识物质构成的微粒性，会区分不同物质的类别，理解物质分类的依据。

（2）会应用物质的微粒性解释物质变化的微观过程。

（3）提高逻辑推理及化学思维能力，了解研究化学问题的基本思路与方法。

（4）通过探究学习和信息技术的结合，优化教育资源，激发学生复习的热情，培养学生善于合作、勇于探索、严谨求实的科学态度。

（五）教学重难点

教学重点：原子的构成；原子、分子、离子与物质之间的关系。

教学难点：物质变化的微观实质。

（六）教学方法

讲授法、信息技术辅助法、活动探究法。

（七）教学准备

VR演示电脑一台、iPad平板每人一台、水分子球棍模型每组9个。

（八）教学过程

教学阶段	教师活动	学生活动	设计意图	技术应用
1.创设情境	【设疑导入】世间万物都是由微粒构成的，同学们信不信老师能把一个原子放在我的手上呢？	观看VR虚拟技术展示原子从电脑屏幕中移动出来	用VR虚拟技术导入新课，意在激发学生的学习兴趣，带学生走进微观世界	VR展示同屏技术
2.原子与微粒	（1）原子与微粒。 【活动一：知识再现】构成物质的微粒分子、原子、离子。它们的相互联系老师可以用这样一个知识网络来总结，请同学们完成学案上的知识重现填空。 【知识网络】 【活动二：自主检测】请同学们完成学案上的自主检测的题目。 在H_2O，OH^-，H，H^+4种微粒中，属于分子的是（ ）。 A. OH^- B. H C. H_2O D. H^+	观察，浏览知识网络，再次建构构成物质微粒的知识网络。 学生思考、讨论，并举手回答。 思考，并完成2道相关练习题	构成物质的微粒知识网络较为基础，让学生通过观察自主建构。 通过设置有层级性的问题，启发学生的高阶思维，让学生能灵活应用基础知识。 提高学生的知识应用能力	
3.分类与微粒	（2）分类与微粒。 【过渡】超市的货品分类放置，整齐又便利，垃圾分类处理，环保又节约。化学物质也必须分类。 【活动三：知识迁移】其实化学是非常讲究分类的自然学科，同学们思考如何将这12种物质分类。 【活动四：拼图识物】两人一个小组用小圆片代表不同原子在卡纸上面拼出一种单质和一种化合物的模型。发挥同学们的想象力。	学生思考，并举手回答。 学生思考、讨论，并举手回答。 两人一组拼图，熟悉单质和化合物的概念。	设计情境，启发学生的分类思维。 典型案例分析引导学生思考物质分类的依据。 拼一拼引导学生体验物质分类的微观依据。	同屏技术iPad教学

续　表

教学阶段	教师活动	学生活动	设计意图	技术应用
3.分类与微粒	【交流展示】利用iPad同屏展示学生的作品并给予评价	学生思考，构建物质分类和微粒的关系	引导学生总结和梳理物质分类和微粒的直接关系，提升分类观	
4.变化与微粒	（3）变化与微粒。 【思考讨论】老师利用VR互动功能动手分解虚拟水分子模型，再组装成氢分子和氧分子。引发学生思考其发生的宏观现象是什么？ 下图是水的两种变化，结合图示回答： 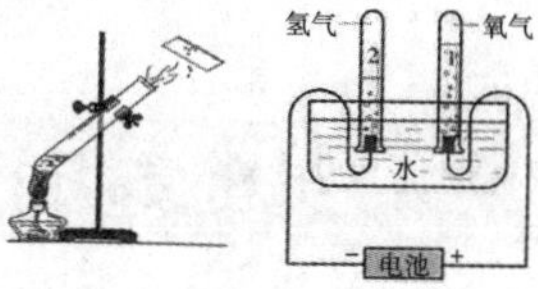 从微观上说，它们的不同点是什么？ 同学分享两种变化的本质区别和微观解释。 【活动五：建模知变】学生利用水分子的球棍模型拼出电解水的过程。 【交流展示】利用iPad同屏展示学生的作品并给予评价。 【想一想】PPT呈现复分解反应的3种情况，同学们思考其中哪些离子是参与者？哪些是旁观者？ 及时对学生得出的结果做出正确的点评，帮助学生理解归纳。 【知识网络】 【活动六：课堂反馈】请同学们在iPad上完成老师推送的相关练习题，并提交。老师通过数据的统计来分析评价各个题目的反馈情况	学生交流、回顾、思考、讨论、总结。 学生思考、回忆、分析、对比两种变化的实质，并应用微粒的知识解释变化的本质。 学生合作制作电解水过程的微观模型。 学生讨论分享变化的微观实质。 学生思考、理解和梳理物质变化与微粒的直接关系，构建物质变化的微粒观。 学生练习、讨论、应用知识网络解决实际问题	引导学生总结物质变化的微观实质，建立物质变化的微粒观，再次提升学生对于微粒的认识水平。 让学生在从动手拼接模型的过程中再次体验化学变化的微观本质。 此环节是对学生知识应用能力的提升和挑战。 通有过针对性的问题提高学生解题能力，使学生积累实战经验。 通过微博士APP实时统计学生当堂试题的解答情况，体现反馈的针对性和时效性	VR技术 iPad同屏 微博士APP

续 表

教学阶段	教师活动	学生活动	设计意图	技术应用
板书设计				

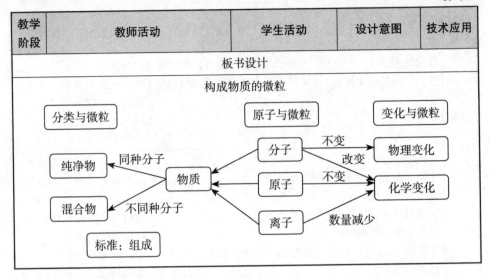

气体制备的一般思路和方法（专题复习）

深圳南山外国语学校（集团）文华学校 叶 冰

一、实验选题

本课题是对初中化学中涉及的气体的制备一般思路和方法的专题复习，跳出章节的限制，切实找到各种气体制备的内在联系，将知识点连成串，形成"知识链"，编成"知识网"，引导学生将前后的知识联系起来。在知识点复习的基础上，有针对性地设计问题，并且问题要有情境、有启发性、层次分明，注重课内外知识的结合，适时进行知识的迁移。

二、实验设计

（一）初始方案

（1）通过提纲复习、表格对比分析复习，让学生归纳总结气体制备的一般思路和方法。

（2）学生分组实验制备H_2，巩固气体制备的一般思路和方法。

（3）学生分组讨论实验发生装置和收集装置改进的原理，提升学生对气体制备的认识。

（二）改进方案

（1）先采用微课形式的教学手段，让学生复习体验气体制备装置的过程。

（2）引入同屏技术展示学生学习成果，极大地提高学生的学习热情，突破重点。

（3）学生通过平板观看实验改进，分析思考改进原理，提升和总结气体制备的一般思路和方法。

三、教学设计

（一）教学设计理念

本课旨在通过对气体制备的一般思路和方法的专题复习，让学生掌握三大气体实验室制法的原理、装置、步骤和检验方法，学会用科学的方法去分析推理、解决实际问题。对有难度或较发散性的问题进行小组讨论，培养学生的合作意识；对一些习题的分析，由学生自行表达，有助于培养学生的口头表达能力及分析问题的能力。之后引导学生对发生装置和收集装置进行进一步的探索、改进，这样学生既对所学知识掌握得更加透彻，也不会使学生因为复习旧知识而感到枯燥，提高了学生学习的兴趣。

（二）教学内容分析

学生对O_2、CO_2等常见气体制备的方法有一定的知识基础，但知识是零散的没有系统性，缺乏对气体制备的一般思路和方法进行归纳提升。

（三）学情分析

复习阶段，学生对气体制备实验的步骤已经有一定基础，根据反应物的状态和反应条件来确定发生装置是"固液常温型"还是"固体加热型"，根据气体的密度、溶解性选择适合的收集装置，这点对学生来说一般没有什么问题。

学生对不同气体制备实验中的装置选择和拓展有待提高，如根据发生装置的优缺点选择适合的装置，如①操作简便，利于随时添加液体药品；②可控制反应速度；③可控制反应的发生与停止；④更节能环保；⑤多功能瓶收集方法的拓展；等等，学生可能会出现疑惑。

（四）教学目标

（1）掌握制取O_2、CO_2、H_2的方法及反应原理、发生装置、收集装置、验证和验满方法。

（2）学会由个别到一般的推理方法，提高比较分析、归纳总结的能力，强化书面总结和语言表达能力。

（3）通过复习，学生体验到创新的喜悦，培养了与人合作的能力。

（4）通过对设置的实验问题不断解决，提高学生对实验的分析和解决能力。

（五）教学重难点

教学重点：O_2、CO_2的实验室制法（包括反应原理、发生装置问题、收集方法、验证和验满方法）。

教学难点：制取一般气体的思路和方法，能用规范的化学用语描述对应的问题。

（六）教学方法

实物演示及组装、师生交流、生生交流、小组讨论。

（七）实验准备

电子白板教学一体机（希沃授课助手）、iPad平板电脑、利用废旧塑料瓶改进实验装置、录制实验微课，锥形瓶、长颈漏斗、酒精灯、试管、火柴、锌粒、稀硫酸。

（八）教学过程

教学环节	教师活动	学生活动	设计意图	技术应用
导入部分	脑力达人游戏，引入课题	学生观察、记忆	吸引学生的注意力，激发兴趣，生动引入课题	电子白板
活动一：我会归纳	【导图】组织学生以小组讨论的形式，认真完成思维导图。【微课】复习O_2的制备。【对比】对比O_2和CO_2的制备	认真填写思维导图，主动回忆，建构知识网络。学生观看微课。学生填表	通过思维导图这一种建构思维的方式，使学生对知识有一个宏观了解。对比不同气体的制备，总结出一般规律	电子白板、微课视频
活动二：我会设计	【设计】引导学生用一般规律设计H_2的制备方案	学生体会，并说出他们的感受	加深思考的深度。学以致用，培养学生的归纳总结能力	iPad同屏展示
活动三：我会实验	【实践】学生利用自己设计的实验方案制备H_2，并检验其纯度	学生动手操作，小组合作完成实验探究，深入体会制气装置的操作要领	提高学生的实验探究能力，并且从实验切入，有助于突破学生复习中的一些难点	iPad同屏展示

续表

教学环节	教师活动	学生活动	设计意图	技术应用
活动四：我会分析	【改进】教师利用改进实验装置制备CO_2。 【举一反三】展示常见改进	学生观察老师演示，小组讨论改进方案的优点。学生分析改进原理	强化创新和改进的意识	电子白板、iPad同屏展示
	【信息变式】给出一定信息，让学生根据一般思路解决未知问题。 【直击中考】	学生再次巩固制气装置的知识，理解并运用。学生完成习题。各小组展示交流	检验学生能否达到学以致用的目的。培养学生具体问题具体分析的能力	电子白板
活动五：我会应用	根据图示装置，结合所学知识回答下列问题。 （1）选择装置组合来制备和收集二氧化碳；请写出实验室制取二氧化碳的化学方程式_____。 （2）实验室用A装置制取氧气，写出反应的化学方程式_____；实验室用C装置收集氧气，当_____时开始收集。 （3）加热氯化铵与氢氧化钠的固体混合物制取氨气。氨气密度比空气小且易溶于水，制取氨气应选择的气体发生装置是_____，气体收集装置是_____。 （4）F装置中充满水时，也可以作为氧气的收集装置，则氧气应从_____端通入（填"a"或"b"）。			

板书设计

气体制备的一般思路和方法

思路：原理→装置→步骤→检验

方法：药品选择　　发生装置　　操作步骤

化学方程式　　收集装置　　注意事项

再探常见气体的实验室制取（中考复习）

深圳市福田区莲花中学　杨晓琳

一、实验选题

初中化学气体的制取方法是综合性强、难度变化较大的部分，在实验设计中如何体现综合性？如何激活学生的思维，鼓励他们积极参与到复习课的活动中？本节课设计了小实验导课、实验演示和气体发生装置改进，并请学生上台展示和说明原理，以引起学生的共鸣。

二、实验设计

实验一：可乐遇上曼妥思

1. 初始方案

本实验流传广泛，作为学生趣味实验是很好的选择（见图5-2-8）。

2. 改进方案

本实验传统的做法与课题紧密度不够，我们将实验装置改进如下：用纱布包住两粒曼妥思，纱布用绳子绑好，绳子可以自由伸入可乐瓶或拿出。实验时，学生开始将纱布放进可乐瓶，看到明显的"可乐喷泉"后，迅速把纱布拿出，可乐停止向外喷，再次放入时，又开始剧烈反应，实现反应"随开随停"。

曼妥思两粒

可乐250mL

图5-2-8　趣味实验图

实验二：反应"随开随停"装置改进

1. 初始方案

反应"随开随停"装置改进有多种方案，笔者用实验室的U形管做了一套装置（见图5-2-9所示），效果很好，但取材于生活材料更贴近学生，于是又进行了优化。

2. 改进方案

将反应"随开随停"装置进行改进，选用生活中废弃的空瓶（饮料瓶、眼药水瓶，如图5-2-10所示）。

这个实验改进时，学生参与度很高，生活中废弃物都是学生自己找来的，然后组装，看哪种材料更好用，最后选出这套装置课堂展示，引起很大反响。

图5-2-9 反应"随开随停"装置1

图5-2-10 反应"随开随停"装置2

实验三：实验室制气发生装置气密性检查

1. 初始方案

用实验室配长颈漏斗的发生装置检查气密性，在学习新课时已经学习和做过实验，复习课想增加变化的元素，则用生活废弃物代替实验室仪器。

2. 改进方案

用两个家庭使用的空塑料瓶、吸管组装气体发生装置（图5-2-11）。学生展示实验时，用凡士林涂抹接触部位（让学生知道改进装置时遇到困难可以想办法解决），止水夹夹紧后，往上面的瓶中加水，形成的液柱不下降，学生可以与实验室的装置类比，加深对气密性的理解。

图5-2-11
气密性检查装置改进

三、教学设计

（一）教学设计理念

常见气体（O_2和CO_2）的实验室制法是初三化学的核心内容与学习难点，是学生必做实验，也是历年中考化学的高频考点。但之前是以单一气体的知识学习，缺少对气体制取一般思路的综合理解。本节复习课重点在于培养学生系统地设计实验，理解实验设计原理，运用化学知识解决遇到的综合问题及新情境问题的能力。通过"互联网+课堂"的教与学的模式，提高学生的主动参与意识，激发学生思考，力求提高复习效率。通过微课学习、思维导图、小组合作、3D视屏、双屏投影、互动一体机、实验改进、实验操作、课堂测评等活动环节，帮助学生理解抽象的原理，动手实验体会实验组装的设计思想，课堂测评互动及时反馈未解决的问题，扩展到新气体的制备，让学生学以致用使知识系统化，使学法更优化，提高学生的学科核心素养，建立科学探究、创新意识和科学态度。教学思路框架如图5-2-12所示。

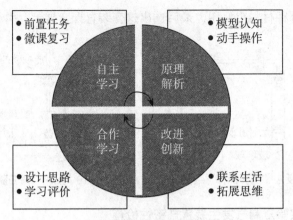

图5-2-12　教学思想框架

（二）教学内容分析

"再探实验室气体的制取"是实验综合复习专题，如果只是简单地重复和堆积已学知识，无法实现学生学习能力的提高。课程设计时充分利用学生已知的相关气体实验室制取知识，录制微课，利用课前复习任务单进行气体制取方法的分类，课堂上总结归纳，再结合实验操作和实验改进展示，实验原理的分析应用，借助先进信息技术和新的教育教学手段，以思维导图统领始终，以学生为主体完成课堂活动，通过当堂检测自我评价学习效果。

（三）学情分析

气体的实验室制法初中重点学习了O_2、CO_2两种气体，但对于固体加热、固液不加热制气发生装置，向上、向下排空气法收集气体装置的分类依据不明确，学生对制气装置的改装和反应"随开随停"装置不熟悉，制取气体的操作步骤有的只是"背"但不明白原理，等等。这些问题的解决是本课的主要任务，只有对实验室气体制取的方法和原理建立模型，通过类比才能达到解题的要求。

（四）教学目标

（1）复习实验室制取O_2、CO_2的方法及反应原理、发生装置、收集装置、检验和验满方法，从仪器图→真实仪器操作→仪器图的认识方面提升。

（2）学会由个别到一般的推理方法，提高分析比较、归纳总结的能力。通过对常见气体的实验室制取方法复习，体验创新实验带来的参与感与成功感。

（3）解决实验中出现的问题，建立模型，提高分析实验和解决实际问题的能力。

（五）教学重难点

教学重点：实验室制取一般气体的方法及反应原理，发生装置和收集装置的选择。

教学难点：科学探究思想与方法的初步形成，探究实验方案设计的化学实验思想。

（六）教学方法

讨论、实验探究、分析、归纳、引导。

（七）实验准备

实验仪器和药品：试管、烧瓶、锥形瓶、导管、单、双孔胶塞、集气瓶、洗气瓶、多功能瓶、止水夹、稀硫酸、锌粒。

电子设备：同频器、平板电脑、答题器、3D显示一体机。

（八）教学流程

教学流程如图5-2-13所示。

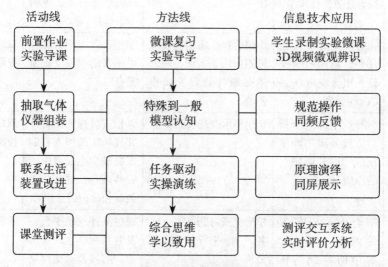

图5-2-13　活动流程图

（九）教学过程

教学环节	教师活动	学生活动	设计意图	信息技术
1.课堂引入	创设趣味实验，吸引学生专注于老师和课堂	学生表演"可乐喷泉"趣味小实验，并改进实验使反应能"随开随停"	吸引学生的注意力，提高专注力，与课堂主题紧密结合，为后面的学习埋下伏笔	iPad同屏投影
2.预习总结	反馈复习的任务单	学生回答复习任务单上出现的问题，解决尚未解决的问题	通过微课复习，引导思维建构，串联零散的知识点	iPad同屏投影

续　表

教学环节	教师活动	学生活动	设计意图	信息技术
3. 展示 3D 视频	播放：①KMnO₄制取O₂步骤中为什么要先撤导管再熄灭酒精灯；②排空气法收集气体时气体流动的方向	观看3D视频，找到视频中的核心内容，分享理解的方法	运用信息技术，将不可见的微观现象模拟呈现出来	3D视频
4. 思维导图	引导学生通过思维导图，提取设计思路，注重操作细节	各小组积极交流，使知识延伸，完成学习任务单	学生建立由点到面思维的过程，从部分到整体的联系方式，建构知识框架，串联要点	iPad同频投影
5. 我会组装	指导学生完成实验任务，利用所给仪器，组装制取O₂、CO₂的装置	小组合作，将实验设计思想应用于实践，深入体会制气装置的操作要领	学生实验，增加综合性，帮助学生发现遗漏点	双屏同频投影
	引导学生深入分析"固液分离"能使反应"即开即停"的原理	学生展示改进后的实验	强化实验探究能力，并且从实验切入有助于突破学生复习中的一些难点，提高学生创新和改进的意识	双屏同频投影
6. 自我测评	结合本节所复习的内容，完成学案中的基础达标中的习题	学生完成习题。各小组进行讲解及分析	通过测评互动平台，及时掌握学生的疑难点，有效及时地解决各种问题	答题器
7. 课堂小结	总结气体发生装置和收集装置的变化形式	共同总结 固体加热型　固液常温型 换一换 加一加 代一代	通过一体机的互动性，可以任意移动装置图，锻炼学生的辨别能力	双屏互动一体机应用

续　表

教学 环节	教师活动	学生活动	设计意图	信息技术
板书设计				

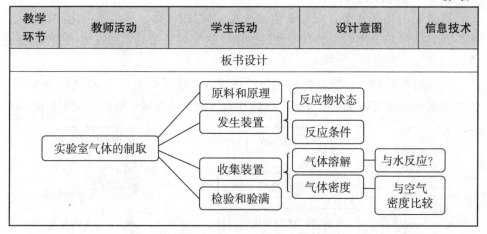

常见气体的检验与除杂（中考复习）

深圳市南山区蛇口育才教育集团育才二中　韩　静

一、实验选题

笔者通过对学生复习效果的调查发现，教师为本班学生"量身打造"的专题复习，较之市面上的各种复习资料，对学生的助力更大，复习的质量和效果都能更好地达到理想状态。于是在一次市级公开课研讨展示时，笔者选择了《常见气体的检验与除杂》这一专题，做了有益的尝试。

二、实验设计

（一）初始方案

在导课环节中，笔者要求学生完成4瓶气体的检验实验。学生实验的效果不好，而且耗时长，使得原本容量就大的课堂重点不突出，难点没有充足的时间去突破。

初始方案涉及包含"讨论CO、H_2的检验方法，并利用手中的器材、贴纸拼出检验该气体的实验装置图"在内的三次拼出装置图的设计。三次练习虽然在难度上层层提升，但是耗时较长，效率不高，复习涵盖面不全，没有体现方法的提炼，还可能导致学生不能有效地迁移运用。

（二）改进方案

改进后的导课环节，只让学生检验A，B两瓶气体，并给予一定的探究范围，既迅速激起学生对本节复习课的热情，也复习了最基本的气体检验实验操作，达到了预期目的。

改进后的活动一环节，用连线替代拼图，有效提升了复习的质量，同时留出更充足的时间进行难点的突破。气体检验方法"连连看"如图5-2-14所示。

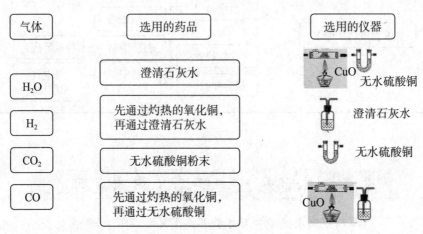

图5-2-14　气体检验方法"连连看"

在每个学生动手动脑之后，增加了即时进行阶段性总结的环节。由教师设置有效提问，如"气体检验中，选取药品的依据是什么？选取装置的依据是什么？""混合气体除杂原则是什么？"，由学生讨论并分享，从而有效提升了学生的总结概括能力，也为知识的迁移运用打下了基础。

（三）效果图

活动二环节中仪器连接如图5-2-15所示。

1. 小组合作设计实验，检验人体呼出气体中是否含有O_2、CO_2、H_2O。

2. 设计实验除去N_2中混有的O_2、CO_2、H_2O。

（贴出你们组设计的流程图）　　　　（贴出你们组设计的流程图）

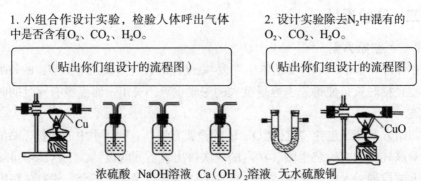

浓硫酸　NaOH溶液　Ca（OH）₂溶液　无水硫酸铜

图5-2-15　仪器连接图

三、教学设计

（一）教学设计理念

教学设计理念如图5-2-16所示。

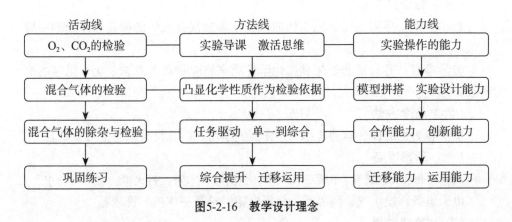

图5-2-16　教学设计理念

（二）教学内容分析

　　气体的检验与除杂是学生完成新知学习后的综合运用能力提升的重点之一，是初中化学总复习中的难点之一，也是中考化学中比较能反映学生思维能力的考查热点之一。本节复习课的重点是培养学生解决问题的思路，使学生认识到除杂的基本原则是"不增不减"，培养学生借助化学性质选择试剂，依据试剂状态及反应条件选择仪器的能力，并从这两个思维角度处理相关问题的能力，提升学生从单一气体鉴别逐步到解决混合气体的检验及除杂问题的能力。本课在充分讨论与实践的基础上总结规律，从而为解决陌生情境问题和综合性问题提供可参考依据，也为学生自行梳理与复习提供路径参考。

（三）学情分析

　　学生在之前已经学习了单一气体的鉴别，以及初中阶段涉及的各种物质的相互转换，但尚未建立起混合气体的检验与除杂的相关问题的解决模式，亟待教师设计相关内容组织学生进行有效的复习梳理，使在有设计、有引导、有梯度、有情境的学习任务中逐步建立解决问题的思维路径。

（四）教学目标

　　（1）借助实验，复习常见气体O_2、CO_2的检验，并通过连线的形式复习单一气体的检验方法，逐步深化检验方法的选择与气体化学性质密切相关的认识。

　　（2）学生能在不断完善的小组讨论中，逐步探索出检验人体呼出的气体中含有O_2、CO_2、H_2O的实验步骤，并能设计实验除去N_2中混有的H_2、CO_2、

H_2O。

（3）学生通过以上的实验和收获，总结初中化学常见气体的检验和除杂的一般顺序，并在学习过程中不断总结除杂原则，辨明思考问题的思路，锻炼个人思维的严密性，使自身的认知能力、合作能力与创新能力得以提升。

（五）教学重难点

教学重点：落实初中常见气体的检验，掌握混合气体的检验和除杂的一般方法。

教学难点：有效培养学生利用化学性质来检验物质的意识及化学思维的严密性。

（六）教学方法

以实验为主的任务驱动式小组合作探究学习、讲练结合的总复习策略。

（七）教学准备

实验器材：A瓶氧气、B瓶二氧化碳、酒精灯、木条、打火机、澄清石灰水。

电子设备：投影仪、同屏器、平板电脑、希沃一体机、答题器。

（八）教学过程

教学环节	教师活动	学生活动	设计意图	技术应用
1. 复习旧知	为每个小组准备O_2、CO_2各2瓶。 同屏反馈学习效果	活动：利用所提供的器材，鉴别A，B分别是什么气体。 学生总结O_2和CO_2的检验方法	回顾初中常见且能独立检验的气体的检验方法	同屏拍摄学生实验过程
2. 整理旧知，延伸拓展	引导学生掌握不能独立检验的气体需先转化后检验的方法，最终实现知识的延伸（如CH_4的检验）	【连连看】	利用学生熟悉的实验场景，启迪学生小结"不能独立检验的气体"的检验一般的思路，贯穿化学性质主线	同屏反馈连线效果
3. 微小结	引导学生归纳检验气体的思维路径	梳理个人知识主线，归纳出检验气体的思维路径	整体建立常见气体鉴别的思路，认识"化学性质"和"装置选择"是此部分的思维角度	同屏投影学生复习效果

续　表

教学环节	教师活动	学生活动	设计意图	技术应用
4. 混合气体的检验	设计活动任务。 提供装置拼图。 引导学生思考在检验过程中"检验水蒸气"与"检验CO_2"的前后关系	设计实验： 检验人体呼出气体中是否含有O_2、CO_2、H_2O，并尝试利用提供装置图片，拼出实验仪器的组装顺序，并将本组的实验方案交流分享	利用拼搭模型，实现思维的可视化。检验人体呼出气体中的水蒸气和CO_2，尤其是这两者的检验顺序是考查的重点，检验人体呼出气体的成分是突破该难点的一个很好的素材	希沃白板展示学生的思维过程
5. 混合气体的除杂	请学生完成知识储备部分的填空，在填空的过程中落实学生的知识储备。 设计活动任务，组织学生交流分享实验方案。 引导学生提升总结"除去"环节的位置特点	完成知识储备部分的填空环节。 设计实验方案除去N_2中混有的O_2、CO_2、H_2O；反思实验环节中除杂的顺序是否可以达到预期目的	设计知识储备填空环节，一方面是为了检验复习效果，另一方面要辅助学生搭建起除杂环节要围绕"化学性质"展开思考。 该"除去"任务的设计引导学生学以致用	同屏拍摄希沃白板
6. 综合提升	设计活动任务。 利用希沃白板的图像可移动功能，突破易错点	同学相互讨论。 在上一环节的基础上，增加检验环节证实H_2O和CO_2都除干净了	将本节课所复习和生成的内容都综合起来，对学生而言有一定的挑战。希沃白板的移动图片功能使学生思维可视	同屏拍摄希沃白板
7. 巩固提升	结合本节所复习的内容，设计习题，并有意识给学生营造解决陌生情境问题的习题。 借助希沃白板突破难点和易错点。 鼓励学生运用多种变式解决问题，并尝试总结规律	完成【课堂反馈】。 利用答题器同步答题，在实战提升的基础上，进行【中考链接】的习题巩固	巩固提升，对学生知识的迁移运用提出了更高的要求。 此部分是本节课的高潮部分，通过不断尝试新的仪器组装顺序，活化思维，在陌生情境中运用知识解决问题，提炼方法	利用答题器当堂统计学生的复习效果

续　表

教学环节	教师活动	学生活动	设计意图	技术应用
		板书设计		

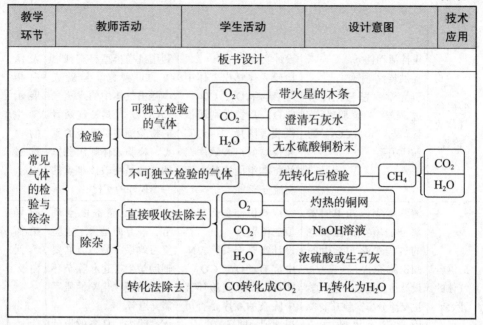

第六章

初中化学八个基本实验 提升学生实验能力

第一节　深圳市理化实验操作中考的评价

初中化学课程标准（2011版）要求初中学生的化学实验技能应达到以下要求：

（1）能进行药品的取用、简单仪器的使用和连接、加热等基本的实验操作。

（2）能在教师指导下根据实验需要选择实验药品和仪器，并能安全操作。

（3）初步学会配制一定溶质质量分数的溶液。

（4）初步学会用酸碱指示剂、pH试纸检验溶液的酸碱性。

（5）初步学会根据某些性质检验和区分一些常见的物质。

（6）初步学习使用过滤、蒸发的方法对混合物进行分离。

（7）初步学习运用简单的装置和方法制取某些气体。

为适应新时期课程改革要求，贯彻落实教育部颁发的《义务教育物理课程标准》及《义务教育化学课程标准》所规定的教学目标和实验教学要求，大力推进理化实验室的建设及相关实验仪器的配备，全面考查初中毕业生实验素养，促进学生创新精神和实践能力的发展，从2017年开始深圳市逐步推进理化生实验操作考核。推进时间表如下：

年份	2017年	2018年	2019年	2020年
科目	物理、化学	物理、化学	物理、化学、生物	物理、化学、生物
推进情况及分值演变（分）	区或者校考查，结果以等级形式呈现，计入学生综合素养成绩	考查结果以等级形式呈现，提高录取门槛	10分，计入中考总成绩（4:3:3）	30分，计入中考总成绩（各10分）

第二节　初中化学八个基本实验的实践案例

实验活动1　氧气的制取和性质实验

深圳市福田区上步中学　陈　伟

一、实验选题

这节课的主要内容是用高锰酸钾制取O_2并进行氧气的性质实验，对学生动手能力的要求很高。课前学生只是观察过教师进行的演示实验，第一次独立进行这种连贯的综合性实验，在一些细节操作上还很不熟练，小错误频出，实验过程中学生既兴奋又紧张。因为刚学化学不久，学生对实验仪器的使用和实验过程都不熟悉，自主探究的能力还不具备，此阶段仍需要教师手把手引导。

针对历届学生在这节课中出现的各种问题，笔者设计了这个课例，以期解决学生的实验问题。同时，笔者发现教材上关于O_2性质的实验在设计方面有不足之处，进行了相应的改进，使实验效果更加明显。

二、实验设计

（一）改进方案

（1）关于木炭在O_2里燃烧的实验，将坩埚钳改成长镊子，避免了坩埚钳夹木炭时的弊端。长镊子夹持木炭可以伸入集气瓶的底部，可以让反应时间更长，燃烧更持久，反应的现象更明显。如果是分组实验或学生实验，还可以用口径较大的饮料瓶或矿泉水瓶来替代玻璃集气瓶。利用日常生活中的一些物品来做实验，可以发散学生思维，提高学生兴趣。燃烧完成后倒入澄清的石灰水，拧上瓶盖振荡，还会发现不仅澄清的石灰水变浑浊，而且瓶内气体的体积会变小，瓶子变瘪，为后续相关知识的学习留下直观的印象。

（2）关于细铁丝在O_2中燃烧的实验，将大集气瓶改为口径较大的饮料瓶或矿泉水瓶，并在瓶底预先放少量水或细沙。螺旋状细铁丝的一端粘上一小团棉花。将细铁丝的另一端绕在一个小铁圈上，让它直立于O_2瓶中。如果铁丝太细，直立不起来，可以在中间穿一根粗一点的直铁丝，让螺旋状的细铁丝直立在集气瓶或饮料瓶的正中央，避免因铁丝燃烧过程中左右摆动而使集气瓶瓶壁破裂或饮料瓶烧穿。调整螺旋状铁丝的高度，让棉花团与饮料瓶口相平或略高，实验时在棉花上滴一小滴无水酒精，并用火柴点燃。

（二）效果图

细铁丝在O_2中燃烧如图6-2-1所示。

图6-2-1　细铁丝在O_2中燃烧

三、教学设计

（一）教学设计理念

教学设计理念如图6-2-2所示。

图6-2-2　教学设计理念

（二）教学内容分析

本节课是学生在学习了O_2的制法，有了一定的理论基础后，独立完成科学探究过程的实验课，是化学实验基本操作、O_2的实验室制取和O_2性质等实验的综合应用。本节课起着承上启下的作用，既是对前面的基本操作、O_2的相关知识的一个小结性的实践活动，也为以后系统地学习二氧化碳的制取奠定了理论和实践的基础。这次分组实验活动对学生以后学习化学有着重要的影响。

（三）学情分析

实验室制取O_2对学生来讲是正式进行化学实验的开始，学生通过课题2的学习与探究，对O_2的性质及用途有了较深刻的认识，对O_2产生了浓厚的探究欲望，具有了知识和实验技能的储备。

虽然学生的学习兴趣较高，但是他们自主探究和实验操作的能力很弱，这无形中增加了实验课的难度。

（四）教学目标

（1）练习实验操作，提高观察能力和思维能力，掌握实验室制取O_2的反应方法、原理。

（2）通过对实验室 O_2 制取的探究，激发对化学的好奇心和探究的欲望，树立透过现象认识事物本质的辩证唯物主义观。

（3）通过探究，能体验到探究活动的乐趣和成功的喜悦，进而提升学习化学的兴趣。

（五）教学重难点

教学重点：掌握实验室 O_2 的制法及实验操作技能。

教学难点：细铁丝在 O_2 中燃烧的操作。

（六）教学方法

复习提问—实验探究—得出结论—拓宽视野—提高兴趣—解决问题。

（七）实验准备

试管、铁架台、酒精灯、胶塞、导管、集气瓶、水槽、玻璃片、棉花、高锰酸钾、澄清石灰水、木炭、细铁丝、火柴等。

（八）教学过程

探究内容	教师主导活动内容	学生主体活动内容	设计意图
1.创设情境	导入：同学们都知道许多危重病人需要输氧急救，我们到高原地区有时也需要吸氧，这些 O_2 是通过工业大量制取的。那我们在实验室是如何制取 O_2 的呢？大家先回忆一下实验室制取 O_2 的方法有哪些。首先大家来了解一下这节课的实验目标	学生倾听，回答实验室制取 O_2 的方法	创设情境，引入课题
2.实验准备	（1）我们今天制取 O_2 需要用到哪些仪器和药品呢？谁能给大家介绍一下？（2）我们如何使用这些仪器和药品制取 O_2 呢？请大家看书3分钟，一会找同学说说实验步骤	学生介绍仪器、药品。阅读教材。小组合作，说出实验步骤，并进行总结	任务驱动，激发潜能
3.播放视频	接下来我们先看一段视频，了解一下实验室用高锰酸钾制取 O_2 的完整方法。大家注意观察在实验的过程中有哪些需要注意的地方	认真观看视频，找到注意事项	多媒体展示，强化知识点
4.学生实验	下面请同学们自己动手来制取 O_2，每组制取两瓶，其中一瓶中留有少量的水。开始实验，在实验的过程中大家一定要注意安全。巡视指导	动手实验，制取 O_2	学生分组实验，培养学生综合能力

探究内容	教师主导活动内容	学生主体活动内容	设计意图
5. 演示实验	O_2我们已经制取完了，那你知道O_2有哪些性质呢？我们怎样来证明呢？请同学们继续看书2分钟。 大家都看明白了吗？接下来我们就以小组为单位，利用自己制取的O_2来验证一下。 巡视指导	阅读教材。 开始实验，观察实验现象。 请学生演示	学生分组实验，培养综合能力
6. 交流讨论	大家都看清楚实验现象了吗？谁愿意到前面给大家演示一下？ （1）为什么会产生这些现象呢？在实验中都发生了哪些化学反应？ （2）通过以上实验，我们了解了实验室制取O_2的方法以及O_2的性质。在实验的过程中你有哪些问题和收获，谁来谈一谈？	谈收获和实验中出现的问题	培养学生观察、表达、总结归纳等多种能力

板书设计

O_2的实验室制取和性质

```
                          ┌─ 选择药品
                          │
                          ├─ 组装装置
  氧气的实验室制取和性质 ──┤
                          ├─ 制取氧气
                          │
                          └─ 氧气的氧化性
```

实验活动2 二氧化碳的实验室制取和性质

深圳市蛇口育才教育集团育才二中 韩 静

一、实验选题

初中化学人教版第六单元课题2是初中化学中非常重要的一个内容，也是很多教师不断钻研、不断研究的一个重点。这节课重在探究如何在实验室中制取

CO_2，实验室制取CO_2的反应原理、实验装置，从而进一步梳理和总结实验室制取气体的一般步骤和思考路径。本节课在设计上着重突破实验室制取CO_2的反应原理和实验室制取CO_2的实验装置的选择的难点，并从中让学生逐步形成实验室制取气体的实验原理和实验装置筛选的思考路径的难点，通过小组合作的形式，学生动手实践，按照实验要求组装出适合本实验的多套装置，并利用装置完成制取CO_2气体的相关实验，从而达到提升学生学习能力和动手实践能力的目的。

二、实验设计

（一）初始方案

人教版教材中给学生提供了石灰石和稀盐酸，以及锥形瓶、长颈漏斗、双孔塞、导管、集气瓶，引导学生动手实验制取CO_2。

（二）改进方案

（1）增加探究CO_2反应原理的相关实验：

利用敞口烧杯，分别放入一药匙固体药品，再加入半试管稀盐酸，用最直观的方式观察每种组合的反应速度，从而确定制取CO_2的药品组合。

（2）通过实验室制氧气的不同方案，对比发生装置和收集装置的选用标准，引导学生探究CO_2制取的发生装置和收集装置。

注：将图6-2-3中每个发生装置用到的仪器分散放在一个实验框里，随机发给不同的实验小组，做到组间异质，方便在有限的时间、空间内让学生接触到更多实验装置，也方便在小组展示中总结、提升。

（三）效果图

实验室制取二氧化碳装置的选择如图6-2-3所示。

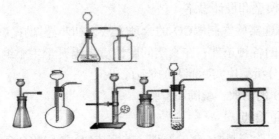

图6-2-3　实验室制取二氧化装置的选择

三、教学设计

（一）教学设计理念

本课以"教师为主导，学生为主体"的教学方式为主，教学设计希望体现教师角色的转变，有效地将传统的"以知识解析为主"的课堂教学转变成"以培养学生关键能力为主"的课堂教学。该教学设计侧重提高学生的合作学习能力、协作探究能力。在实验原理的探究环节、实验装置筛选环节、实验方案的交流讨论环节希望提高学生的高级思维能力、创新能力、沟通能力、理解能力、合作能力。

（二）教学内容分析

人教版九年级上册第六单元的《CO_2的制取研究》是基于第二单元《O_2的制取》的相关知识的再学习、再构建。依据之前所学知识建立气体发生装置和收集装置模型，再根据本实验原理选择对应的方式方法是这节课的一个关键能力点。

教材上在最初一次性给出了相关知识的总结，但学生对此知识的迁移运用并没有内化成自身的能力。所以教师在处理此课的教学内容时，必须改变知识的呈现方式和顺序，力求重要的模型搭建是由教师引导学生完成的，制取CO_2的相关原理的确定是由学生分析得到的，教学是在环环相扣、层层递进中展开的，要让知识和能力的生成和提升水到渠成。

（三）学情分析

学生在第二单元已经学习了O_2的实验室制法，观摩了教师用MnO_2催化H_2O_2制取O_2，成功完成学生实验$KMnO_4$受热分解制取O_2，并对O_2进行了检验和验满。在第一单元的学习中对常见仪器的使用方法和注意事项也有所了解，关于实验室制取气体的知识和技能都有了一定的基础，相信学生在教师的引导和指导下，一定能顺利完成本课题的探究学习。

（四）教学目标

（1）通过对实验室制取O_2所用方法及配套仪器的回顾、总结，逐步建立实验室制取气体的模型和设计思路。

（2）通过筛选实验室制取CO_2的合理方法，初步感知在实验室气体制取原理确定时所考虑的各种条件；在真实问题情境中提升学生小组合作探究能力、实验创新能力、分析解决实际问题的能力。

（3）掌握CO_2的制取、验满和检验。

（五）教学重难点

重点：掌握实验室制取CO_2的原理，并完成CO_2制取的全套实验。

难点：实验室制取气体的一般方法和实验装置设计能力的培养。

（六）教学方法

以学生为主体，有序开展小组合作学习，采用任务驱动的方式引导学生思考和实践，阶段性的交流分享为继续探究扫清障碍，以保证小组合作学习高效有序地开展。

（七）教学准备

大试管、药匙、烧杯、铁架台、双孔橡胶塞、锥形瓶、圆底烧瓶、分液漏斗、长颈漏斗、导气管、集气瓶、稀HCl、稀H_2SO_4、Na_2CO_3粉末、$CaCO_3$粉末、石灰石（大理石）固体。

（八）教学过程

教学环节	教师活动	学生活动	设计意图
1. 回顾旧知	【引导回顾】实验室制取O_2的方法	回忆制取O_2的原料和装置	学会对已有知识进行归纳、总结，培养学生分析、归纳能力
2. 分析比较，总结归纳	【引导分析】制取气体的装置包括发生装置和收集装置。根据实验室制取O_2的方法总结、确定发生装置需要考虑哪些因素。确定气体的收集装置需要考虑哪些因素	【归纳】装置的选择： （1）发生装置——反应条件、反应物的状态。 （2）收集装置——气体的密度和气体在水中的溶解性	通过对比、分析、归纳，培养学生处理和加工信息的能力

活动1　探究实验室制CO_2的反应原理

教学环节	教师活动	学生活动	设计意图
1. 列举能生成CO_2的反应	【引入新课】 我们曾学过好多种可以生成CO_2的反应，请同学们根据已有的知识积累和生活经验尽可能多地总结出来	列举得到CO_2的方法： （1）蜡烛燃烧。 （2）木炭燃烧。 （3）木炭还原氧化铜。 （4）动植物呼吸。 （5）碳在高温下还原氧化铁。 （6）Na_2CO_3与稀HCl反应	复习旧知识，为生成新知做铺垫
2. 初步筛选有望用于制取CO_2的反应	【引导分析】 （1）这些反应都能产生CO_2气体，但是否都满足实验室制取的条件呢？ （2）实验室制取气体的条件有哪些？ （3）根据这些基本条件分析评价上述制得CO_2的方法是否可以作为CO_2的实验室制法？	【分析归纳】 （1）操作简单、安全。 （2）反应速度适中，便于收集。 （3）所制得的气体纯度高。 （4）成本低廉 …… 【小结】 得到阶段性结论	指导分析方法，寻找解决问题的依据，学会解决问题的方法。 让学生初步学会如何评价实验原理

续 表

教学环节	教师活动	学生活动	设计意图
3. 实验筛选最适合实验室制CO₂的原料	【提供资料】 其实,与它类似的反应还有许多,常温下含有CO_3^{2-}的物质与相应的酸反应都可以生成CO_2,但它们能否都用于实验室制CO_2呢? 【抛锚】 (1)先探讨如何进行对比实验。 (2)然后亲自动手实验。 (3)仔细观察现象,重点比较反应的剧烈程度。 (4)由此归纳实验室制CO_2气体的理想原料	【对比实验】 取3支试管,分别加入 (1)石灰石+稀HCl (2)$CaCO_3$粉末+稀HCl (3)Na_2CO_3粉末+稀HCl再取3支试管,分别加入 (4)石灰石+稀H_2SO_4 (5)$CaCO_3$粉末+稀H_2SO_4 (6)Na_2CO_3粉末+稀H_2SO_4 记录现象,对比反应速度,对比分析现象,归纳实验室制CO_2的原料	此设计能让学生认识到实验、对比、观察是科学探究的基本方法之一,更注重学生获取新知的体验学习

活动2 探究实验室制取CO₂的装置

教学环节	教师活动	学生活动	设计意图
迁移运用	【引导分析】制取CO_2和O_2的发生装置和收集装置有何不同? 【投影】常用仪器: 引导学生展示成果,分析设计方案的优缺点,总结归纳实验最佳装置	学生讨论后提出设计方案,连接装置,展示成果。 由小组代表上台展示并讲解设计思路。其他小组同学分析评价,分析装置成败的原因。与其他小组实验装置进行比较,找出异同之处,反思自己所设计装置的不足,并归纳实验最佳装置	创设真实问题情境,鼓励小组合作探究,激励创新,提高分析问题、解决实际问题的能力,也促进学生进行发散思维。 先设计多种方案之,再交流展示,从而对方案进行反思、诊断、改进、补充完善的群体探究方式,使学生形成良好的思维习惯,并使学生体验到探究发现的乐趣

活动3　CO_2气体的制取、检验、验满

教学环节	教师活动	学生活动	设计意图
1.实验体验	【问题讨论】如果用你们设计的实验装置制取CO_2，你如何检验和验满CO_2气体呢？	回忆旧知识，讨论方法。用澄清的石灰水检验。用燃着的木条靠近集气瓶口验满。【体验实践】用自己设计的实验装置制取、收集、验证CO_2。学生动手实验，体验成功。小结、汇报自己的收获	复习旧知识，解决实际问题。锻炼学生的动手操作的实验能力，体验成功的乐趣，不断增强学生的参与意识、合作意识
2.总结归纳	比较归纳。根据O_2，CO_2的实验室制法，归纳气体实验室制法的一般设计思路	【小结】通过以上的探究学习你有何收获呢？	培养归纳、概括的能力、语言表达能力，反馈教学效果

板书设计

CO_2制取的研究

- 药品及反应原理
  - 药品 —— 石灰石（大理石）和稀盐酸
  - 反应原理 —— $CaCO_3+2HCl=CaCl_2+CO_2\uparrow+H_2O$
- 装置
  - 发生装置
  - 收集装置
- 制取气体
  - 鉴别 —— $CO_2+Ca(OH)_2=CaCO_3\downarrow+H_2O$
  - 步骤
  - 验满 —— 燃着的木条放在集气瓶口，若熄灭则收集满

实验活动2 二氧化碳的实验室制取和性质

深圳市福田区上步中学 陈 伟

一、实验选题

在初中化学实验中，CO_2的制取和性质实验是非常重要的实验。教材的实验设计简便、学生易操作，旨在让学生通过完成这一实验，牢固掌握CO_2的物理性质、化学性质以及制备方法。但是教材的实验设计也存在明显的不足：

（1）制取CO_2时无法控制反应的发生和停止，容易造成药品浪费。

（2）CO_2的性质实验操作被拆分为几个部分，很不方便且浪费时间，比如，学生在操作倾倒CO_2熄灭阶梯状蜡烛的实验时，由于角度或速率问题，成功率不高。

笔者在长期实践中，摸索出了适合于广大初中生操作的CO_2的制取和性质实验的创新设计。新设计具备取材简单、操作连贯、成功率高等优点。

二、实验设计

（一）常规方案

提前布置学生预习实验，课堂上播放操作视频，再让学生根据教材规定装置和步骤进行实验，实验效果参差不齐，而且学生对实验的目的及相关知识的巩固不到位。

（二）改进方案

1. CO_2制取装置改进

将550 mL的矿泉水瓶从瓶底以上4 cm处剪断，在瓶底上烫若干个小孔，用沸水浸泡上半截瓶子，然后把剪下的瓶底倒塞入上半截瓶中，使其牢固地套在一起，在瓶口塞上带导管和弹簧夹的胶塞，气体发生器就做成了。将1250 mL的果粒橙瓶从中间截断，下半部分留用，把用矿泉水瓶做好的发生器放入果粒橙瓶的下半部分，一个造价低廉的启普发生器就制作成功了。在矿泉水瓶口塞上带玻璃导管的胶塞，再在导管一端连接一个医用输液管，利用输液管的旋转开关，可以控制反应的发生和停止。在输液管的另一端连接玻璃导管，用于CO_2性质的验证。

2. 验证CO_2性质实验装置改进

（1）在烧杯内壁贴上干燥和湿润的紫色石蕊试纸条各一片，外壁贴上一片湿润的紫色石蕊试纸条。

（2）开始反应，打开输液管旋钮，观察烧杯中试纸条颜色的改变。

（3）点燃蜡烛，放入烧杯中，观察燃着的蜡烛的变化。

（三）效果图

验证CO_2性质的改进实验装置如图6-2-4所示。

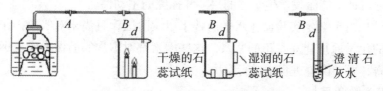

图6-2-4　验证CO_2性质的改进实验装置

四、教学设计

（一）教学设计理念

取材生活，化繁为简，寓教于乐，在实操中领悟化学知识，在合作中培养综合能力，在探究中树立科学精神。教学设计理念如图6-2-5所示。

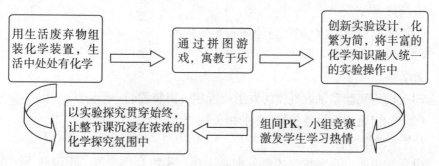

图6-2-5　教学设计理念

（二）教学内容分析

《CO_2的实验室制取与性质》是人教版九年级化学第六单元的学生分组实验。从本单元的知识结构看，CO_2的性质和它的实验室制法是本单元的核心和重点。本课主要让学生在学习了CO_2相关内容的基础上对CO_2的制取及性质知识进行巩固和升华，是对气体制取方法的深度认识，也是培养学生操作、观察、表达、讨论能力的最佳素材。本实验课有利于学生认识实验是学习化学知识的一般方法，也为以后如何通过实验学习金属及酸、碱、盐知识打好基础。同时，CO_2对自然界的生命活动，对整个地球和生态平衡起着重要作用。目前，由于CO_2的增加造成的温室效应已引起了全人类的共同关注，全面系统地研究CO_2的性质具有现实意义。

（三）学情分析

本课时内容贴近学生的生活，且学生已有CO_2相关知识储备。通过之前实验室制取O_2实验的操作，学生已初步掌握实验基本技能，这对实验室制取CO_2及其性质的验证都有帮助。另外本节课以实验创新和实验探究为主线，符合学生的学习习惯，能激发学生学习的兴趣和探究的主动性。

但是，由于学生实验操作水平尚处于启蒙阶段，且尚未对实验操作与其背后蕴含的化学原理建立真正的联系，这些因素都对本次实验课教学目标的达成带来阻碍，要在课堂进程中进行解决。

（四）教学目标

（1）掌握实验室中制取CO_2的反应原理，知道CO_2的性质及其用途。

（2）能设计和组装实验室中制取CO_2的发生装置和收集装置。

（3）通过实验，体验对实验现象进行分析、推理，以及得出结论的过程。

（4）通过CO_2制取装置的设计组装，掌握制取气体的一般思路和方法。

（5）体验科学探究的乐趣，培养科学态度和素养。

（五）教学重难点

教学重点：

（1）实验室制取CO_2的反应原理和实验装置。

（2）CO_2的化学性质。

教学难点：

（1）确定实验室制取气体的发生装置和收集装置的一般方法。

（2）如何更加简易地验证CO_2的相关性质。

（六）教学方法

引导学生通过自主思考探究、细心观察、小组合作交流、积极动手操作等方法进行学习，学生主动参与到实验探究的过程中，每个学生都动起来，体验科学探究的过程。

（七）教学准备

相关教具（实验仪器拼图）、教师自制的制取CO_2实验仪器、大理石、稀盐酸、樟脑丸、醋酸、碳酸钠、大烧杯、小组打分软件、计时软件、学生自制制取CO_2实验仪器。

（八）教学过程

教学环节	教师活动	学生活动	设计意图
1.趣味导课	展示趣味实验"会游泳的樟脑丸"（将樟脑丸放入醋酸和碳酸钠混合溶液中，开始沉入杯底，后又上浮，浮出水面后又下沉，如此循环）。	观察、思考背后的奥秘	激发兴趣，导入新课
2.温故知新	引导学生回顾CO_2的性质和用途，CO_2的实验室制取方法及与O_2制法的比较	复习回顾CO_2相关知识，书写方程式	明确本课实验内容，熟悉实验装置
3.拼图游戏	各小组分发印有实验室仪器图案的透明塑料片，要求学生用图片自由组装制取CO_2的装置。展示成果，引导思考，师生互动点评	根据塑料模型拼装CO_2的发生和收集装置，组合种类多多益善，共同点评优缺点	培养学生发散思维，进一步熟悉本课实验操作过程及原理
4.变废为宝	鼓励各小组展示他们课前制作的制取或验证CO_2性质的装置	展示本组课前制作的制取CO_2或验证CO_2性质的装置，进行PK。PK规则如下：（1）创作者介绍灵感来源和作品的操作方法和优点。（2）其他小组互动点评、质疑或指出不足之处，进行打分	学生之间的竞争可以激发他们的潜能，加深他们对知识的理解，培养他们的动手能力和创新能力
	根据得分评选出制取CO_2装置优胜组。课件展示制取CO_2的几组不同装置，引导学生认识它们的优缺点。实物展示改良后的制取CO_2的创新装置，讲解设计原理	获胜组上台进行加药品实验操作。进行CO_2的制取、收集实验，并验证其性质。其他组进行观察	规范实验基本操作，验证实验效果，加深对制取CO_2的不同装置的理解。让学生的实验操作变得更加高效，更让学生感受实验创新无处不在

教学环节	教师活动	学生活动	设计意图
5.整合装置化繁为简	引导学生分组组装以下实验装置。	（1）在烧杯内壁贴上干燥和湿润的紫色石蕊试纸条各一片，外壁贴上一片湿润的紫色石蕊试纸条。 （2）打开输液管旋钮，观察烧杯中试纸条颜色的改变。 （3）点燃蜡烛，放入烧杯中，观察燃着蜡烛变化	改进实验操作，简化实验，节省课堂时间，将丰富的化学知识融于一个实验操作中

板书设计

CO_2的实验室制取和性质

实验装置优缺点比较

↓

性质总结

物理性质
无色
无味
气态
能溶于水
密度比空气大

化学性质
（1）不燃烧，不助燃。
（2）能与澄清的石灰水反应
$CO_2+Ca(OH)_2 {=\!=\!=} CaCO_3\downarrow +H_2O$
（3）能与水反应。
$CO_2+H_2O {=\!=\!=} H_2CO_3$

反应原理：$CaCO_3+2HCl {=\!=\!=} CaCl_2+H_2O+CO_2\uparrow$

实验活动2　二氧化碳的实验室制取和性质

深圳市罗湖区翠园中学初中部　张　玺

一、实验选题

二氧化碳的实验室制取与性质是初中化学八大基础实验之一，在初中阶段是非常重要的一个内容。它是培养学生在实验室制取气体时，形成药品的选择、装置的设计、实验的方法及实验改进等思路的最佳素材，是形成学生实验室制取气体一般思路的重要实验，也是中考的热点。

二、实验设计

（一）初始方案

学生已经学习过氧气的制取，本节课探讨的主要是二氧化碳的实验室制取的基本思路，主要针对反应原理、制取装置、收集装置、验证装置和药品选择进行讨论。学生基于原有的知识储备，能够选择正确的装置即可。

但是由于实验条件有限，学生无法充分探讨选择装置的依据和每个仪器、每组装置的优缺点，因此对实验装置改进便没有正确的分析和思路。如果利用实物进行组装，则需要准备大量的仪器，不便于实际操作。

（二）改进方案

笔者将传统的氧气制取引入改为从认识干冰引入，并将小组活动的实物组装改为拼图组装，小组合作探讨，不仅增加了实验的观赏性，也增加了组装的可能性，为我们最优的实验装置的选择和实验的改进提供了非常好的素材。

另外笔者还设计了任务卡，学生可以根据任务卡的指引，自己完成制取气体的过程模拟，如对检查装置气密性的方法、何时开始收集、何时结束收集、如何检验气体等问题进行探讨，以充分具备实践制取气体的理论基础。

三、教学设计

（一）教学设计理念

本节课是深圳市初中化学连堂课的一次探索课。这一课时主要探讨在现代技术不够先进的条件下，利用传统的教学手段，如语言文字、图片、实物，设计小组合作探讨实验室制取二氧化碳的一般思路。从实验原理的确定到装置的选择，利用小组合作拼图组装的活动形式，让学生了解固液不加热反应的各种仪器组合方式，并分析优缺点，最终确定制取CO_2的最优装置，教会学生如何选择仪器装置并制取CO_2。

在以往这个课题的教学活动开展上，笔者也遇到了一些问题，比如，二氧化碳收集装置的选择需要借助二氧化碳的物理性质，而这些性质是学生能够从生活经验和已有知识推测到的，但又不能进行验证。因此本节课大胆采用了"制取+验证"的方式，让学生先根据制取原理得到二氧化碳，对二氧化碳的性质进一步验证探究，确定二氧化碳的收集方法。再在实验的基础之上，教会学生实验室中制取气体的思路和方法。

综上所述，在本节课的设计上，让学生先认识CO_2，再根据实验室制取CO_2

的原理选择合理的发生装置、收集装置。然后制取CO_2并对其性质进行验证，从而掌握二氧化碳的化学性质。让学生掌握一个完整的制取二氧化碳和检验二氧化碳性质的科学方法，为下一课时归纳实验室中制取气体的思路和方法做好铺垫。

（二）教学内容分析

人教版九年级上册化学第六单元课题2《二氧化碳制取的研究》和课题3《二氧化碳和一氧化碳》共3个课时。本节课选择了二氧化碳实验室制取的方法和性质一起探究，安排1课时。

二氧化碳的实验室制取在全书乃至整个化学学习过程中，所占的地位十分重要。它是培养学生在实验室制取某种气体时确定药品的选择、装置的设计、收集方法等思路的最佳素材。教材首先给出了实验室中制取二氧化碳的化学反应原理，然后采用活动与探究的方式，参照实验室制取氧气的实验，研究实验室中制取二氧化碳的装置，这是《二氧化碳制取的研究》一课的教学重点和难点。

（三）学情分析

首先，学生在第二单元学习了氧气的实验室制法，对于气体的制取原理、装置、收集有一定的基础，已有了初步设计实验室制取二氧化碳的知识、技能，所以本课题的难度不会很大。其次，二氧化碳作为初中化学中继氧气之后的又一重要气体，与生活联系非常紧密，学生在前期的学习中也有所接触。因此，本节课注重学生动手实验，通过实验现象验证自己的猜想。

但是由于学生接触化学的时间不长，实验动手能力和分析能力较弱，自主的实验探究能力还有欠缺，因此要引导学生进行实验操作、观察实验现象以及分析实验结论。

（四）教学目标

（1）能用化学方程式表示出实验室制取二氧化碳的化学反应原理，探究实验室制取二氧化碳的装置，能说出组成实验装置的仪器名称。

（2）学会比较、概括、归纳等方法。

（3）通过教师与学生、学生与学生之间的合作学习、研究性学习，体验探究成功的乐趣，激发学生的求知欲，形成持续不断的学习化学的兴趣。

（五）教学重难点

（1）实验室制取二氧化碳的化学反应原理及装置。

（2）实验室制取气体的一般思路。

（六）教学方法

小组合作探究、交互式教学法。

（七）实验准备

（1）纸质化学仪器模型：圆底烧瓶、平底烧瓶、锥形瓶、单孔塞、双孔塞、长颈漏斗、分液漏斗、注射器、大试管、具支试管、导管、集气瓶、水槽。

（2）实物准备：锥形瓶、双孔塞、分液漏斗、导管、集气瓶、玻璃板、大理石、稀盐酸、火柴、镊子。

（八）教学过程

教学环节	教师活动	学生活动					设计意图
生活实例引入新课	【展示学习目标】理解、掌握实验室制取CO_2的原理、仪器和装置；能够制取CO_2。概括实验室里制取气体的一般思路和方法。体验研究化学的过程和方法。【新课引入】用干冰灭火器喷入水槽。根据喷出的干冰，认识CO_2的物理性质	【任务一】认识CO_2。					激发学习兴趣，明确学习目标
		色	态	味	密度（比空气）	水溶性	
学习新知	介绍两种制取CO_2的方法，由学生自学完成石灰石和稀盐酸反应的实验，并选择合适的实验原理	【任务二】选择制取CO_2的反应。					学生从反应条件、环保节能等角度进行对比，学会选择反应原理
		方法	原理		完成化学方程式②并说出选择理由		
		①	高温煅烧石灰石				
		②	石灰石和稀盐酸反应				
		你选择的方法			理由是		

教学环节	教师活动	学生活动	设计意图
分组活动	引导小组A选择适合的发生装置	【任务三】选择制取CO_2的仪器 小组A： | 拼图制作	问题思考
---	---
① 根据反应物的状态，选择仪器（剪纸）； ② 拼图，组合出实验室制取CO_2的发生装置，用胶水粘在一张纸上； ③ 展示到黑板上（可多种组合方式，请都展示出来）	① 可以用哪些仪器盛放石灰石（大理石）？ ② 可以用哪些仪器盛放或滴加稀盐酸？ ③ 如何检查该发生装置的气密性？		学生根据指引完成拼图，并思考相关问题
	引导小组B选择适合的发生装置	小组B： | 拼图制作	问题思考
---	---
① 根据生成物的状态和性质，选择仪器（剪纸）； ② 拼图，组合出实验室制取CO_2的收集装置，用胶水粘在一张纸上； ③ 展示到黑板上（可多种组合方式，请都展示出来）	① 最佳的收集装置是哪套？并说明理由。 ② 验证CO_2，确定什么时候开始收集气体。 化学方程式： ③ 验满CO_2，确定何时结束收集。 验满的方法是： ④ 能用以下装置收集CO_2吗？请用"→"画出气体的流向。 		学生根据指引完成拼图，并思考
小组展示	引导学生对比展示到黑板上的拼图	分析拼图上装置的优缺点，确定一套最佳的制取装置	明确选择装置需要考虑的因素

教学环节	教师活动	学生活动		设计意图
小组合作	引导制取气体	【任务四】阅读以下实验操作制取CO_2的步骤		根据指引制取气体
		实验步骤	注意事项	
		按照选定的装置，组装仪器，检查气密性	本装置已检查仪器装置的气密性	
		用镊子取5~8粒块状石灰石，装入锥形瓶中	注意倾斜角度，将石灰石慢慢滑到底部	
		打开分液漏斗上方的玻璃塞，倾倒稀盐酸约至漏斗容积的一半	用玻璃棒引流	
		旋转分液漏斗的活塞，向锥形瓶中滴加盐酸	不要盖上上方的玻璃塞，不要拔掉活塞，加入适量盐酸后，关闭活塞，反应开始	
		导管先插入装有澄清石灰水的试管中，验证CO_2		
		当石灰水变浑浊时，收集CO_2	用向上排空气法收集	
		用燃着的木条靠近瓶口，验满	用玻璃片或者瓶盖盖好备用	
		【任务五】制取两瓶CO_2，分别用塑料瓶和集气瓶收集。待验证性质时使用		
学生总结归纳	根据提示，思考：（1）实验室制取CO_2的原理。（2）选择制取装置和收集装置的依据。（3）实验室制取二氧化碳的过程有哪些？	【小结】 （1）实验室制取CO_2的原理： $CaCO_3+2HCl\!=\!=\!=\!CaCl_2+CO_2\uparrow+H_2O$ （2）制取装置选择的依据：反应物的状态、反应的条件、反应速度、节能环保等。 收集装置选择的依据：制取气体的密度、水溶性。 （3）制取过程：选→装→查→加→验→收→存		小结归纳

续 表

教学环节	教师活动	学生活动	设计意图
		板书设计	

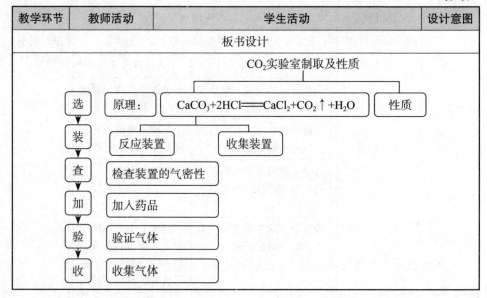

实验活动3 燃烧的条件

深圳市南山外国语学校（集团）文华学校　杨东升

一、实验选题

《燃烧与灭火》位于九年级上册第七单元课题1，本节内容主要通过探究活动让学生知道物质燃烧的三个条件以及灭火的原理和措施，这些知识对于学生掌握控制变量的实验方法和学会用火的安全意识有着非常重要的意义。

《燃烧与灭火》的探究实验是初中化学教材中非常经典的一个实验，主要用来探究物质燃烧的三个条件：可燃物、氧气、温度达到着火点。教材中的演示实验非常简洁、明了，但是还有一些问题需要改进：

（1）实验环境开放，白磷和红磷燃烧所产生的白烟会污染空气。

（2）白磷燃烧产生的白烟有腐蚀性，会对操作者和室内学生造成一定的危害。

二、实验设计

（一）改进方案

（1）用两段连接的玻璃注射器来代替烧杯。

（2）将白磷放置在水中，防止白磷自燃。

（3）用推动注射器的方式来输送空气，这样避免生成物泄露对空气造成污染。

（二）效果图

燃烧条件探究的改进实验装置如图6-2-6所示。

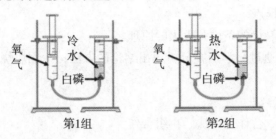

图6-2-6　燃烧条件探究的改进实验装置

三、教学设计

（一）教学设计理念

本课以"自主、合作、探究"为设计的核心思想，设计选材提供给学生充分的自主发挥的空间，通过小组合作的形式来提升思维的灵活性和新颖性，再结合实实在在的探究活动，让学生通过现象分析，发现问题的本质，达到对于燃烧条件实质的认识。而且结合新型的信息技术——微课，强化实验创新意识和环保意识，丰富课堂的内涵，让传统的化学课堂焕发新的光彩。

（二）教材分析

本节课为人教版九年级化学上册第七单元课题1《燃烧和灭火》，是在氧气性质基础上的总结和延伸。在生活中，学生熟悉燃烧的现象，并且在前几单元的学习中，分别接触了液态（酒精）、固态（硫、铁等）、气态（氢气等）等物质的燃烧。所以本课题是对之前所认识的"燃烧"现象进行深入了解并理解燃烧的概念、燃烧发生所需要的条件，并且应用于实际生活中。教材从燃烧条件的实验入手，引导学生通过实验探究，得出燃烧需要的三个必备条件和灭火的一般方法，最后通过实例将理论运用于实际生活。

（三）学情分析

通过本节课的学习，能让学生在动手探究中感悟科学探究的一般过程和方法，培养学生科学探究的能力；同时引导学生在实验中观察、分析得出结论，再将结论运用到生产、生活实际当中，培养学生解决问题和总结规律的能力。

（四）教学目标

（1）掌握燃烧的条件和灭火的原理；知道防火和自救的常识，培养自护自救的能力。

（2）通过活动与探究，培养学生的实验操作能力、观察能力、合作与交流能力。

（3）通过实验探究燃烧的条件，学习对获得的事实进行分析得出结论的科学方法。

（五）重点难点

教学重点：燃烧的条件和灭火的原理。

教学难点：通过科学探究分析得出结论的方法；运用燃烧与灭火的理论解决实际问题。

（六）教法学法

实验探究法、合作交流法、小组合作。

（七）实验准备

器材：酒精灯、坩埚钳、小烧杯2个、火柴一盒、小煤炭、木条2个、玻璃棒1根、小石子、大烧杯2个、蜡烛2支。

（八）教学过程

教学环节	教师活动	学生活动	设计意图
1. 创设情境	魔术导入。 提问：燃烧是否能随时发生？需要什么条件？	学生从生活实际和社会热点话题中发现化学问题	激发学生的求知欲，体会化学无处不在
2. 燃烧条件的探究	提出猜想：燃烧需要什么条件？ 实验探究：燃烧的条件。 巡视指导：引导学生观察实验现象，注意实验操作的规范。 总结交流：引导学生描述实验现象并分析归纳燃烧所需要的3个条件	提出假设：可燃物、温度等。 分组实验，合作交流。 观察现象，讨论并得出结论	从活动中思考并悟出燃烧的条件。培养学生动手探究、分析、归纳的能力。通过小组成员之间相互交流，使学生学会分享、合作
3. 燃烧条件的关系	提出问题：燃烧的3个条件有什么关系？ 微课展示："水火相容"。 总结归纳：引导学生通过实验现象，得出燃烧的三个条件缺一不可	观察思考。 描述实验现象，分析得出结论	了解对比实验在科学探究中的重要性，并加强环保意识的培养
4. 创设情境	活动：我是灭火高手。 学生用不同的方式熄灭蜡烛	思考燃烧的功和过，认识对灭火的原理和方法探究的重要性	学生认识事物的两面性，使他们树立掌握规律的思想

续　表

教学环节	教师活动	学生活动	设计意图
5. 灭火原理的探究	总结交流：引导学生描述实验现象并分析归纳灭火的原理。归纳：灭火的原理就是破坏燃烧的一个或几个条件	观察现象，讨论并得出结论。思考、讨论	联系生活实际，感悟灭火的原理和方法。使学生领悟到化学知识就在我们生活当中，学会用化学知识解决生活问题
6. 知识延伸	观看火灾自救逃生的视频	思考：生活中的安全常识及面对火灾如何逃生	将理论与实际生活相结合，让化学学习使学生受益终身
7. 小结应用	通过该课的学习，你学到了哪些知识？学以致用：练习详见学案	回顾归纳。练习	总结本课的重点，学生对本课的知识由短时记忆过渡到有效的长时记忆

板书设计

燃烧和灭火

燃烧条件　　　　　　　　　灭火原理
可燃物　　　　　　　　　移除可燃物
氧气　　　　　　　　　隔绝氧气
温度达到着火点
缺一不可　　　　　　　　　缺一即可

降温

实验活动4　金属的物理性质和某些化学性质

深圳市龙华区外国语学校　周育妹

一、实验选题

　　本课题是初三化学8个学生必做的分组实验之一，是在学生系统地学习完金属的物理性质和某些化学性质后进行的综合实验，不仅是对本单元所学知识的复习巩固，更是为了使学生的学科能力得到提升。通过实验能巩固和加深学生对金属物理性质和某些化学性质的认识；由学生自己设计并进行实验的部分，让学生尝试进行多种实验方案的设计，然后筛选、交流、讨论，形成合理方案后动手实验，培养学生的实验设计能力。

二、实验设计

（一）初始方案

以小组为单位，在学习完课题1《金属材料》和课题2《金属的化学性质》之后，学生按照教材的实验设计进行简单的分组实验，在学生分组实验的过程中发现问题，个别或集中纠正。

（二）改进方案

为了提高学生对实验的归纳、演绎、推理能力，本节课的探究实验是在小组合作设计实验方案的基础上进行的，并进行互评。在比较金属活动性环节，实验台上分别摆放着铁、银和硫酸铜溶液；硝酸亚铁溶液、硝酸银溶液和铜；稀盐酸、铁、铜、银、硝酸银溶液；稀盐酸、铁、铜、银、硫酸铜溶液。学生自由选择材料做实验，如果有的小组实验顺利较早完成，还可以进行第二种实验方案，这样设计使每个小组有充裕的时间完成必做的一个实验，也给操作能力强的学生更多尝试的机会。最后学生根据实验现象和结论，共同归纳出金属的物理性质和某些化学性质。本课中金属与稀盐酸、稀硫酸的反应是在点滴板上完成的，实验现象更容易观察，药品用量少，更加符合"绿色化学"的理念。

三、教学设计

（一）教学设计理念

初中化学在这部分对同学们的要求是：既要获得对金属单质的物理性质或化学性质间存在某种程度相似性的认识，又要善于观察到它们各自的特征，如纯净金属表面的色泽，单质的硬度、密度、回弹性等，特别注重它们之间存在的巨大差异，注重发现和展现物质的个性，因为这是用于识别、分离、检出和选择废弃物处理方法的依据。这部分内容从稳定性和反应性两个方面来认识金属单质及其氧化物，可以获得确定性更高的结论，属于初等化学的学习任务。学生真正认识了单质和化合物中元素形态及性质的变化，可以增进对化学元素论的深入了解。本节课特别注重学生合作探究，"以学生为主题"，注重学生的生成性问题，层层递进，引导学生透过现象看本质。实验方面，颠覆常规课堂直接给予学生规范的实验方案与步骤，学生在老师的指导下，自行设计实验方案，选择仪器来完成对金属物理性质和化学性质的探究。

（二）教材分析

本节课选自人教版九年级下册教材中的学生实验活动4。教学任务主要是通过学生分组实验，帮助学生对金属主要是常见金属，如钠、镁、铝、铜、铁的物理性质及化学性质形成初步的认识。由于实验条件所限，涉及的物理性质仅限于能够用肉眼观察、触摸以及简单仪器能够完成的几种，但是可以获得简单识别常见金属的依据。化学性质则限于和空气、水及某些酸碱间的作用。金属的物理性质可以选择以下内容探究金属的外观，包括新鲜表面和已产生氧化膜的外观对比、硬度、弹性、延展性和导电性等的简单测试。金属的化学性质可以选择的探究内容包括常温下和高温下几种金属在空气中的稳定性，和盐酸、稀硫酸、稀硝酸、稀氢氧化钠溶液的作用，金属氧化物的还原如用碳粉还原氧化铜、氧化铁和氧化铝时实验现象的对比等。

（三）学情分析

在本单元之前，学生在学习非金属元素氧、碳及其化合物知识的时候，已经进行了多次探究活动和学生实验，具有一定的科学探究能力和实验的基本技能。经历本次实验活动，学生可以进一步全面熟悉研究物质物理性质、化学性质的大概框架，为研究酸、碱、盐奠定实验基础。

金属是学生比较熟悉的一类物质，学生已经经过多次实验课和实验探究，具备了基本的实验操作技能和科学探究能力。学生第一次面对如此多的实验药品和仪器，自己设计实验并完成实验有一定难度。

（四）教学目标

（1）巩固和加深对金属性质的认识。

（2）培养学生实验设计能力。

（3）通过认识金属的性质，初步学会运用观察、实验等方法获取信息并用文字和化学语言表达有关信息。

（五）教学重难点

（1）金属的物理性质。

（2）金属的化学性质及活动性强弱探究。

（六）教学方法

小组合作探究、任务驱动法。

（七）实验准备

点滴板、试管、试管架、酒精灯、坩埚钳、电池、导线、小灯泡、火柴、镁条、锌粒、铝片、铁片、铁粉、铜片、黄铜片、铁丝、铜丝、银丝、稀盐酸、稀硫酸、硫酸铜溶液、硝酸银溶液、硝酸亚铁溶液。

（八）教学过程

教学环节	教师活动	学生活动	设计意图
1.问题情境导入	【提问】在自然界中，有的金属以单质形式存在，有的金属却是以化合物形式存在，这是为什么？它们在什么条件下进行相互转化？	学生思考	以金属在自然界中的常见形式引发学生思考和探究的兴趣
2.实验探究：金属的物理性质	（1）下发导学案，学生设计实验方案，并在方案设计过程中思考实验中应该注意哪些事项	小组针对金属的物理性质讨论设计实验方案并总结方案设计	培养学生实验设计能力，巩固金属物理性质
	（2）实验探究。 ① 观察并描述镁、铝、铁、铜的颜色和光泽（实验前，用砂纸打磨镁条、铝片和锌片）。 		镁	铝	铁
颜色			
光泽			
			| ② 用相互刻画的方法，比较铜片和铝片的硬度。 ③ 用相互刻画的方法，比较铜片和黄铜片（或白铜片）的硬度。 ④ 按下图连接实物电路，闭合开关。 	动手实验，观察记录实验现象，分析原因得出结论	学生亲历实验探究的整个过程，并在教师的点拨下完善不足之处
	（3）实验小结。 根据实际情况对实验中的问题进行点评。 教师根据学生得出结论，板书。 ① 金属都有金属光泽。 ② 不同金属硬度不同，合金比其组分纯金属的硬度大。 ③ 金属有导电性和导热性	汇报金属的物理性质，实验验证情况、实验现象、结论以及实验注意事项	完善学生实验中的不足，使学生对金属，物理性质有更清晰的理解，并为下一步进行化学性质研究做铺垫

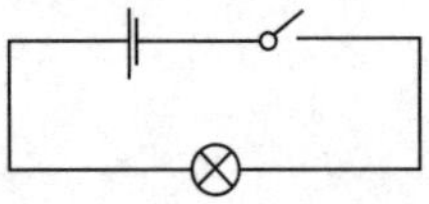

续　表

教学环节	教师活动	学生活动	设计意图
3.实验探究：金属的化学性质	（1）用坩埚钳夹取一块铜片，放在酒精灯火焰上加热，观察铜片表面的变化。 请学生写出化学方程式	学生实验，写出化学方程式	通过实验，进一步理解金属化学性质。 根据反应的剧烈程度判断4种金属的活动性为由镁、铝、锌至铁依次减弱
	（2）在点滴板上分别放入少量用砂纸打磨过的镁条、铝片、锌粒、铁片、铜片，然后分别加入少量稀盐酸（或稀硫酸），观察现象。 反应物／反应现象／反应方程式 稀硫酸或盐酸：镁、铝、锌、铁、铜	学生依次完成实验，并填写实验记录单	
	（3）比较金属（铁、铜、银）活动性的强弱 ① 设计并交流实验方案，比较金属活动性的强弱，并在方案设计的过程中思考实验中应该注意哪些事项	小组设计并交流展示： （1）设计的实验方案。 （2）可能想到的实验注意事项。 设计对比实验需要注意控制：变量，酸的种类、浓度和用量，金属的种类、形状、质量，反应温度等	着重学习对比实验设计，并进一步巩固金属的化学性质
	② 分小组实验 在公共实验台上放置多种实验药品供各小组挑选，在点滴板上完成实验，并描述现象得出结论。	不同小组根据自己挑选的药品完成实验。得出实验结论，并从中发现规律。	通过实验验证自己设计的实验，培养学生的实验探究能力。

续 表

教学环节	教师活动	学生活动	设计意图
3.实验探究：金属的化学性质	（三组实验：铁、银和硫酸铜溶液；硝酸亚铁溶液、硝酸银溶液和铜；盐酸、铁、铜、银、硝酸银溶液；盐酸、铁、铜、银、硫酸铜溶液） 	猜想	实验步骤	现象	结论
			| ③ 实验小结。 小组代表汇报实验结论，教师点拨，共同总结出比较金属活动性强弱的一般方法	汇报金属化学性质、实验验证情况、实验现象、结论以及实验注意事项	进一步理解金属化学性质，掌握对比实验的设计方法，为以后的实验活动课顺利进行提供参考
4.课外延伸	列举金属活动性在工农业生产和科学研究中有重要应用	思考拓展	巩固金属的物理性质和化学性质，进一步提升实验设计能力

板书设计

金属的物理性质和某些化学性质

实验活动5　一定溶质质量分数的氯化钠溶液的配制

深圳市福田区华富中学　赵碧燕

一、实验选题

本课题是初中化学8个学生必做的分组实验之一。通过实验能强化学生对固体药品的取用、托盘天平、量筒、滴管、烧杯、玻璃棒等的规范操作；掌握实验室配制一定溶质质量分数溶液的实验步骤和方法；加深对溶质质量分数计算的理解和运用。

二、实验设计

（一）初始方案

以小组为单位，在新课后，学生按照教材内容操作，在学生分组实验过程中发现问题，个别或集中纠正。

（二）改进方案

为了减少学生实验过程中可能出现的盲目性，在实验前通过观看一位学生的实验视频，按步骤分析这位学生的实验操作失误和规范之处。在总结托盘天平和量筒这两个重要仪器的操作要领后，学生再开始分组实验，实验后进行总结。

三、教学设计

（一）教学设计理念

本节课是人教版九年级化学下册教材中的学生实验活动5。教学设计理念是通过学生分组实验，练习配制一定溶质质量分数的溶液的方法，知道配制溶液的基本步骤，掌握实验操作的要领。通过对浓溶液配制稀溶液方法的分析，加深对溶质质量分数概念的理解，学习配制一定溶质质量分数的溶液的另一种方法。教学流程如图6-2-7所示。

学生活动线　　　　　　　　　　　构建思路线

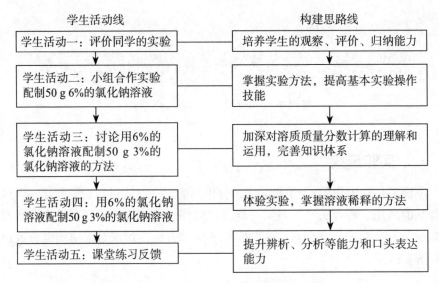

图6-2-7　教学流程图

（二）学情分析

学生在实验室做实验时，开始经常出现不知从何下手的情况，所以在一上课笔者就设计了观看同学实验操作过程的视频，通过观看、评价和分析，使学生动手实验前做到心中有数，训练有效。

关于溶质质量分数的计算是学生学习的一个难点，所以要给学生充足的时间进行思考，再通过实验使学生直观地认识到浓溶液和稀溶液之间存在着溶质质量相等的关系，有助于对溶质质量分数计算的理解。

通过课后练习的设计，让学生学会分析不规范操作对实验结果的误差分析的影响。

（三）教学目标

（1）学习观察、分析问题的能力，掌握实验操作注意事项。

（2）小组合作，实验过程中掌握实验操作步骤。

（3）通过浓溶液配制稀溶液的计算讨论，加深对溶质的质量分数概念的理解。

（四）教学重难点

教学重点：一定溶质质量分数溶液配制的实验步骤和实验规范操作。

教学难点：浓溶液配制稀溶液的计算。

（五）实验准备

学生分组实验：氯化钠固体、托盘天平、烧杯（3个）、50 mL量筒、玻璃棒、胶头滴管、细口瓶（2个）、标签（2个）。

（六）学法分析

本节课的重点是配制溶液的步骤和实验规范操作。因为这个实验是往年中考学生实验考核的内容，现就读九年级的学生有所了解并且很重视，所以课前安排一位学生做了这个实验并拍成视频。这位学生的表现真实，又是大家熟悉的同学，所以在"请指教"的氛围下观看，学生会很认真地观看并根据自己所学去做"考官"。在这个过程中学生自己发现问题并归纳出这个实验中的各种注意事项，能达到印象更深刻的教学目的。

本节课的难点是用浓溶液配制稀溶液的计算环节，在学生充分思考后，分析学生的解题思路，帮助全体学生理解计算依据和解题方法，通过实验加深印象。

（七）教学过程

教学环节	教师活动	学生活动	设计意图
1.教学引入	在农业中需要用到溶质质量分数为16%的氯化钠溶液，这个浓度你知道如何配制吗？本节课我们就来一起学习配制一定溶质质量分数的溶液		导入新课
2.观看同学"配制50 g溶质质量分数为6%的氯化钠溶液"的实验视频		学生观看视频	培养学生观察、分析问题的能力
3.请指教	按实验顺序引导学生评价	评价同学的实验操作是否规范	通过评价同学实验，掌握实验操作的注意事项
4.归纳学生的讨论要点：操作注意事项	引导学生将讨论归类：称量氯化钠、量取水操作的注意事项	提问学生，归纳刚才的讨论分析	培养学生的归纳、总结的能力，检查学习效果、加以巩固
5.学生分组实验一：配制50 g溶质质量分数为6%的氯化钠溶液	观察学生的实验情况并及时予以指导	学生合作完成实验	练习配制一定溶质质量分数的溶液的方法，知道配制溶液的基本步骤，掌握实验操作的要领
6.实验小结	评价学生实验中出现的问题，即时纠正并示范正确方法		通过强调和纠正帮助学生规范操作

教学环节	教师活动	学生活动	设计意图
7. 讨论"用已配好的溶质质量分数为6%的氯化钠溶液，配制50 g溶质质量分数为3%的氯化钠溶液"的计算方法	（1）同屏展示个别学生的计算过程。（2）提问列式的目的、数据所代表的物理量、计算依据	（1）学生独立完成计算过程。（2）回答列式依据和数据所表示的物理量。（3）讨论交流	发现个别学生读不懂题目，通过分析帮助学生理解题意；有的学生解题处于模仿阶段，并没有真正理解计算方法，通过讨论帮助学生理解计算依据
8. 学生分组实验二：用已配好的溶质质量分数为6%的氯化钠溶液，配制50 g溶质质量分数为3%的氯化钠溶液	观察学生的实验情况并及时予以指导	学生合作完成实验	通过训练掌握用浓溶液配制稀溶液的方法，认识到液体一般用量筒量取，会将溶液质量换算为体积
9. 实验小结	评价学生实验中出现的问题，即时纠正并示范正确方法		通过强调和纠正帮助学生规范操作
10. 课堂练习	引导学生对实验误差进行讨论、分析	（1）学生练习。（2）讨论分析	巩固两个实验操作的要点，学会分析错误操作对实验结果造成的误差

板书设计

一定溶质质量分数的氯化钠溶液的配制

配制50 g溶质质量分数为6%的氯化钠溶液 ——计算——> 溶质质量=溶液质量×溶质质量分数

溶质（固体） 托盘天平称量

溶剂 量筒量取

配制 烧杯、玻璃棒

↓稀释

配制50 g溶质质量分数为3%的氯化钠溶液 ——实验——>

实验活动6　酸、碱的化学性质

深圳市福田区侨香外国语学校　陈　莉

一、实验选题

实验课是化学课的重要组成部分，是学生在进行化学学习的过程中最感兴趣，最容易调动学习积极性的课型。但当前学校开展的实验课大都拘泥于课本，由教材给出实验目的与步骤，学生按照步骤依次完成实验操作，观察现象与记录，这并没有真正发挥实验课的作用。如何能让一堂实验课生动、有效，特别是让学生的学习能力得到锻炼和提高而不只是"玩一玩"？基于这样的思考，笔者选择了教材里一节最朴实的基础实验课进行教学改良和研究。

二、实验设计

（一）原始方案

学生已经学习过酸和碱的主要化学性质，能够针对反应原理、实验操作、药品选择等问题进行讨论。教材要求学生基于原有的知识储备，能够进行正确的实验操作即可。

但是这部分实验内容涵盖了酸和碱的通性、酸与金属及金属氧化物的反应、酸在实验室制备气体中的选用，酸碱中和反应的现象表征等知识点，而且这部分实验在生活中运用的例子也非常多，对学生实验综合能力的要求较高：既有操作也有思辨的过程，并不是简单地为了观察现象而实验，需要推理、归纳、实证。

（二）改进方案

笔者选定了实验内容的主题——"实验废液的处理与利用"，以含$Ca(OH)_2$的废液（碱性废液）和含盐酸的废液为主体，创设多个问题情境展开主题探究。通过主题探究把多个实验关联起来形成知识网络，帮助学生通过实验加深对酸、碱化学性质的认识。

（三）实验效果表

探究主题一：向NaOH溶液中滴加稀盐酸

实验过程	实验现象	实验结论
1. 向小烧杯中倾倒20 mL含NaOH的废液，滴加2～3滴酚酞试液，插入1根温度计，测量溶液温度		
2. 用胶头滴管吸取稀盐酸逐滴加入上述小烧杯中，边加边振荡，当溶液刚好变成无色时，停止滴加稀盐酸，观察实验现象		
3. 取步骤2反应后的溶液少许，转移到另一支试管中，再滴加1滴NaOH溶液，观察溶液颜色的变化		

探究主题二：探讨废液中酸和碱的用途

小组	操作	现象	结论及化学方程式
第一组：含Ca(OH)$_2$废液的用途	取1支试管，加入1mLCuSO$_4$溶液，再逐滴加入含Ca(OH)$_2$废液		
第二组：含稀HCl废液的用途	取3支试管，分别加入镁条、锌粒和铜片，再分别向试管中逐滴加入含稀HCl的废液		
第三组：含稀HCl废液的用途	取2支试管，分别加入1枚生锈铁钉、生锈铜制品，再分别向试管中加入1～2 mL稀HCl废液		
第三组：含稀HCl（稀硫酸）废液的用途	取2支试管，分别加入小半药匙石灰石、Na$_2$CO$_3$粉末，再滴加含1～2 mL稀HCl（稀硫酸）废液		

三、教学设计

（一）教学设计理念

化学的学科特征决定了化学实验是探究性学习的主要途径。如何上好一节实验课，除了有规范的实验方案与步骤以外，我们不能忽略化学实验的本质作用——提高学生的学科能力与核心素养。在这种实操的课堂上如果能给实验设定一个主题，提供一个问题情境进行探究性实验，设计方案，解决问题，更能发挥实验课的实效与功用。因此，笔者认为对实验内容的重新整合，主题和情境的预设是可以最大限度调动学生实验的积极性与主动性的。让学生有目的、有方向地进行实验探究，实验课就可以真正成为一个学习活动课。教学设计理念如图6-2-8所示。

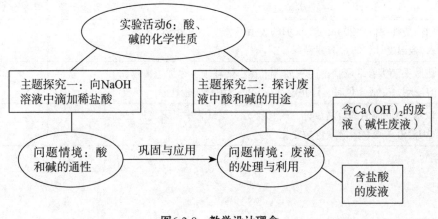

图6-2-8　教学设计理念

（二）教学内容分析

《实验活动6　酸、碱的化学性质》是人教版化学九年级下册第十单元中的一个基础实验，其中包含了酸和碱的性质以及酸碱中和反应的实验。本节课为学生实验课，是在学生系统地学习完酸和碱的性质后进行的综合实验，不仅是对本单元所学知识的复习巩固，更是为了使学生的学科能力得到提升，把酸碱知识提高到运用层面上来。整节课分为两个探究主题：主题一，向氢氧化钠溶液中滴加稀盐酸，是将酸的通性及碱的通性巧妙地融入实验活动中，巩固本单元所学知识点。主题二，探讨废液中的酸和碱的用途，旗帜鲜明地把知识点推广与运用，联系生活，把知识应用于生活，通过问题激发思考，提升能力。

（三）学情分析

实验的本质不仅仅限于动手，通常我们对实验活动的理解局限在动手能力的培养。实际上大部分初中学生在进行实验探究的过程中，往往只注意到表象，循规蹈矩，按部就班，不去认真思考、分析，只"探"不"究"，并不能真正地培养学生的实验能力和实验精神。教师要注意引导，培养学生良好的学习习惯，使学生认真思考，善于发现问题，主动设计方案，积极参与合作交流。

（四）教学目标

（1）加深对酸、碱的主要性质的认识。

（2）通过实验解释生活中的一些现象。

（3）初步学习运用比较、分类、归纳和概括等方法获取信息，培养学生善于发现问题、严谨求实、善于合作等科学品质。

（五）教学重难点

实验中酸、碱的用途及定量关系。

（六）教学方法

小组合作探究、主题探究教学法。

（七）实验准备

仪器：试管、药匙、蒸发皿、玻璃棒、酒精灯、铁架台、坩埚钳、胶头滴管、温度计。

药品：稀盐酸、稀硫酸、稀氢氧化钠溶液（5%）、氢氧化钙溶液、硫酸铜溶液、氢氧化钙粉末、碳酸钠粉末、石灰石、石蕊试液、酚酞溶液、pH试纸、生锈的铁钉、镁条、锌粒、铜片。

初中化学

实验创新的探索与实践

（八）教学过程

教学环节	教师活动	学生活动	设计意图
1. 主题探究	问题导入：某研究小组发现某工厂正在排放含NaOH的废水，觉得会污染水质，于是取来样品20 mL进行研究。欲将其调至中性再排放现在你的实验。桌上有一瓶在实验室中产生的含稀盐酸的废液，请帮助他们想办法处理掉？	学生认识实验桌面的仪器和实验样品，初步明确实验主题	确定探究主题，提供问题情境，为后面的实验设置主线。围绕酸与碱的性质展开探究
2. 探究主题一：向NaOH溶液中滴加稀盐酸	引导学生根据酸、碱的通性设计实验方案，解决情境中的问题。思考：实验（3）中反滴含NaOH的废液的目的是：_____	【探究主题一】向NaOH溶液中滴加稀盐酸。 （1）向小烧杯中倾倒5mL含NaOH的废液，滴加2～3滴酚酞溶液。 （2）用胶头滴管吸取稀盐酸逐滴加入上述小烧杯中，边加边用玻璃棒轻轻搅拌。当溶液刚好变成无色时，停止滴加稀盐酸，观察实验现象。 （3）取步骤（2）反应中的溶液少许，转移到另一支试管中，再滴加1滴含NaOH的废液，观察溶液的颜色变化。 小组讨论，回答问题	这个主题有两个探究点： （1）如何区别稀盐酸和NaOH溶液。 （2）如何证明稀盐酸和NaOH溶液发生了反应。在实验过程中将酸与碱的通性融入其中引导学生进一步思考酸碱中和时恰好完全反应的求证过程。培养质疑精神和严谨求实的科学品质

236

续 表

教学环节	教师活动	学生活动	设计意图
3. 探究主题二：探讨废液中酸和碱的用途	引导学生根据实验现象总结归纳酸、碱的化学性质	【探究主题二】探讨废液中酸和碱的用途。 第一组实验：含Ca(OH)₂废液的利用。 取1支试管，加入1m LCuSO₄溶液，再逐滴加入含Ca(OH)₂的废液。描述现象并写出反应方程式。 Ca(OH)₂ 硫酸铜溶液 蓝白色沉淀 第二组实验：含盐酸废液的利用。 （1）取3支试管，分别放入1片镁条、1粒锌粒和1片铜片，分别向试管中加入约1mL的稀盐酸的废液。描述现象并写出反应方程式。 镁 锌 铜 （2）取2支试管，分别放入1枚生锈的铁钉，再向试管中分别加入1~2 mL的稀盐酸废液。待锈去掉变光亮后取出其中一支试管里的铁钉。继续观察另一支试管中的现象，描述现象并写出反应方程式。 锈铁钉 稀盐酸 铁钉 （3）取2支试管，分别加入小半药匙碳酸钠粉末、石灰石，再加入1~2 mL含稀盐酸的废液。描述现象并写出反应方程式。 稀HCl 稀HCl 碳酸钠粉末 石灰石	通过以Ca(OH)₂和稀盐酸为代表的碱性废液、酸性废液的实验，更深入地认识酸、碱的化学性质及应用

教学环节	教师活动	学生活动	设计意图
4.小组讨论	思考1：用稀盐酸除去铁制品表面的铁锈，是否能将铁制品长期浸泡在酸溶液中？为什么？写出相关化学反应方程式	小组讨论，回顾教材，结合实际回答问题	学生总结金属除锈应该注意的问题。归纳用酸进行除锈的优缺点
	思考2：根据实验现象说明在实验室常用稀盐酸和大理石反应来制取CO_2气体，而不用稀硫酸的原因是 _____ 。不用Na_2CO_3粉末的原因是 _____	小组讨论，回顾教材，结合实际回答问题	巩固实验室制备CO_2气体时药品的选用。酸在实验室中的应用
	思考3：结合第二组实验我们发现影响酸与金属反应剧烈程度的因素有 __	小组讨论，回顾教材，结合实际回答问题	巩固酸与金属反应的性质，突出H在金属活动顺序表中的位置
5.归纳小结	问题：通过对以上实验现象与反应方程式的分析，酸和碱的化学性质是由什么决定的？	学生根据反应的现象及产物的分析酸碱中和的产物中有H_2O，H_2O是怎么来的？酸与金属反应产生H_2，H_2是怎么来的？CO_2气体又是怎么来的？ 从反应原理中得出，酸与碱的化学性质由H^+，OH^-决定 	加深学生对酸与碱的概念的理解：在水中能解离出的阳离子全部是H^+叫酸。在水中能解离出的阴离子全部是OH^-叫碱

续 表

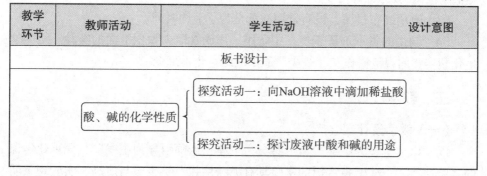

教学 环节	教师活动	学生活动	设计意图
		板书设计	

实验活动7 溶液酸碱性的检验

深圳市福田区莲花中学　杨晓琳

一、实验选题

本课题从认识酸、碱的性质与指示剂的作用有两方面，让学生初步体会酸和碱是两类不同的物质，让学生对酸和碱的性质有一些初步的了解，为之后学习常见酸和碱的性质、用途做趣味性的引入。

酸碱指示剂在前面的学习中已有接触，如学习分子运动时用到无色酚酞试液，学习CO_2时用到紫色石蕊试液。在本课时自制酸碱指示剂非常有趣味，能吸引学生的注意力，但因为课时有限，该实验大多数情况下一带而过，学生错失了一次深度体验化学实验的机会。

为了学生能亲身体验化学实验的过程，在选取一些植物的花和叶做了多组对比实验之后，笔者确定了用红玫瑰与紫甘蓝做指示剂，因其颜色变化明显，汁液也较多，用研钵碾碎之后再用酒精浸泡约2分钟就可以制得指示剂，使课堂上学生实验的时间得以保证。

二、实验方案

（1）实验台上分别摆放玫瑰花和紫甘蓝叶，学生自由选择原材料。如果有的小组实验顺利较早完成，还可以做第二种材料的实验，这样设计使每个小组有充裕的时间完成必做的一个实验，也给操作能力强的学生更多尝试的机会。

（2）实验过程中，取样的量适中，不宜过多。用研钵碾碎尽量充分，烧杯中酒精浸泡约2分钟即可。

（3）改用纱布过滤，没有选用滤纸是为了节约时间。

（4）制得的指示剂置于烧杯中备用，用滴管取少量做下面的实验。培养学生化学实验的规范操作和"量少"原则的绿色化学理念。

三、教学设计

（一）教学设计理念

以"化学实验为主导，学生参与为主体，老师引导为主线"，秉承化学课的实验性特征，酸碱指示剂的实验具有趣味性强、学生参与度高、实验现象明显等特点。本课将历史故事、实验小品、魔术和教学内容融合在一起，构建了一种师生之间和谐、融洽的新型教学模式和学生乐于探索问题、研究问题、解决问题的新型学习模式，以小组合作学习为载体，层层推进，引导学生通过观察、思考、合作、操作、展示、交流等方面，全面激发学习潜能。

（二）教学内容分析

本节课通过学生自编的小品，把波义耳意外发现紫罗兰花瓣变红的故事引入课题，通过学生表演魔术激发学生的好奇心。酸碱指示剂的变色反应操作简单，但对于酸和碱是不同物质的分类思想的建立很有帮助。自制酸碱指示剂不但培养了学生的动手能力，而且学生的实验观察能力、表达总结能力也得到同步提升。增加的实验讨论题使学生能将本节课所学知识学以致用，用所学知识解释上课开始的小魔术原理，首尾呼应。本节课在绚丽的色彩变化中探索化学反应的美丽。

（三）学情分析

酸、碱与指示剂的作用，教学难度不大，学生之前在学习时曾用过酸碱指示剂试，但这节课是更全面地认识酸碱指示剂的发现历史，通过实验认识到酸和碱是不同类别的物质，有着不同的性质，课堂完成自制酸碱指示剂的实验，极大地增加了学习的乐趣。

（四）教学目标

（1）通过实验活动，体会化学源于生活的思想，学会从已知到未知的探索过程。

（2）能将身边的自然事物与课堂学习的主题相联系，尝试自己设计实验。

（3）提高实验探究能力，勇于发现问题并乐于继续探寻规律的意识。

（4）了解化学发展史，树立对科学家探索发现的科学精神的敬重之情。

（五）实验仪器、材料

研钵、纱布、紫罗兰花、玫瑰花、紫包菜叶、白醋、苹果汁、石灰水、NaOH溶液、紫色石蕊溶液、无色酚酞溶液、稀盐酸。

（六）教学过程

教学环节	教师活动	学生活动	设计意图
1. 小品导课	在化学史上有个关于紫罗兰的故事	小品、故事引入课题（学生自编自演，用紫罗兰花重演当年波义耳的意外发现。波义耳的科学故事，学生课前查阅资料，课堂分享）	回顾物质发现的过程，介绍科学家波义耳，让学生了解这位伟大的科学家，感受科学家的探索精神
2. 小魔术	"消失的字"魔术	两个学生进行魔术表演（学生1在浸过酚酞的滤纸上用稀$NaOH$溶液写出红色的字，学生2用稀HCl溶液使字消失）	创设悬疑问题，调动学习热情，引入课程主题
3. 认识仪器	桌上的仪器大家都认识吗？	互相帮助认识仪器，并回顾各种仪器的规范操作要求	发扬合作精神
4. 了解仪器使用方法和用途	桌上的哪些仪器能完成破碎？哪些仪器能用来去渣？	认识新仪器研钵、纱布等的用途。学生讨论、回答	温故知新，简单掌握操作要求
5. 学生实验一	酸、碱与指示剂的作用。巡视，分别指导学生实验	教材P50实验10-1。合作实验，从实验中找证据，得出结论：酸和碱是两种不同的物质。	实际操作实验通过实验现象学习物质分类
6. 学生实验二	探究实验指导（小组分工，选取不同的原料）	探究实验：自制酸碱指示剂	体会实验的过程，拓展对自然界物质的更多认知
	提取指示剂，滴入4种溶液，溶液颜色发生了哪些变化？	分组实验，提交结果	调动学生的学习积极性，激发探知欲望

教学环节	教师活动	学生活动	设计意图
7. 实验汇报	请红玫瑰组和紫包菜组的同学展示你们的实验成果	学生分别展示。	交流实验结果，从感官上感受物质的神奇
8. 学生活动	同学们能总结出花的汁液颜色变化与什么因素有关吗？	分析、回答，讨论、总结，如何设计实验才能更好地比较性质？	将知识提升到规律性，实验方法的引导，体现控制变量法
9. 学以致用	提出问题	讨论可能性后，通过实验证明自己的猜想。 向某无色溶液中滴入无色酚酞溶液后不显色，向该溶液中滴入紫色石蕊溶液，则（　）。 A.一定显红色 B.一定显无色 C.可能显紫色 D.可能显紫色，也可能显红色	通过方法的总结，应用具体实验，证实自己的猜想，建立化学实验观念
10. 回答引入课题的疑问	能用今天学习的内容，解释刚才字消失的原因吗？	学生讨论解答	体会解决问题的快乐，激发学习化学的兴趣
11. 课外延伸	鼓励课外活动	可以用更多的生活用品作为实验原料	建立学习和生活紧密联系的思想

第8环节学生活动中的表格：

指示剂（汁液）	白醋	石灰水	盐酸	NaOH溶液

板书设计

溶液酸碱性的检验

	石蕊溶液	酚酞溶液
酸溶液	紫色→红色	仍无色
碱溶液	紫色→蓝色	无色→红色

酸与碱是两类不同的物质

实验活动8　粗盐中难溶性杂质的去除

深圳市罗湖区翠园中学东晓校区　华　薇

一、实验选题

本课题是一个综合性较强的实验操作，笔者在教学实践中发现学生不理解实验设计的初衷，也不能较好地理解化学知识形成的过程，无法从实验中获取相关化学事实，亦不能正确地对实验中出现的常见误差进行分析，说明学生在综合性实验中缺乏指导与思考，故笔者进行了逐步尝试，意图改进实验，通过对学生实验过程的设计与干预，有效发展学生的思维，培养学生解决实际问题的能力。

二、实验设计

（一）常规方案

提前布置学生自行预习实验，并在实验前提问以检查预习效果，但效果不佳，表现在：

（1）对实验目的不甚了解。

（2）对大部分实验误差缺乏分析思路。

（二）改进方案

改进方法如图6-2-9所示。

方案一：增加布置实验预习作业，实验前回收、批改、讲评的环节

点评：
1. 做实验变成了讲实验，耗时长，需要2～3课时才能完成。
2. 教学效果不佳，表现在虽然能应对本实验的常设题型，但在现场实验中出现的部分常见问题，缺乏有效应对措施，学生解决具体问题的能力明显不足

方案二：改变课前预习方案和实验方案，设计预习问题清单，设计引导实验的导学案

点评：
1. 学生在实验过程中，基本能够根据导学案的提示，顺利进行实验。
2. 完成实验的速度有所提升，能主动讨论导学案中出现的误差，部分分析不完善

方案三：形成细化的教学设计流程

点评：
1. 改进预习方案，制作6分钟的微课，指导学生预习。
2. 改进导学案中关于实验误差的分类与举例。
3. 课前采用小学科学兴趣实验导入，贴近学生生活实际，通过介绍"烧不断的棉线"的准备过程，有效导课。
4. 实验前再次确认重要步骤及其要点。
5. 在实验过程中加强巡查、指导。
6. 实验结束后，对误差进行简单分析、评价

图6-2-9　改进方法图

（三）效果图

燃烧的棉线实验如图6-2-10～6-2-12所示。

图6-2-10　浸泡中的棉线　　图6-2-11　晾干的棉线　　图6-2-12　燃烧的棉线

三、教学设计

（一）教学设计理念

本案例意图解决学生分组实验课存在的两大问题：一是忽视实验的教学功能，学生对实验原理和目的不清晰甚至不了解；二是实验课中重实际操作，忽视思维培养的过程。笔者试图采用两种策略，有针对性地改善这两个问题：一是实验预习方式的改变，制作了6分钟的微课，方便且直观地引导学生预习；二是实验过程中，使用包含问题的思维导图的导学案，代替实验报告，在帮助学生做好实验的前提下，先行在其头脑中植入问题，让学生带着问题做实验，用实验解决问题，既提高实验课的有效性，又培养了学生解决问题的能力。微课设计思路如图6-2-13所示。

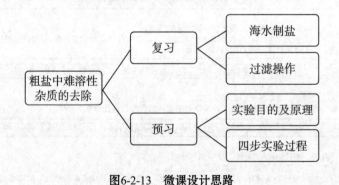

图6-2-13　微课设计思路

（二）教学内容分析

本课题在内容上属于九年制义务教育课程标准中二级主题"完成基础的学

生实验"，是相对比较综合的实验操作过程。教学中首先是帮助学生理解教材设计该实验的意图，即通过模拟海水制盐，使学生更好地理解化学知识的形成过程，体验化学实验的教学功能。其次，通过设计恰当的问题，指导学生根据已学知识主动探究未知，培养其动手能力。最后，在教学中还应引导学生通过化学实验获取事实证据，在对实验误差分析的过程中，提升学生解决复杂化学问题的能力。

（三）学情分析

本实验属于8个基础实验之一，是关于物质分离的综合性实验操作，涉及称量、溶解、过滤、加热等基本操作。尽管学生在九年级《化学》上册中已学过过滤的基本操作，但时间间隔太久，容易忘记，所以有必要再次强调和巩固过滤操作的要点及注意事项。而对于蒸发结晶，学生也有感性的认识，但对其具体操作及细节，还是不够清晰。而且本实验安排在第十一单元学完后，学生已有了一定程度解决化学问题的能力，故而可以引导学生通过小组合作、实验探究等方式，寻求解决复杂化学问题的一般方法。

（四）教学目标

（1）通过练习溶解、过滤和蒸发等基本实验技能，了解并掌握分离固体混合物中难溶性杂质的一般方法。

（2）通过误差分析，建立实事求是的实验观，学会严谨地看待问题，学会解决较复杂的化学问题的一般方法。

（3）通过小组合作探究，体验小组合作的乐趣，在用化学实验成功解决化学问题的体验中树立学习的自信心，获取成就感。

（五）教学重难点

学习蒸发操作，巩固溶解和过滤的操作技能；实验误差分析。

（六）教学方法

小组合作、实验探究。

（七）教学准备

学生部分：烧杯、玻璃棒、蒸发皿、坩埚钳、酒精灯、漏斗、药匙、量筒（10 mL）、铁架台（带铁圈）、托盘天平、滤纸、火柴、洗瓶。

教师部分：托盘天平、滤纸、药匙、量筒（10mL）、铁架台（带铁圈）、洗瓶、蒸馏水、烧杯、玻璃棒、漏斗、酒精灯、火柴、蒸发皿、坩埚钳（2把）、石棉网。

（八）教学过程

教学环节	教师活动	学生活动	设计意图
1.情境引入	【引入】小魔术：烧不断的棉线。 【提问】为什么老师的棉线烧过后，能留下一条黑色的线？可适当提醒，实验前两段棉线的不同之处	观看、思考	培养学生的观察能力、分析能力，激发学生的探究欲望
2.导入新课	【设问】食盐从哪里来？我们是如何从海里获取食盐的呢？展示海水制盐的过程图片。 【讲解】海盐在提取过程中含有大量杂质，根据其水溶性，我们可以把杂质分为两大类：可溶性杂质和难溶性杂质。 这节课将模拟海水制盐的过程，主要去除粗盐中的难溶性杂质。 【板书1】杂质分类。 【设问】请大家猜想一下，要实现实验目的，我们应进行的主要操作是哪一步呢？ 【板书2】实验原理	学生思考、回答	通过回顾所学旧知识，培养学生对知识的迁移能力
3.任务驱动	布置任务：请同学们完成导学案的第一部分：勤预习，我知道。 教师巡视，同屏展示完成情况。 引导学生点评学生	学生填写。 小组讨论。 小组交流	培养学生提取信息的能力
4.学生实验	宣布实验开始。 提示：请结合学案中的误差分析，注意对实验中的关键点的把握和处理。 教师巡视，并发现实验中的问题	学生分组实验	培养学生对知识的运用能力及实验操作能力
5.展示交流	（1）同屏展示小组实验结果。 （2）展示实验中发现的典型问题的截图，引发学生思考，引导学生点评	观看，讨论，点评	培养学生观察、分析问题的能力，提升实验的有效性
6.课堂小结	你认为本次实验中存在哪些得与失？请小结一下	归纳小结	小结回顾
7.课后作业	利用本节课学到的知识，请你做一做用红糖提取白糖的家庭小实验。提示： （1）红糖中含有色素，需用活性炭吸附过滤。 （2）用视频或照片记录你的实验的过程	思考讨论	培养学生解决实际问题的能力

续 表

教学环节	教师活动	学生活动	设计意图
板书设计			

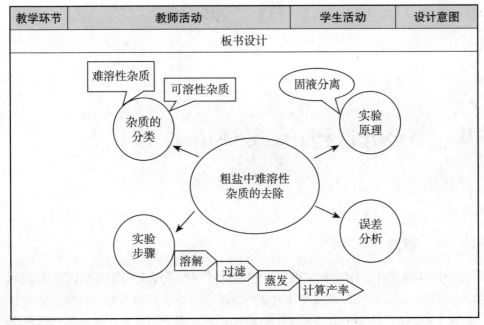

附 录

从一节公开课到一篇教研论文

一、引言

互联网+时代，中学化学教研有哪些特点呢？化学教师需要学习什么、怎样学习效率高，有哪些需求与动力呢？教师教研论文阅读与写作有哪些常态方式呢？本文主要从当前教研培训的趋势和内容、需求与任务、提升教师信息化教学的意识和能力等3个方面进行探讨：

（1）继续教育应该包括进修、教研和培训，应该是从化学教学转移到化学教育再到科学教育，这意味着教师教研培训是要提高教师的综合素质和跨学科研究和教学能力的主要方式。化学教研培训已经由"补充短缺型"向"挖掘潜力型"转变，挖掘教师潜力是培训的重点，把理念更新、思维转变、潜能开发纳入培训的内容，使教师真正学会学习、学会思考、学会创新。

（2）教师进修培训部门应分析和调研教师专业化发展的需求，设计课程与布置任务，提升化学教师的课程领导力，提升教师对科学与科学教育的认识、帮助教师知道怎样教化学。教师是学习活动的组织者、引导者、支持者，教学要帮助学生加深学科理解，突出科学探究的基本特征，聚焦核心科学知识，展现科学价值；学生的问题解决过程变成学习者探究解决问题、自主建构知识的过程；教师教研培训的课程目标提倡化学教师要有"教学即研究"的观念意识与实践能力，从教师的实际情况与成长需求出发，继续教育培训要适当融入课题研究、课例研究与教研论文撰写的课程活动与发展任务，教师要将教学问题变成教研主题，通过研究解决教育教学问题并提升质量，通过小课题或课例教学深刻理解教研要"解决什么问题""怎样解决问题""如何检测问题解决效果"。

（3）要用教育的科技化去实现教育的现代化。由于教育信息技术的迅猛发展，大数据时代、创客时代和互联网+时代急需教育创新和化学教师转型。

笔者与化学教师同行进行探讨交流后，深入思考教师教研的需求、动机和困境，研究能力的内涵、构成和要求，常态教研和学术写作的实现路径等问题，于是萌生了本文的写作思路和框架：梳理适合化学教师开展的教研主题、概述研究类型、介绍教研平台、汇总选题来源、分析教研工具及方法与流程，重点探讨如何以1节公开课为抓手开展常态教研和学术写作。

二、中学化学教师教研能力的提出背景与现状概述

（一）从专业素养角度谈中学化学教师教研能力的内涵、构成与要求

1986年，美国舒尔曼教授提出PCK理论，将教师专业分为学科内容、学科教学和课程知识3类。1993年，科克伦教授提出PCKg理论，涵盖学科、教学、课程、学生、评价、情境等六大维度的教师专业知识与能力。而我国对教师专业素养的研究主要从专业能力、知识、理念与师德等方面进行探讨，关注教师的教育心理学、学科教学、通识知识、专业知识、学业评价、课题研究、班级管理等能力。近年来，"教学即研究""教师即研究者""研训教一体化"等理念逐渐深入教学一线，给提升中学教师教研能力与专业素养带来了新的挑战与机遇。其中，中学化学教师教研能力包括开展课程教材教法研究、课堂与实验教学、教具研制、复习备考、试题研究、测量评价、观课评课等活动，涵盖备课上课、观课评课、作业设计批改、校本课程实施、学生探究学习等教研主题。课堂作为教研的主阵地，包括教材处理、教学目的、目标、学习对象、教与学方式、技术与手段、内容、评价、课程资源的整合利用等方面，主要解决教什么、教给谁、谁去教、在什么条件下教、怎么教、教得怎样等问题。

（二）基于马斯洛需求理论谈中学化学教师教研的需求、动机与困境

中学化学教师教研需求可分为生存、归属和成长三大层级。动机来源有胜任教学、减少焦虑、完成任务、晋升职称、改进教学、了解学科与教学前沿、扩大交流与学术分享、获取同行验证、建构教学思想、形成教育主张、自我成长等。中学化学教研也面临着困境：教师有潜在教研能力，缺乏实际操作指导；教学教研两张皮，教研只是表面功夫；教学工作有效果，教研工作无成果；课堂教学很精练，思想主张无提炼。

（三）从论文阅读与撰写的视角谈中学化学教师常态教研的实现路径

著名教育家叶澜说过：一个教师写一辈子教案不一定能成为名师，但是写3年反思就有可能成为名师。教师在教学工作中需要：

（1）实干，常规教学持之以恒。

（2）勤学，不断完善和提升专业能力和素养。

（3）善思，阅读与撰写教研论文是教学进步的永动机。

教师的专业化成长过程需要一种工匠精神，让学习成为一种自觉，让反思成为一种习惯，让精致成为一种追求，让创新成为一种常态。而化学常态教研活动包括备课、上课、说课、评课、观课、写课，教师要以读促写、以写引思、以写清思。"教而不研则浅，研而不教则空，教研而不发则囿。"可见，教研论文的阅读与撰写对教师改进教学实践、提高科研能力、凝练教学思想的重要性。

三、化学教研的主题、类型、平台、选题、工具与方法、流程

（一）教研主题的梳理

化学教师要结合实践发现、提出、分析与解决问题，做适时适度适量的常态教学，相关研究主题有：

（1）课堂实践：教学设计、案例分析、专题研讨。

（2）实验研究：教具研制、实验改进、实验教学。

（3）命题评价：解题方法、试题分析、测量评价。

（4）教材研究：教材分析、教辅开发、教学资源整合。

（5）调查报告：教师发展、学生学业、教学现状、学情调研。

（6）资讯介绍：学科历史、前沿科技、国际比较。

（7）教学观念：教师智慧、教育知识、科学哲学。

（二）研究类型的概述

根据研究目的、功能和作用，可将化学教研分为5类。

（1）基础研究：基本理论研究，如化学教育目的、教学类型、教育本质等，回答"为什么"的问题。

（2）应用研究：应用理论解决教育教学中某些特定的实际问题的研究，如学生学习动机和元认知水平的调查研究，回答"是什么"的问题。

（3）发展研究：为发展有效教学策略而进行的研究，如教材改革、课程实施、教师培训等，回答"如何改进"的问题。

（4）评价研究：通过收集和分析数据对教学做出价值判断的过程，如课堂教学实效性研究、新旧教材和国内外课程教材教法对比研究等，回答"怎么样"的问题。

（5）预测研究：为分析教学发展趋势进行的研究，如核心素养教学、课程改革方向、新时期国内外化学教育教学的发展趋势和聚焦等，回答"将会怎样"的问题。

（三）教研平台的介绍

O2O视角下，基于互联网+的中学化学教研有线上线下各类交流平台，分类如下。

（1）线下各类教研活动：如专家讲座汇报、国省区市校级教研活动、各种比赛晒课观课、课标教材考纲解读会议、中化参编辑部组织的交流和培训会议、区域性研训教一体化活动等。

（2）线上交流社区：如中化参编辑部创建组织的微信群、QQ群、官网等交流平台、各地听评课和专题讲座网络直播和交流社区、主题精细化的官方或个人公众号或微信群，竞赛辅导、实验研究、论文发表、课题申报、中高考交流群等主题QQ群，中国微课网、上海名校MOOC平台、广东东莞慕课信息化工程等。

（3）名师工作室：高等师范院校中教法教授组建的研究所、中小学各种名师或教科研专家工作室，提供教研活动平台和课程开发、教师培训架构，在教学研究、命题评价、课题申报与学术写作上带动引领一批批教师成长。

（4）校本教研团队：集体备课、科组会议、校本教研是3种最普遍的教研形式，校本课程与科组备课组教研平台是大多数化学教师专业化成长的土壤，让年轻教师在校本教研团队中扎实稳固地进行专业化发展。

（四）选题来源的汇总

发现和提出问题是中学化学常态教研活动的开端，选题来源主要有：

（1）从当前国际化学教育教学形势寻找结合点。

（2）从国内化学教育教学理论寻找支撑点。

（3）从教与学的问题中寻找切入点。

（4）从学校已有教研项目中寻找生长点。

教研问题的产生与形成借助于：

（1）在矛盾冲突中发现现实问题。

（2）在教学情境中捕捉即时问题。

（3）在教学研讨中生成共性问题。

（4）在理论学习中发现潜在问题。

（5）在教学反思中提炼常规问题。

（6）在生活细节中挖掘深层问题。

选题方法主要有以下几种。

（1）量身定制法：积累实际教学实践中存在的困惑、问题或研究需求，通过阅读和钻研教学专著和学术期刊，站在已有研究案例或实践经验中思考自身教学问题的成因，通过多轮次、循环式的教学行动研究形成解决对策。

（2）参照借鉴法：他山之石可以攻玉，教师可以借鉴参考教研会议、高等师范院校主办期刊的编辑部所提供的科研论题，在听专家讲座、参加线下或线上教研活动时认真思考其他教师同行提出的教学问题，对其他人的观点提出自己的见解；了解研究热点，关注各级规划课题、社科课题、教研课题提出的研究指南；参考借鉴国外IB和AP化学课程与考试评价，形成研究主题。

（3）跨学科交叉法：新课程强调综合化，力求打破学科壁垒、提倡跨学科融合，理化教师可组建研究团队进行头脑风暴、任务分工和通力协作形成主题，借助特定研究工具和方法进行教研。

（4）深度挖掘法：借助公开课、汇报课、教研发言分享等活动，围绕主题深入研究，形成实验改进方案、课程教材教法研究资料、教学案、上课说课PPT、微课资源、教学反思与论文等一系列循序渐进的研究成果。

（五）教研工具、方法与流程

基于三重表征思考联通化学教研活动中宏观现象与微观本质之间的桥梁，是当下备受关注的教研工具与方法。目前化学教研已由质性深化到量化研究的方向发展，互联网+、数字化技术、先进仪器设备与软件、大数据测评也成为新型研究工具，因此有必要梳理教学研究过程需要用到的研究工具与方法、流程。笔者结合自身教研和论文写作的心路历程，将教研方法分为8种，即文献研究法、问卷调查法、访谈法、个案质性研究法、教学实验法、教育观察法、定量研究法、实证研究法，将教研工具分为以下3类。

（1）有形工具：测量工具（测试题、问卷或量表）、实验设备、计算机等用于研究的特定物品，期刊、教材、教辅、课标、考纲，中国知网、维普等数据库文献，互联网+视角下的各种教学研究资源。

（2）方法工具：特定研究方法、实验程序、基于Rasch模型或框图流程的认知诊断技术、SPSS数据分析和处理软件等。

（3）理论工具：建构主义、元认知、多元智能、学习进阶理论、深度学习理论、SOLO分类等理论，化学核心素养体系、STS、STSE（科学—技术—社会—环境）、STEM、STEAM（科学—技术—工程—艺术—数学）、HPS（科学史教学）、HBCIM（基于手持技术的高中化学教学模式）、三重表征教学、四重表征策略、EC-NOS（科学本质观）、POE策略、PDEODE策略（预测—讨论—解释—观察—讨论—解释）、大概念教学、5E学习环（引入—探究—解释—精致—评价）教学模式、ADI论证教学模式、课堂观察LICC范式（教—学—课程—文化）、建模教学、思维导图教学等理论工具。

化学教师围绕某一主题或课例进行常态教研，主要流程如下：选题—文献分析—确定收集分析资料所用的方法—选择和确定所要研究的对象和范围—制定研究计划与方案—实施计划—整理结果、数据分析—撰写与修改论文—论文投稿发表—教研成果的推广应用。

（六）理论工具应用于化学教学研究的案例介绍

STSE强调科学、技术、社会、环境的相互关系，STSE教育理念这一理论工具对初三化学命题研究、备课与教学实践研究、指导学生开展探究性活动等都具有较高的指导价值。

首先，教师将STSE理念应用于命题研究时，选取的情境与素材涉及绿色化学、社会生活、医药安全、新型能源、环保问题、工农业生产、科技前沿、科学史料等，力求贴近学生生活、社会实际，要求学生用所学的知识去解决实际问题，关注生活和社会热点、焦点。教师在命题研究过程中，可以关注和筛选近年来新闻报道中有关化学与健康方面的材料，如生活中的有毒物质、食品添加剂、新药物合成、新物质或已有物质的新用途开发利用等。教师命题素材可以取自近期热点科技素材。教师命题时还可以选取当前新能源开发利用、新型无机材料和有机材料在社会生活中应用、最新科技成果等作为试题情境与素材。

其次，将STSE理念应用于备课与教学实践研究时，教师备课时要围绕课例教学，可从化学科普类书籍、科普网站和化学影视节目、化学微信公众号、手机微课、网易公开课APP等渠道挖掘相关课程资源，在课堂上为学生提供更多的STSE学习素材，让学生认识到化学研究与应用趋势及科技进步、社会生产、日常生活、环境保护等领域的化学前沿发展问题。

最后，教师运用STSE理念指导学生开展探究性活动时，选题可以是生活中的化学问题、与工农业生产和经济发展密切相关的化学问题、社会热点问题、教材实验或课堂教学中的STSE问题。例如，蔬菜、水果农药残留原因调查与对策分析、环保袋使用情况、米粉面条中硼砂等添加物研究、不同消毒剂的杀菌能力、衣服干洗原理与缺点分析、月饼吸氧吸潮"双吸剂"的成分与原理探究、真假盐的辨别方法研究、保健食品成分研究、可乐生产流程及污水处理、化工厂的污染危害与迁厂选址、城镇农药使用情况、深圳市水库水质情况、比亚迪电车能源燃料研究、深圳市外卖快递垃圾处理、居民燃料与用气安全等主题调研活动。

用STSE教育理念等理论工具指导化学教研，教、学、评的每个环节都能凸显化学的学科特点，学生以化学知识为基础，带着问题学习并运用综合性研究方法与工具，从化学的视角观察自然、社会和自我，认可化学的学科价值。

综上所述，中学化学教研的开展，需要教师转变教育教学观念，营造浓厚的教科研氛围，形成教研团队和学习共同体，需要提高教师教科研能力和专业素养，增进教师对教研工具与方法的认识，需要教师及时了解化学教育科研的动态进展，需要注意教研资料的积累分享。

四、以1节公开课为抓手开展常态教研和撰写教学论文

钱扬义教授从中学教学实际出发，以"讲台是教学前台，课堂是教研舞台"的思想为基础，提出"教学问题即研究课题"的理念，通过1节公开课完成8个微研究，即1+8套餐策略，包括文献综述备课、教学设计、说课PPT、讲课PPT、学案、测试题和调查问卷、微课和教学论文，为开展化学常态教研活动提供接地气的理论指导和切实可行的操作方案。

（一）文献综述备课

以1节公开课为抓手开展常态教研，在确定选题后化学教师要进行备课研究，思路是：研究什么问题—为什么要研究该问题—该问题有什么研究进展—解决策略有哪些—自己有哪些改进方法—与已有方法相比有什么改进；操作流程为：独立备课—文献检索—文献综述—修订教案。其中，独立备课分为5步：

（1）分析教材课标考纲，梳理知识点体系。

（2）明确具体知识点，研究教材中文字、图表、化学方程式、习题等。

（3）分析学习重难点和学情确定学困点。

（4）设计活动任务突破学困点。

（5）设计习题或作业评价教学效果与学业质量。

文献综述备课过程中，化学教师要有背景意识、视角意识和对比意识，在准备1节公开课时，要针对特定主题、课例、教学问题搜集文献资料，通过分析、阅读、整理、提炼最新进展、学术见解或教学建议，做出综合性介绍和阐述。化学教师可围绕课题名称、教与学重难点、学困点与迷思概念、实验改进方案等关键词在中国知网查询文献，了解最新教学动态、获悉最新教学思想、分析教学策略、理清思路与目的、梳理教学方法，以此为基础改进和完善教案和学案的设计。

（二）教案与学案的设计

教学设计包括教材与学情分析、目标、重难点、方法、流程与时间分配、习题、板书等内容。教学设计的题目要体现教学理念和学科思想；三维目标要基于化学核心素养体系逐一明确列举；教学环节要用一级标题展现学生活动过程和体现逻辑结构；注意导入的设计和课程学习总结（包括知识方法、学科思维等）。在设计教案时，化学教师要注意教学内容的生成和组织、教学情境的选取和使用、学习问题的设计与解决、探究活动的设计与实施等教学要素。

公开课中要求学案不仅要起到引导课堂的作用，还要能利用学案培养学生

的学习习惯以及检测学生文字表达等书写的规范性，此外学案设计要注意习题体系的精简化处理。

（三）讲课、说课课件的制作

讲课、说课PPT是教学内容的可视化体现，遵循少而精、条理清晰的原则，文字精简、图片合理是要点，整体排版和配色风格协调、分布平衡、四边对齐、图文对齐。总体要求是简洁大方、字体大小颜色清晰；充分利用标题作用，体现教学设计结构。

传统说课关注教什么、怎么教、为什么这么教等问题，而1+8套餐策略要求说课在公开课后、评课前进行，说课思路与备课流程一致，课件内容包括说课标考纲教材、说学情、说教学目标、说教学流程和评价，但要具有研究性，要增加文献综述备课的介绍，教学设计思路的灵感来源、理论支撑，实验或教学创新的改进、学习方法与教学策略设计、教学评价并要及时补充上课后教师的感受、三维目标达成情况以及对教与学活动的简单教学反思。

（四）测试题和调查问卷的编制

公开课要依据教案学案制订教学效果与学业质量测评工具与方法。测试题包括前和后测试题，调查问卷可采用选择题、问答题、李克特5点量表等形式。编制问卷要注意围绕三维教学目标达成情况、学习重难点问题的逻辑结果，也要注意题目形式、用语、选项设计等。所得数据可用SPSS软件进行问卷信度、效度检验及平均分、标准差等数据的定量统计分析。

（五）微课资源的整合与制作

基于翻转课堂理念，化学教师课前可制作微课作为授课素材，而学生可通过微课进行预习、复习，实现自主学习。课后教师可将公开课教学视频中最精彩的部分，即能够体现学科思想和教学理论的部分或实验视频剪辑成片段制成微课，时长5～8分钟为宜，帮助教师针对某一概念或原理进行的教学反思，也可对视频进行再编辑，插入配音、动画等，丰富视频内容。

（六）教学论文的撰写与发表

以1节公开课为抓手开展常态教研并形成学术论文，是对前期所有研究的总结和巩固。结合化学基于实验教学的特点，重点探讨实验改进类和教学实践类论文的写作思路与框架。

1. 实验改进类论文

写作思路：某一实验研究的文献综述—实验设计、改进与探究—研究启示和建议。具体写作框架如下。①研究背景：该实验的研究价值—文献整理与述评—研究改进思路；②实验过程：实验原理介绍—设计方法—过程与实施—结果与分析；③实验反思与建议：实验研究结论与总结—实验特色与创新—对未来研究的建议；④参考文献。

2. 教学实践类论文

写作思路：问题的提出背景（文献综述）—问题的解决（备课研究与教学实践）—问题解决的成效（教学评价）—问题的反思（教学反思）—问题的改进（通过重复课教学、说课评课、论文撰写改进教学）。具体写作框架如下。①研究背景：介绍依托的教学理论、模式或策略—该课例研究的文献综述—基于教材课标考纲分析课题的教学内容、目标与任务—梳理教学问题、流程、活动及其设计依据；②教学设计：梳理教学内容与目标、重难点→用图/表介绍教学环节、实施流程、教学问题主线与学科思想暗线；③教学实践过程：用简短对称小标题总结每个环节—具体呈现每个阶段的教师活动、学生活动任务及设计意图—阐释所依托的教学模式或策略或理念是如何结合实际教学（记录教学中的预设情境与学生生成性活动）；④教学反思：教学效果与学业质量的反馈（通过说课评课辩课活动，借助授课教师反思、观课教师评价、学生测试或作业情况，介绍达成哪些目标）—教学创新与特色—原有教学模式或策略或理论的修正升华—未来还有哪些研究可深入系统地进行；⑤参考文献。

五、写作建议

课堂是学科教学的舞台、学科教研的沃土、学生成长的圣地和教师发展的摇篮。以1节公开课为抓手进行常态教研和学术论文写作，正是鼓励化学教师开展基于课堂教学的研究，进行基于课堂研究的教育阅读与写作，坚持教、研、训一体化理念，把教研扎根于学科专业和课堂教学中。新课改视角下，教育科研活动作为中学化学教师提升专业素养能力、促进专业化成长的平台，给教师教研能力带来新的挑战与机遇。在常态教研、课题研究和教育写作过程中，中学化学教师要有背景意识、视角意识、比较意识、困难意识、阶段意识、积累意识、量化意识、关键信息意识、质疑意识、表述方式意识。教研论文写作是教师针对课堂教学实践、实验教学研究中碰到的问题而开展系统研究、寻求教学改进，并把研究过程、成果与反思用文字表达出来。换句话说，教育论文写作是基于课堂教学的课题研究成果的表达。

桐城派姚鼐说过写作要注意义理、考据、辞章，即理论、证据、文采三位一体，对教研写作启发如下：化学教师开展基于课堂的常态教研，要坚持阅读教学专著和期刊论文并坚持写作[1-4]，如由中学化学教学参考编辑部策划出版的《打造中学化学教学新常态系列丛书》[5-7]，呈现国内众多化学教师对饱含学科意义、彰显学科特色、凸显学科素养的化学教育教学的追求与探索，是化学教师思想的共鸣、群体的智慧、学科的文化、方向的引领、前进的灯塔、迷惑的解药。

近年来，国内外中学教研领域中实证研究方法愈加丰富和完善，实证研究有证据、量化、可重复3个核心特点，越发体现出中学化学教研过程中，用数据来描述现象、用模型解释变化、用理论分析原因、用实证建言政策的特点。未来教师们也要关注学生在教学活动中"量"的变化，从经验研究转变为经验的实证研究，建议化学教师通过课例或小课题研究习得常见的教学研究工具、方法与流程，走向研究型、专家型教师，形成自己的概念或话语（理论）。

📖 参考文献

［1］张军.基于期刊阅读的教学能力成长反思［J］.中学化学教学参考，2017（4）：67-69.

［2］朱玉军，孙秀丽，刘知新.化学教育论文写作中存在的问题及注意事项［J］.化学教育，2008（01）：79-80.

［3］鲁名峰.教而不研则浅，研而不发则囿［J］.中学化学教学参考，2016（10）：68-70.

［4］王军翔.追求饱含学科意义的中学化学教学［M］.西安：陕西师范大学出版总社，2016.

［5］张明.凸显学科素养的化学试题及高考复习研究［M］.西安：陕西师范大学出版总社，2016.

［6］江敏.有意思的化学有意义的教学［M］.西安：陕西师范大学出版总社，2016.

［7］郭晓晨.彰显学科特色的中学化学知识与实验研究［M］.西安：陕西师范大学出版总社，2016.

深圳市杨晓琳名师工作室简介

宗旨："化难为易多实践，学以致用勇创新"

杨晓琳工作室的课题组结合团队多年的初中化学教学实践和实验教学研究经历，针对初三化学实验教学实践中遇到的一些困惑，研究初中化学实验创新设计、课堂实验教学的策略，从理论到实践，在实践中不断提炼，形成研究特色，提炼可循的规律。课题组依托项目研究推进教师专业化发展，将不断丰富、完善实验导学的设计思想，形成课堂特色。在教与学的方式上转变思想，培养学生教学性学习方式，研究如何改进初中化学实验教学，进而提高课堂成效，落实立德树人，构建优质的初中化学课堂教学。

成果简介：在各级各类教学比赛中，课题组成员屡获嘉奖。在"全国基础教育化学新课程实施成果"评选中，杨晓琳名师工作室获得"全国优秀团队"。杨晓琳、杨东升、赵碧燕老师先后被评为"优秀个人"。课题组成员在成果评选的五大类中获得多个特等奖和一等奖。课题组成员及时反思总结课题研究成果，并积极投稿《中学化学教学参考》等化学刊物，发表论文20多篇，其中《再探常见的酸和碱的化学性质》获"全国基础教育化学学科优秀教学课例"特等奖，并由北师大图书馆收藏。在主持人杨晓琳的带动下，课题组推出区级以上公开示范课数十节；将约30个课本化学实验进行改进创新；举办区级、市级讲座10余场；此外，工作室成员在省、市、区各级教科研竞赛中获奖多达21人次。课题组积极推进研究，多次开讲座分享，并到河源、英德、汕头、衡阳、四会三都水族自治县等地区，开展示范课和教学研讨活动。

赵碧燕，中学高级教师，理化生科组长，初三毕业班教学19年，曾获深圳市"十佳青年教师"称号；在福田区赛课、录像课、实验课等比赛中多次获一等奖；课件曾获深圳市、全国比赛一等奖；被评为2016年度全国基础教育化学新课程实施"优秀个人"；担任《九年级化学知识与能力训练》副主编；近三年在核心刊物发表多篇论文。

教育感悟："让每个学生成才"是我永远追求的目标。

刘瑞春，中学一级教师，从教21年，现任福田区侨香外国语学校化学教师。从教以来担任了12年的班主任和多年的备课组长工作，曾多次获得国家级、市级优质课大赛奖，近年来有4篇论文在《中学化学教学参考》等国家级刊物上发表。

教育感悟：处处是创造之地，天天是创造之时，人人是创造之人。

陈伟，福田区上步中学教师，毕业于华南师范大学，硕士研究生，从教7年，一直热爱教书，曾获"2015年全国基础教育化学新课程实施成果交流大会"课堂录像一等奖、2015年深圳市化学实验说课比赛一等奖等。2016年执教福田区公开课，获"2017年全国基础教育化学新课程实施成果交流大会"课堂录像一等奖。

教育感悟：坚持自己的风格，潜心研究，勇于探索，为学生创设快乐、高效课堂。

华薇，中学一级教师，深圳市翠园中学东晓校区化学教师，曾获深圳市化学教学论文评比二等奖、获罗湖区初中化学模拟命题比赛一等奖、获罗湖区化学教师实验技能及创新比赛三等奖等，任罗湖区"研训进民校，名师伴成长"中考教学指导帮扶项目导师等。近两年，本人也在中文核心期刊《中学化学教学参考》上发表化学专业论文2篇。

教育感悟：尊重孩子的天性，用爱和智慧帮助他们更好地成长。

韩静，华东师范大学化学教育专业理学学士，深圳大学师范学院信息技术专业教育硕士，深圳市蛇口育才教育集团育才二中化学教师、教科室主任，南山区"优秀教师"，曾获深圳市中小学青年教师教学技能大赛一等奖，深圳市中小学青年教师教学能力大赛南山区选拔赛初中化学特等奖；获国家级优质课评选一等奖（1项），二等奖（2项）；主持并参与课题研究10余项，其中省级课题2项，市级课题2项，区级课题4项，集团课题6项；参与编辑《中考化学宝典》《知识能力训练》（九年级化学）等书籍；获奖、宣读、发表文章多篇。

教育感悟：孩子们的明天是我们做梦也到达不了的地方。我只能在与你共处的时间触发你振翅高飞的能量，锻炼你独立缜密的思维，动手触摸并探究世界的能力。

周育妹，华南师范大学理学硕士，龙华区外国语学校教师，2017年被评为龙华区"优秀教师"，参赛和指导学生获奖近400个，三次被评为"全国优秀科技辅导教师"，全国信息技术与教学融合大赛荣获特等奖，2018年全国基础教育化学新课程实施成果交流大会课堂录像一等奖，执教课例获得2016年度省级优课，2018年指导学生参加全国青少年科技创新大赛获得一等奖，主持和参与省、市、区课题共15个，现正参与《深圳市综合实践活动指引》、《广东省中小幼科创与STEM教育》等5本教材的编写，先后在SCI、国家级、省级期刊发表论文3篇。

教育感悟：调准音调，拨动孩子的心弦，是我教学之路的不懈追求。不一定每颗种子都能长成参天大树，但我会尽我所能让其苗壮成长。

陈粉心，翰林实验学校化学教师，中学二级教师，毕业于华南师范大学，担任化学教师期间，积极参加各项比赛。4年来，本人总共获奖21项，其中国家级奖项4项，省级2项，市级4项，区级6项，校级5项。积极参与课题研究，校级课题《新课导入的策略》和广东省"十三五"规划课题《初中化学实验探究性学习的策略研究》的研究，积极承担公开课，包括市级公开课《过氧化氢溶液制取氧气》和区级公开课《碳酸钠、碳酸氢钠和碳酸钙》的教学。

教育感悟：只有老师热爱化学教育，热爱学生，学生才会爱上化学。

林建芬，1990年出生，教育学硕士，工作单位：深圳市宝安中学（集团）实验学校。教科研成果有：50余篇已发表论文+12本STEAM教材和专著+4个国家专利+7本初中化学教辅图书+5项市区级教学比赛获奖+1篇SCI论文+1本化学教学专著。其中有12篇论文被中国人民大学学术期刊社《复印报刊资料中学化学教与学》全文转载（属于CSSCI刊物级别，比全国中文核心期刊高级），有20篇入选索引库。获得人教社第三届中小学数字化教学论文一等奖、深圳市教学论文一等奖（2组）、二等奖（2组）。主持或参与的课题情况：10个教育部、国、省、市区课题。担任深圳市多个名师工作室的学术顾问，多次担任龙岗区手机微课、教学论文和信息化教学设计比赛的评委及深圳市中小学生科技论文征文大赛的评委。

教育感悟：教、学、做合一。

陈莉，中学化学中级教师，现任福田区侨香外国语学校化学教师，深圳市杨晓琳名师工作室成员。从教12年，曾多次在市、区开展公开课活动并多次在市级论文比赛、公开课比赛中获一等奖，2014年被广西师范大学聘请为"国培专家"到广西都安中学参与国培指导，2016年加入赵碧燕老师主持的《初中化学教学中三重表征有效策略研究》课题组。

教育感悟：博审慎明笃学问思辨行。

杨东升，毕业于西南大学，现为南山区中小学首批名师工作室主持人，在南外（集团）文华学校担任教科室主任、初三化学教师、科组长、集团兼职研究员，曾被评为区优秀科组长、三次被评为南山区"优秀教师"、全国新课程改革优秀个人，韩山师范学院兼职教授和粤东学科群首席专家，在国家级、省级刊物等发表论文10篇，核心期刊2篇，主持区级和校级课题两项，参与省级和市级课题6项。

教育感悟：让每个学生热爱化学，让每个学生在化学的课堂上绽放自己的思维之花，让实验探究成为学生攀登化学高峰的阶梯。

李昳懿，中学一级教师，2006年毕业于深圳大学师范学院，从教12年在省、市、区教育教学业务竞赛中多次获奖，获2015年福田区实验说课比赛一等奖，福田区青年教师模拟上课比赛一等奖，2016年福田区实验说课比赛二等奖，2017年3月在宝安开展市级公开课，获2017年6月省级优质课比赛获一等奖，2017年6月福田区中考命题比赛获一等奖，2017年福田区信息化教学比赛获一等奖。

教育感悟：用心上好每一节课，用爱关注每一位学生，让师生在课堂中共同成长。

蔡丽兰，龙岗区深圳大学师范学院附属坂田学校教师，化学组教研组长。曾在"全国基础教育化学新课程实施成果"评选中，凭借"氧气"的微课荣获一等奖，"二氧化碳和一氧化碳"的教学案例、"浅谈化学高效课堂的构建"的研究论文荣获二等奖，在广东省中学化学学术年会暨教学教研成果现场展示活动中获微课设计一等奖，在初中化学教学技能（七项全能）大赛、青年化学教师模拟上课比赛、说课比赛中荣获区级二等奖，多次指导学生在全国、市、区级"创新科技大挑战""科技制作"等比赛中获得优异成绩，并荣获"优秀导师奖"。

教育感悟：教育的艺术不在于知识的传授，而在于激励、鼓舞和唤醒。在用爱与智慧帮助学生发掘自己的潜力，实现自我的价值的同时，也感受着"教学相长"的幸福。

叶龙娟，中学一级教师，2011年毕业于深圳大学化学与化工学院，现任深圳市罗湖外语学校初中实验部初三化学老师，毕业以来，先后承担了两次市级公开课——《二氧化碳的实验室制取》和《金属的化学性质》，成为深圳市杨晓琳化学名师工作室的成员，参与《考点专练》一整套练习的编写和参加市级课题《初中化学教学评一体化实验研究》，多次获得深圳市实验说课比赛一等奖，多次获得罗湖区教育教学技能一等奖。

教育感悟：多一份赏识，就多一份成功的希望。

钟梦婷，中学二级教师，2013年毕业于华南师范大学。从教5年，在国、省、区教育教学业务竞赛中多次获奖。2016年福田区实验说课比赛获二等奖，2017年3月在福田区外国语学校开展区级公开课，获得广泛好评，2017年6月省级优质课比赛获一等奖，2017年7月在"全国基础教育化学新课程实施成果"课堂教学案例评选活动一等奖。

教育感悟：习惯改变命运，细节铸就终身。

肖慧莘，毕业于华南师范大学化学师范专业，任职于莲花中学南校区，参加教育工作以来，始终坚持用老师的激情带动学生，让学生在活动中学习，在合作中增智，在探究中创新，积极参加校内、校外各项教学活动，曾获区级化学教师教育技能比赛一等奖、青年模拟上课比赛一等奖、说课比赛一等奖。

教育感悟：用老师的激情带动学生，让学生在生活中学习，在合作中增智，在探究中创新。

周文荣，中学高级教师，初三毕业班教学9年，曾多次获"区先进教育个人"称号，在区赛课、录像课、实验等比赛中多次获一等奖，课件曾获深圳市、全国比赛一等奖，主持参与区级课题多项，近3年在《中学化学教学参考》等核心刊物发表多篇论文，多次参加中国化学学会比赛，多项作品获全国一、

二、三等奖。

教育感悟：可以不聪明，但不可不勤奋！天道酬勤，不负我"辛"！

叶冰，物理化学硕士、化学教育学士，中学一级教师，2003年江西师范大学毕业在赣州市从事高中化学教学，担任过班主任和高三化学教学工作，2007年进入华南师范大学就读全日制物理化学硕士，期间在SCI上发表论文2篇，2010年毕业进入深圳南山外国语学校任教至今，先后任教初中科学和初三化学学科，担任班主任、备课组长、年级组长职务，获第七届深圳市优秀自制教具评选二等奖，深圳市初中科学教师课堂教学优质课大赛三等奖，南山区第二届"百花奖"课堂教学大赛一等奖，2017年南山区信息技术条件下微课比赛三等奖，南山外国语学校集团第十四届"金钥匙"教学大赛二等奖等，先后共获市级一等奖1次、二等奖5次、三等奖3次和区级校级奖项8次。

教育感悟：主张教育从赏识开始，认为赏识有助于学生学习成功，而抱怨则会导致学生学习失败。

慈国英，莲花中学（北校区）化学老师，中共党员，曾获得过全国基础教育化学新课程实施课堂教学案例类一、二等奖，深圳市实验创新比赛二等奖，福田区化学实验说课比赛一等奖。我热爱教育事业，关爱学生，坚信学生是发展中的人，在教学中，致力于生活实践和化学理论的结合，引导学生自主探究，碰撞出思维的火花！

教育感悟：离学生近一点，和学生亲一点，让学生快乐一点。

张玺，深圳市翠园中学初中部团委书记。2010年毕业于陕西师范大学化学专业，任教初中化学，连续多年担任初三班主任，教学业绩突出，班主任工作出色，多次在各级各类教学比赛中取得优异成绩，曾获得省级教学设计比赛二等奖1次，市级教学比赛荣誉4次，区级教学比赛荣誉16次，2016年执教深圳市初中化学"名师好课"公开课展示活动，曾被评为罗湖区优秀教师优秀团干。

教育感悟：播种一个行为，收获一种习惯；播种一种习惯，收获一种性格；播种一种性格，收获一种命运。

闫磊，2001年毕业于深圳大学师范学院化生教育系化学教育专业，中学一级教师，2016年加入杨晓琳名师工作室，2017年荣获"中国化学会2017年全国基础教育化学新课程实施成果征集与评选"教学课件类成果一等奖，2018年荣获"中国化学会2018年全国基础教育化学新课程实施成果征集与评选"教学课件成果类三等奖。

教育感悟：尊重孩子的成长,用平和的心态教育孩子心态平和。

王曼，2013年本科毕业，至今任教于深圳市坪山区坪山同心外国语学校，深圳市杨晓琳名师工作室成员，坪山同心外国语学校骨干教师培养对象，在省级刊物上发表2篇教学论文，参加区级竞赛多次获奖，承担区级公开课多次。

教育感悟：用力工作会合格，用心工作则会变得优秀。

张幸明，2012年毕业于华南师范大学化学（师范）专业，毕业后一直在坪地中学任教，现任德育处副主任兼团委书记，担任初三年级化学教学工作。本人工作积极主动，乐于研究教学，追求创新；与学生关系融洽，着意引领坪中学子健康茁壮成长。本人于2015年获龙岗区初中化学教师技能大赛一等奖，并代表龙岗区参加深圳市初中化学教师技能大赛获二等奖，2016年11月承担区级公开课《燃烧与灭火》获得一致好评，2017年获中国化学会第十二届全国基础教育化学新课程实施成果特等奖、现场说课一等奖，同年获得中央电化教育馆第二十一届全国教育教学信息化大奖赛三等奖。

教育感悟：教学是一个静待花开的过程。

肖红，2006年获湖南省怀化学院生物工程学士，2010年获陕西师范大学生命科学院生态学硕士，现任深圳市罗湖区文锦中学化学教师，化学学科科组长，连续两年被评为罗湖区优秀教师，多次获罗湖区化学专业教学技能说课一、二等奖，实验技能比赛、化学考试命题比赛二等奖等。

教育感悟：让每一个孩子合格，让更多孩子优秀！

曾艳，莲花中学（北校区）化学老师，在深圳市化学教学技能大赛中获二等奖，福田区化学教学技能大赛、转变教与学方式说课比赛获一等奖，微课《化学式与化合价》获得广东省中学化学教学教研成果展示一等奖，执教过区公开课《燃烧和灭火》，该课例获得"全国基础教育化学新课程实施成果"评选一等奖，2014—2015年度被评为福田区教育系统优秀团员。

教育感悟：微笑教学,激情教学。